O PRAZER DO SEXO

V I C K I   L E Ó N

O prazer do SEXO

Uma celebração da luxúria, do desejo e do amor na Antiguidade

TRADUÇÃO Vera Ribeiro

apicuri

Rio de Janeiro

2015

TÍTULO ORIGINAL *The Joy of Sexus - Lust, Love, and Longing in the Ancient World*

Este livro foi revisado segundo o Acordo Ortográfico da Língua Portuguesa de 1990, que entrou em vigor no Brasil em 2009.

DIRETORA EDITORIAL Rosangela Dias
EDITOR William Oliveira
TRADUÇÃO Vera Ribeiro
REVISÃO Jonas Tranchesi
CAPA E PROJETO GRÁFICO Justi Design

CIP-BRASIL. CATALOGAÇÃO-NA-FONTE
SINDICATO NACIONAL DOS EDITORES DE LIVROS, RJ

L593p

León, Vicki

O prazer do sexo: uma celebração da luxúria, do desejo e do amor na antiguidade / Vicki León ; tradução Vera Ribeiro. - 1. ed. - Rio de Janeiro : Apicuri, 2015. 336 p. : il. ; 18 cm.

Tradução de: *The joy of sexus : lust, love, and longing in the ancient world*

Inclui índice

ISBN 978-85-8317-031-0

1. Sexo - História. 2. Sexo - História antiga. I. Título.

15-19698 CDD: 306.7
CDU: 392.6

[2015]
Todos os direitos desta edição reservados à
MOREIRA DIAS EDITORA LTDA. – EDITORA APICURI
Rua Senador Dantas 75, sala 2702, Centro
Rio de Janeiro, RJ – 20031-204
Telefone (21) 2524 7625
contato@apicuri.com.br | www.apicuri.com.br

1 EDIÇÃO: março de 2015

CAPA: Cartão supremo 250g/m^2

MIOLO: Polen Soft LD 70 g/m^2

FONTE: Harriet

Impresso na gráfica Edelbra

PARTE III ***Amores lendários & romances às vezes reais***

PARTE IV ***O amor machuca. Mas mudar de gênero dói para valer***

INTRODUÇÃO

VOCÊ JÁ LEU OS CHAVÕES SOBRE O AMOR PLATÔNICO, OUVIU falar de Safo e de relações lésbicas e assistiu a filmes sobre orgias romanas. Mas, como era realmente a sexualidade no mundo antigo? Os gregos e romanos se casavam apenas para praticar o respeitoso sexo reprodutor, ou será que o prazer erótico fazia parte do pacote? E quanto ao amor romântico, quem o compartilhava? E qual era a verdadeira situação dos homossexuais?

Durante séculos, cientistas, pesquisadoras da vida selvagem e líderes religiosos declararam que a homossexualidade humana devia ser uma aberração ou uma opção, porque não ocorria no mundo natural. Errado. Em nossa época, para surpresa e deleite de muitos, biólogos e pesquisadores de campo observaram mais de 450 espécies diferentes praticando atividades de acasalamento entre indivíduos do mesmo sexo, inclusive carneiros selvagens, albatrozes, besouros, bisões,

As orgias talvez parecessem caóticas, mas um mestre de cerimônias dirigia as atividades. E também não havia nada de penetras de última hora; só entravam sócios.

bonobos, avestruzes, barrigudinhos, javalis-africanos, flamingos e várias espécies de borboletas.

Suas travessuras já foram destacadas no *New York Times* e noutros lugares, com detalhes picantes como estes: "A fêmea do coala pode imprensar outra fêmea numa árvore e cobri-la [...], soltando o que um cientista descreveu como 'sons exalados, semelhantes a arrotos'." E ainda: "É sabido que botos machos do rio Amazonas praticam a penetração no respiráculo uns dos outros."

Com essas descobertas, todo o paradigma da sexualidade se modificou. Em vez do simples imperativo darwiniano de passarmos adiante os nossos genes, parece que certa mulher assanhada, chamada Mãe Natureza, talvez também goste apenas de se divertir. Até o momento, não sabemos de que modo essas atividades entre criaturas do mesmo sexo, outras que não os seres humanos, exercem impacto sobre as estratégias reprodutoras. Talvez, quem sabe, venhamos a descobrir que elas criam formas indiretas de sobrevivência em toda uma multidão de espécies, inclusive a nossa.

Quase todos os centauros eram metade homem, metade cavalo, mas quem pode afirmar que não havia míticas fêmeas de centauros entre eles?

Aqui entra em jogo outro fator, além da evolução: a exuberância biológica. A estarrecedora variedade da vida animal e vegetal que cobre este planeta cumpre sua missão sexual de inúmeras maneiras complexas. Nada nela é aberrante. Tudo demonstra a suntuosidade com que a vida exibe seu arco-íris de opções.

Como afirmou o autor Bruce Bagemihl em seu livro *Biological Exuberance* [A exuberância biológica], dada a evidente "falta de propósito" de tantas atividades de acasalamento na vida natural, os cientistas tiveram de repensar seus modelos do que vem a ser o sexo. E qual é a visão desse autor? "O sexo é a celebração que a vida faz de seu próprio espalhafatoso excesso. É uma afirmação da vitalidade e das infinitas possibilidades da existência, uma visão de mundo simultaneamente primitiva e futurista, na qual o gênero é caleidoscópico, as sexualidades são múltiplas e as categorias masculino e feminino são fluidas e transmutáveis."

De inúmeras maneiras, os antigos gregos e romanos concordariam com essa teoria — e a confirmariam. Embora alguns fossem pensadores sofisticados, a maioria se compunha de pessoas rudes e francas. Elas valorizavam a fisicalidade. Conhecendo muito bem a morte prematura, viviam no presente e absorviam a vida pelos poros.

Embora tenham sido usados vocábulos e radicais gregos e latinos para criar termos como *heterossexual*, *bissexual*, *homossexual* e *lésbica*, aquelas duas culturas olhariam intrigadas para tais rótulos. Para elas, todas as manifestações do amor e do comportamento erótico se interligavam de algum modo, eram todas parte de um todo. Homens e mulheres ansiavam pelo amor, mas também temiam o seu poder; chamavam de relâmpago a sensação de amor à primeira vista. Para eles, o amor podia ter garras. A paixão — realizada ou não correspondida — podia ser amarga como a mirra.

Com apreensão, ainda assim eles entravam no jogo alegremente. E o praticavam numa variedade estonteante de maneiras — relações de mulheres com mulheres, corte feita por homens adultos a mancebos, pessoas do mesmo sexo unidas pelo matrimônio, casamentos entre homens e mulheres, breves ligações amorosas, incesto dinástico, amantes nascidos da união militar e outras tantas combinações que você passará a conhecer neste livro.

Como no mundo de hoje, o amor assumia muitas formas, do materno ao altruísta, do empedernido ao passional. Ninguém tem a resposta definitiva sobre por que os gregos e romanos de ambos os gêneros lidavam com seus anseios sexuais e seus imperativos amorosos da maneira complexa como o faziam, porém vários aspectos dessas culturas oferecem pistas instigantes.

Como sabiam os gregos, as flechas de Cupido feriam, amiúde acertando na mosca ao acaso.

Antes de mais nada, nem gregos nem romanos pensavam em pecado e culpa no sentido judaico-cristão. A ideia de que a humanidade teria sofrido uma queda do paraíso nunca lhes ocorreu. Até as mulheres, mesmo tendo que suportar uma vida inteira de homens dominadores, dariam risadas incrédulas ante a ideia de que o sexo pudesse ser pecado. O adultério podia ser crime, assim como o estupro, mas por outras razões que não a pecaminosidade. Um emaranhado de leis acabaria por tentar — nem sempre com sucesso — exercer controle sobre certas condutas sexuais, bem como criminalizar outras.

Em suas sociedades politeístas, que chamamos de pagãs, não havia igrejas nem congregações tais como as conhecemos, nem sacerdotes que fizessem sermões ou atuassem como intermediários no contato com alguma divindade. Esses povos acreditavam num lugar celestial abarrotado de deusas e deuses divinos, porém falhos. Neles os gregos e romanos se viam, a um tempo perfeitos e imperfeitos. Alguns de seus seres supremos eram virgens vitalícias: Ártemis, Atena e Vesta. Outros deuses eram viciados em sexo, encrenqueiros que raras vezes se viam punidos por seu mau comportamento. O sexo, o amor, o ciúme e a vingança eram parte integrante da vida dos deuses, donde parecia acertado que as vidas humanas fizessem eco à deles.

Ela é terrivelmente baixa, mas, ainda assim, eu poderia ficar excitado.

Como disse John Clarke, autor de *Looking at Lovemaking: Constructions of Sexuality in Rome Art* [Um exame do ato de amor: interpretações da sexualidade na arte romana], "Os romanos não se parecem nada conosco em sua sexualidade [...] Aquele era um mundo anterior ao cristianismo, anterior à ética puritana, anterior à associação da vergonha e da culpa aos atos sexuais. E era um mundo com muito mais vozes do que as que ouvimos nos textos antigos que chegaram até nós."

Gregos e romanos sentiam uma necessidade premente de contar com mais de uma divindade em ação para lidar com a miríade de aspectos do amor e da atividade sexual. E não apenas isso, mas as duas culturas tomavam deuses emprestados uma da outra, com toda a liberdade, ou criavam deuses paralelos: a Afrodite e o Eros gregos, por exemplo, eram paralelos à Vênus e ao Cupido romanos. Uma vez que os terapeutas de casais, a programação diurna da televisão, as salas de bate-papo na Internet e os livros de autoajuda ainda não estavam disponíveis em quantidade abundante, os deuses do amor acabaram reunindo um séquito de deuses menores, dedicados a diferentes aspectos da paixão, desde a sedução até o amor não correspondido. O mesmo se aplicava aos deuses da sexualidade, da fertilidade, do casamento e do parto. Eles eram igualmente importantes na vida cotidiana das pessoas de outrora, que buscavam rotineiramente a sua orientação e lhes pediam que intercedessem em sua vida pessoal.

Diane Ackerman, autora de *Uma história natural do amor* e muitos outros livros, escreveu recentemente sobre a neurobiologia interpessoal e a descoberta de que o cérebro refaz constantemente as suas conexões, com base na vida cotidiana. Em suas palavras eloquentes, "como destaca uma profusão de estudos de imagem, a alquimia neural prossegue durante toda a vida, à medida que amadurecemos e criamos amizades, experimentamos aventuras amorosas, sucumbimos ao amor romântico ou escolhemos uma alma gêmea".

A deusa do amor chegou; por favor, pegue uma senha.

Esse crescimento e flexibilidade contínuos foram algo a que os gregos e romanos chegaram organicamente. Eles o expressavam por meio de experiências de êxtase e transformação, como a iniciação nos Mistérios de Elêusis ou nos ritos de Baco, ou pela participação em retiros exclusivamente femininos, como as tesmofórias — festividades realizadas em cinquenta partes da Grécia. Buscavam-no por meio de sessões de simpósios com a rapaziada, que duravam noites inteiras, debatendo os significados do amor e de sua relação com a bondade, ou assistindo a tragédias gregas e chorando nelas, ou participando de cerimônias conduzidas pelas virgens vestais de Roma. Em seu ardoroso impulso de amar e de estabelecer uma ligação sexual, os gregos e romanos eram irreprimíveis. Impossíveis de conter. Mas realistas. Com um sorriso, diziam em latim: *Amantes sunt amentes* — os amantes são dementes.

Nestas páginas você encontrará uma multidão sumamente diversificada, cujo linguajar e cujos atos, às vezes francamente proibidos para menores, talvez sejam chocantes. Trata-se de homens e mulheres ao natural. De carne e osso. Alguns apaixonados, ardendo de amor. Outros ansiosos ou traindo, sinistramente venenosos. A maioria é de gregos e romanos, mas as descrições também incorporam outras culturas e nacionalidades que se tornaram parte do Império Romano. Para acrescentar riqueza, as concepções e os costumes greco-romanos são comparados com os dos persas, judeus, egípcios antigos, etruscos e outros mais.

Marco Antônio ia ao delírio nas lupercais, mas também não se saía mal no resto do ano. Teve cinco casamentos e inúmeras aventuras amorosas.

Você encontrará alguns rostos conhecidos — inclusive Sócrates e os homens e mulheres que o adoravam; Anquesenamon, a jovem esposa do faraó egípcio Tutancâmon, vítima sucessiva de incestos, embora ela própria não se considerasse uma vítima; e a escandalizante cunhada da famosa poeta Safo. E encontrará também rostos não familiares, entre eles os de atarefados homens e mulheres que produziram os primeiros livros de pornografia e os primeiros manuais sobre como obter *O Prazer do Sexo* — alguns ilustrados! E ainda a filha do imperador Otávio Augusto, viciada em sexo, que destruiu sozinha os projetos dele para uma sociedade romana mais moralista.

Você explorará outras fixações amorosas e obsessões sexuais, desde a adoração de golfinhos até a de belas nádegas, desde temores acerca dos hermafroditas até medos de roubos corriqueiros. Tudo isto somado a exemplos de amor abnegado, um deles a inusitada história de

Hipsicrácia, a amazona da vida real que amou e lutou ao lado de Mitrídates, o rei rebelde que passou décadas desafiando os romanos.

Além disso, incluí nestas páginas os melhores mitos e histórias lendárias de amor e de entrega sexual, desde a carreira de Helena de Troia na realidade até a musical história de amor de Orfeu e Eurídice.

A mecânica e as partes corporais da biologia e do amor também foram abordadas, desde os beijos de outrora até o importante papel desempenhado pela masturbação nos mitos antigos, e desde a manipulação do prepúcio até Himeneu, o deus das membranas virginais. Como grande parte da sexualidade greco-romana era celebrada através de festas tradicionais, você bisbilhotará encantadores de serpentes, seguirá procissões fálicas e comparecerá às lupercais, as celebrações pastoris e lupinas que antecederam nosso Dia de São Valentim[1].

Ao longo das décadas que passei em recantos banhados de sol na Grécia e na Itália, bem como nas terras ao redor do mar Mediterrâneo, busquei pistas sobre as pessoas de carne e osso que um dia viveram e amaram ali. E estudei os que ainda vivem e amam por lá.

Com o tempo, passei a compreender o que importava para eles: o arraigamento na casa familiar, na aldeia ou na cidade natal. A *filoxenia*, seu hospitaleiro amor aos estrangeiros. Sua consciência sensorial, seu jeito de viver o presente. Seu humor bruto e indecoroso. Sua maneira de vivenciar a música nos próprios ossos. Sua consciência da

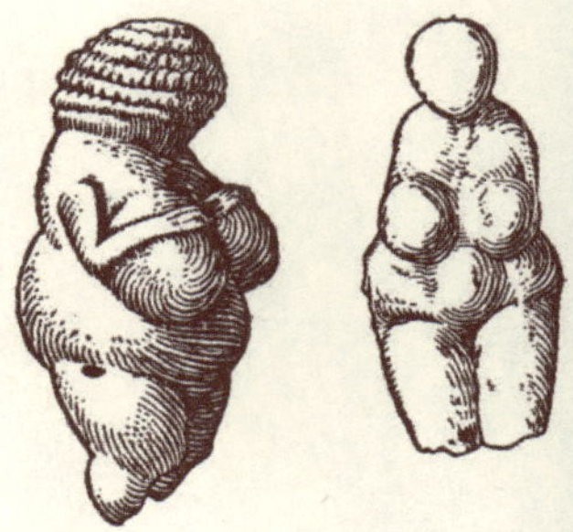

Desde os tempos mais remotos, os seres humanos admiram a mulher fecunda e cultuam sua milagrosa capacidade de trazer vida nova.

NOTA DE TRADUÇÃO:

1 Os aspectos românticos a que a autora alude, associados ao Dia de São Valentim nos Estados Unidos (14 de fevereiro), são os comemorados no Brasil no Dia dos Namorados (12 de junho), que não celebra São Valentim no calendário religioso.

posteridade, da procriação e da importância dos filhos. E, acima de tudo, seu destemor quando se tratava de externar emoções e de cortejar ousadamente aquilo que dava sentido à vida.

Também vislumbrei a despreocupada brutalidade daqueles tempos antigos — os aspectos sombriamente punitivos de sociedades escravizadas, e o nítido contraste que eles formavam com os excessos desesperados a que às vezes chegavam os privilegiados, para afastar o tédio sexual. Para se sentirem realmente vivos.

Para ajudar você a ver, sentir e apreender o que descobri, fui beber numa imensa fonte de informações, amiúde contraditórias, escritas e pictóricas, refinadas e incultas, desde meditações filosóficas até grafites obscenos, de amuletos do amor a cartas pessoais, de boatos de segunda mão a fontes arqueológicas respeitáveis.

Inúmeras pessoas, lugares, acontecimentos e assuntos deste livro se entrelaçam de formas interessantes, e por isso você encontrará referências cruzadas a eles nos verbetes e também no índice remissivo.

Como exortariam os gregos, beba até o fundo!

Ponhamos esta procissão na rua — Estou sentindo arrepios!

PARTE I

Aves, abelhas e partes do corpo

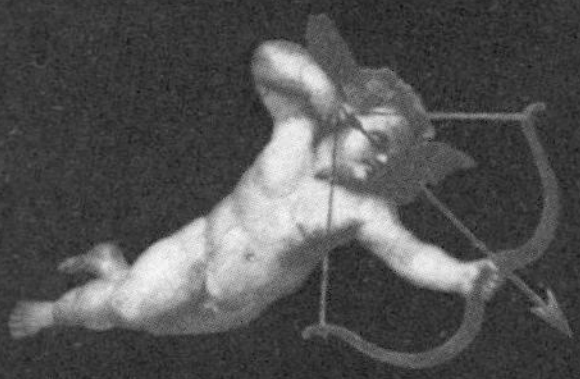

AFRODISÍACOS: **Soluções de Afrodite para o amor**

Em matéria de prontidão para a intimidade, os amantes gregos e romanos eram perenemente criativos. Atribuíam grande importância a um vasto espectro de afrodisíacos, alguns ainda hoje usados com otimismo, entre eles as ostras cruas — o símbolo carnudo da deusa Afrodite (ou Vênus, entre os romanos). Afrodite emergiu da crista espumosa das ondas do mar, que os gregos viam como uma espécie de sêmen marinho. Alguns pensadores dados à aventura também acreditavam que as mulheres expeliam sêmen — embora, naturalmente, a variedade masculina fosse o único participante que importava.

Esses pioneiros das regiões inexploradas da virilidade masculina, entretanto, iam muito além das ostras. O suco de romã da árvore favorita de Afrodite, misturado com vinho, era altamente cotado entre os antigos egípcios e outros varões do Oriente Médio. O mesmo ocorria com a alface. A raiz de mandrágora, apesar de tóxica, vinha de uma planta perene. O mesmo ocorria com o ópio, como aditivo para o vinho.

Como afrodisíaco, o suco de romã misturado ao vinho tinha seguidores entusiásticos em todo o mundo antigo.

Muitas almas ardorosas preferiam loções diretamente aplicáveis ao órgão masculino — uma favorita provocante, mas hoje misteriosa, chamava-se “cenoura mortífera”. Algumas abordagens, contudo, a exemplo da mistura de mel e pimenta, ou do óleo de urtiga, que era um irritante dos tecidos, ou da cantárida (mosca espanhola), davam um doloroso novo sentido à expressão “todo afogueado e pronto para entrar em ação”.

Um auxiliar erótico do cotidiano era o azeite de oliva, com ou sem aditivos como o coentro. Ele era invariavelmente espalhado com generosidade antes do ato sexual. As esposas gregas o mantinham num recipiente de cerâmica ao lado da cama, pois se esperava que untassem pessoalmente o membro do marido.

O armário de remédios do homem romano comum continha um leque de plantas e poções à base de ervas, sendo muito popular um unguento aromático feito de nardo-da-índia. Outros auxiliares de Vênus eram acrescentados ao vinho — um lubrificante social que era tiro e queda —, entre eles a genciana e uma raiz de folhas vermelhas da família das orquidáceas, chamada satirião, por associação às proezas de lascívia dos míticos sátiros. Já o imperador romano Tibério, por outro lado, jurava pelos méritos de outro tubérculo exótico, chamado pastinaca.

Alguns afrodisíacos (inclusive as raízes de mandrágora e de satirião) eram considerados tão potentes que surtiam efeito simplesmente ao serem segurados, embora isso pudesse acarretar seus próprios problemas na alcova. Outros objetos de potência, desde o coral vermelho até o absinto-comum, podiam ser meramente postos embaixo da cama para serem eficazes.

A teoria da magia por afinidade, que dizia que "o semelhante atrai o semelhante", desempenhava um grande papel. Era rotineiro os homens usarem amuletos parecidos com os órgãos genitais masculinos e femininos. Além de artigos a serem empregados, ingeridos, segurados ou esfregados no corpo, tanto mulheres quanto homens tinham uma sólida crença no poder das poções amorosas e dos feitiços para atrair o outro. Tais encantamentos ganhavam um vigor extra ao se usarem pedaços de unha, fios de cabelo ou excreções deste ou daquele tipo, provenientes da pessoa amada, do objeto de desejo ou do sujeito que havia produzido a excreção.

Dada a espantosa variedade das panaceias, os leitores modernos talvez queiram saber: alguma dessas medidas efetivamente auxiliava o órgão masculino, e/ou tornava as damas mais receptivas?

Assim como em nossos atuais *websites* cheios de excitação verbal, ou nas mensagens eletrônicas tipo *spam*, havia uma profusão de depoimentos e relatos. Então como agora, as provas eram mais baseadas em observações informais do que científicas. Entretanto, na época do Império Romano, pelo menos um julgamento num tribunal girou em torno do aparente sucesso de um afrodisíaco.

Quem era o réu? Apuleio de Madaura, hoje mais lembrado como autor de *O asno de ouro*. Orador loquaz, Apuleio era um alpinista social muito bem-sucedido, de origem familiar mais modesta que a de sua namorada Pudentila, uma viúva rica. No ano 158 da era cristã, ele foi processado pela família da moça, enfurecida por Apuleio havê-la seduzido a se casar. E de que modo ele fizera isso? Segundo seu próprio discurso de defesa, que sobreviveu aos milênios, ele apenas lhe oferecera um esplêndido jantar à base de ostras, ouriços-do-mar, lulas e lagostas. Um prato feito afrodisíaco, carregado de zinco — o que nos leva a crer que Apuleio estava no caminho certo.

ANTIAFRODISÍACOS: Viagra às avessas ou salvação das aparências?

Os homens romanos e gregos de outrora se viam como touros enfurecidos de desejo, de ímpeto às vezes esmagador. Suas esposas, amantes, concubinas e escravos domésticos de ambos os sexos concordavam, sem dúvida, mas por razões diferentes. Por sorte, os homens já haviam descoberto a solução para o excesso de potência da libido latina: carregar nos antiafrodisíacos, o Viagra às avessas da Antiguidade.

O que eram esses controladores de Cupido, capazes de refrear as ânsias físicas? O consumo de agrião, beldroega, sementes de cânabis, flores de nastúrcio ou cinzas da árvore-da-castidade resolvia o problema. Assim como aquela substância pavorosa que fazia murchar a ereção — a alface fresca. Para *manter* o vigor sexual, os homens gregos e romanos tomavam o cuidado de, nas refeições, combinar a alface com a rúcula, afrodisiacamente ativa, a fim de neutralizá-la. Ou de fugir da alface como o diabo da cruz. (Por outro lado, ela era considerada sumamente lasciva entre os egípcios, como você verá na Parte II deste livro.)

O cocô de rato, aplicado como linimento, era um antiafrodisíaco favorito, assim como arruda fervida com óleo de rosas e babosa. Beber vinho em que uma tainha houvesse morrido afogada, ou tomar goles de urina masculina em que uma lagartixa houvesse expirado, também tinham seus adeptos fiéis.

Mas domar uma potência realmente estupenda exigia medidas rigorosas, como a ninfeia, uma erva que era a garantia de "relaxar" o falo por alguns dias. Um autor chegou até a se gabar de que ela "tirava o desejo e até os sonhos sexuais por quarenta dias"!

Consumidores e curandeiros depositavam enorme confiança em certas partes dos animais, inclusive do hipopótamo, que eram as exóticas drogas milagrosas da época. Acreditava-se que certas partes deste animal tinham múltiplos poderes curativos. Para curar picada de cobra, as vítimas simplesmente engoliam com água um pedaço de testículo de hipopótamo do tamanho de uma moeda. Incomodadas pela sarna, elas queimavam couro de hipopótamo até reduzi-lo a cinzas e as aplicavam no local. Quanto ao papel vital do hipopótamo na inibição temporária do desejo sexual, os usuários eram instruídos a tirar o couro do lado esquerdo da testa de um desses animais e prendê-lo firmemente na virilha. Na virilha da mulher, bem entendido. (Depois de estudar o assunto, convenci-me de que a luta para fixar esse dispositivo, que dirá usá-lo, levava os dois parceiros a desistirem do sexo — talvez para sempre.)

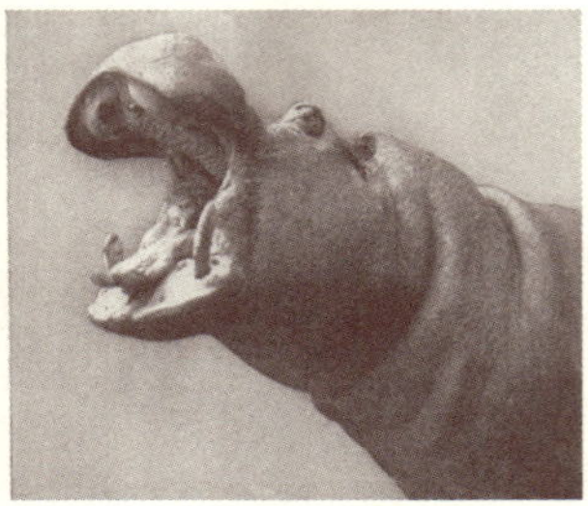

Jamais saberemos por quê, mas a testa do hipopótamo era considerada perfeita para refrear os impulsos sexuais hiperativos dos homens.

Esta receita, entre muitas outras, veio da *História natural* de Plínio, o Velho, com seus múltiplos volumes. Diz ele ainda: "Obtém-se um medicamento de extrema potência reduzindo a cinzas as unhas de um lince, juntamente com o couro [...] essas cinzas, tomadas com um líquido, surtem o efeito de conter os desejos abomináveis nos homens [...] e, se forem salpicadas nas mulheres, todas as ideias libidinosas serão contidas."

Gostaríamos de saber mais do que nos dizem Plínio e outros autores, de forma displicente, sobre testas de hipopótamos, cinzas de lince, lagartixas afogadas em urina masculina e sangue de carrapatos tirados de um touro selvagem preto. Onde se obtinham essas substâncias raras e exóticas? Será que elas não fediam como o diabo? Será que o mau cheiro era o ingrediente ativo? Como é que eles amarravam essas coisas no corpo? As receitas da Antiguidade são um suplício. Isentas de detalhes, deixam por nossa conta imaginar a que extremos espantosos chegavam os gregos e romanos para tentar manipular sua vida sexual.

Igualmente engenhoso era o *marketing* de salvação das aparências envolvido nesse processo. Conforme a libido crescia e minguava, os homens iam dizendo uns aos outros que os antiafrodisíacos eram essenciais para controlar seus impulsos sexuais, os quais, sem isso, seriam avassaladores. As mulheres de outrora, sempre atentas a maneiras de controlar a natalidade e, ao mesmo tempo, de ser lisonjeiras, ficavam sabiamente caladas.

GERAÇÃO ESPONTÂNEA: Aves, abelhas e vento nas árvores

Em matéria de questões reprodutivas no mundo natural, a maioria dos gregos era míope. É fácil, admitamos, deixar escapar as cabriolas de acasalamento de insetos e vermes, bem como de espécies aquáticas, desde as enguias até os moluscos. Mas, em vez de suporem que os métodos de reprodução desses animais ocorriam longe do olhar curioso dos humanos, os cientistas naturais daquela época preferiam acreditar que certas espécies tinham a habilidade da geração espontânea. Sem necessidade de pais.

Aristóteles, por exemplo, anunciou que as lagartas se reproduziam a partir do orvalho; as larvas vinham das fezes ou das figueiras; os mosquitos, da madeira; e os vermes, da neve ou da seiva putrefeita. Além disso, ele ensinava que os besouros provinham do suor seco; as moscas, da borra do vinagre; e alguns insetos alados, do fogo. E não estava sozinho.

Havia uma convicção generalizada de que a cigarra comum se originava da saliva dos cucos — e de que as abelhas nunca cruzavam, zumbindo para a vida direto da matéria em putrefação. Enquanto a população de abelhas silvestres ia se reproduzindo em silêncio, os apicultores e colhedores de mel de todos os cantos do mundo grego desperdiçavam um tempo enorme abatendo bois, deixando-os apodrecer e aguardando, ansiosos, a formação de um novo lote de abelhas nas carcaças fétidas.

Embora os gregos e os romanos adorassem mel e cultivassem abelhas, também subscreviam a convicção louca de que as novas abelhas provinham de cadáveres de bois em estado de putrefação.

Aristóteles estava longe de ser um intelectual teórico. Ao contrário de Platão, gostava da pesquisa empírica de campo; chegou até a passar sua lua de mel cavoucando a terra em torno das poças de maré da ilha de Lesbos. (Talvez isso revele mais sobre o seu casamento do que sobre sua vocação.) Fez anotações abundantes sobre o seu trabalho e, mais tarde, insistiu que as enguias brotavam espontaneamente da lama. Também afirmou que mexilhões, ostras, ermitães e múrices (moluscos marinhos muito valorizados por seu corante púrpuro) nasciam da sujeira viscosa que se formava no casco das embarcações.

Mesmo ao observarem mamíferos e animais maiores, os gregos deixavam passar totalmente despercebido qualquer ato proibido para menores, dando origem à crença generalizada que os camundongos se reproduziram ao lamberem sal — ou, em suma, lambendo a si mesmos. Havia uma profusão de teorias fantasiosas. Como escreveu confiantemente Plínio, o enciclopedista, "Sabemos por muitas autoridades que uma cobra pode nascer da medula espinhal de um ser humano".

Os poderes geradores do vento eram responsabilizados pela concepção de alguns animais. As brisas, especialmente a brisa voluntariosa conhecida como "espírito fecundador do mundo", eram capazes de engravidar éguas, ovelhas e tigresas. As aves também podiam produzir os chamados "ovos de vento".

Quando o cristianismo começou a se disseminar para valer, nos séculos II e III da era cristã, era comum os líderes da Igreja usarem a crença generalizada na geração espontânea e na fecundação pelo vento para defender a imaculada natividade de Cristo. Agostinho, um dos doutores da Igreja, contribuiu para isso, assinalando que Noé não tivera que pôr na arca dois animais de cada espécie, já que os insetos e outras criaturas podiam cuidar de sua própria geração.

O HÍMEN: Um deus, uma canção, uma membrana

Conhecida em latim como *hymen vaginae*, essa membraninha elástica sobre a abertura vaginal causou, ao longo da história, uma infinidade de problemas para as mulheres. Ela é uma parte bastante comum dos sistemas reprodutores, compartilhada pelas fêmeas humanas com as de elefantes, peixes-boi, baleias, cavalos e chimpanzés. Mas não se orgulhe demais — o hímen também é um equipamento-padrão nas lesmas e em diversas outras espécies humildes.

Algumas fêmeas humanas nascem sem hímen; outras rompem essa membrana na infância; e, noutros casos ainda, a danada da membrana cobre inteiramente a abertura, em geral exigindo uma cirurgia para que a jovem possa menstruar sem dor.

Por essas e outras razões, dez em cada dez médicos de hoje dizem que é impossível confirmar a virgindade pelo exame do hímen. Ainda assim, várias culturas em todo o globo transformaram — e continuam a transformar — num inferno a vida de suas mulheres, ao insistirem em que não se pode ter a primeira sem o segundo.

De onde o hímen tirou seu nome? Curiosamente, Himeneu era uma divindade masculina menor, o deus das cerimônias de casamento. Na Grécia antiga, os componentes do cortejo nupcial chamavam seu nome em voz alta, para ter certeza do comparecimento dele, pois dava um azar danado aos noivos e noivas caso ele não aparecesse. Em suas tragédias gregas, Eurípides chamou Himeneu de "deus do desejo ardente", o que mais faz com que ele pareça um *stripper* masculino.

Às vezes se pensava no deus Himeneu como um jovem mortal de aparência muito feminina; segundo outras descrições, ele era filho do deus Apolo. Também era retratado como uma bonita criança alada, que costumava carregar uma tocha na mão para acompanhar a noiva. Na arte greco-romana, sua imagem é facilmente confundida com a dos erotes, os pequenos deuses alados que faziam parte do séquito de Afrodite, discutidos noutro ponto deste livro.

Como no mundo atual, as núpcias eram um grande negócio na Antiguidade. Inúmeros poetas gregos, de Hesíodo e Alcman de Esparta à grande Safo, ganhavam polpudas comissões para compor belas melodias e poemas dedicados a Himeneu, o deus do matrimônio. Essas composições eram chamadas *hymenaios*. Safo & companhia também entravam na grana, escrevendo letras poéticas que eram cantadas do lado de fora do próprio quarto nupcial, chamadas epitalâmios.

Nas cerimônias de casamento romanas, por outro lado, os convidados berravam letras obscenas, ao som de melodias tradicionalmente chamadas de fesceninas.

Dançando pelas ruas com tochas acesas, os integrantes de uma típica procissão nupcial grega seguiam o carro dos noivos, cantando *hymenaios*. Os componentes masculinos e femininos do cortejo cantavam, alternadamente, versos repletos de palavras alegres, provocantes e com frequência obscenas, muitas delas construindo duplos sentidos sobre o tamanho assustador do noivo e a pureza da noiva. Cada verso terminava com as palavras "Ó Hímen Himeneu, Ó Himeneu Hímen".

Quando os recém-casados entravam no aposento nupcial enfeitado de flores, com o padrinho montando guarda na porta, os convidados se postavam do lado de fora e todas as moças cantavam epitalâmios. Acompanhadas por flautas e liras, iam entoando verso após verso. Por que essa diversão prolongada e ruidosa, do lado de fora do quarto? De acordo com um antigo comentário sobre a poesia matrimonial de Teócrito, "os epitalâmios são cantados para que os gritos da jovem noiva, ao ser submetida à violência do marido, não sejam ouvidos, mas abafados pelo canto das moças".

Entre os romanos, curiosamente, às vezes o hímen era rompido de antemão, por uma razão religiosa: a crença na fecundação divina. De acordo com a *Women's Encyclopedia of Myths and Secrets* [Enciclopédia de mitos e segredos das mulheres], de Barbara Walker, "era rotina as noivas romanas se deflorarem com o falo de madeira ou pedra de Hermes, Príapo, Mutuno Tutuno ou outro deus 'ungido', antes de se deitarem com seus noivos, para que seus filhos primogênitos fossem gerados por um dos deuses".

Nos tempos romanos mais primitivos, um falo em tamanho natural de Mutuno Tutuno, o itifálico deus da fertilidade, fazia-se presente na própria cerimônia. Os autores de outrora observavam que as noivas eram obrigadas a se sentar nele, a fim de promoverem sua fertilidade e afastarem os malefícios.

Desde tempos imemoriais, as futuras noivas buscaram ajuda para restaurar o hímen, nas culturas em que a falta dele significaria uma morte desagradável. Frequentemente, as noivas gregas de outrora que já haviam perdido a virgindade inseriam esponjinhas embebidas em sangue na abertura apropriada. Outra solução tradicional era o uso habilidoso de sanguessugas nas horas que antecediam a consumação da noite de núpcias, método usado com certo sucesso, desde a Antiguidade e até na era moderna, por grupos tão variados quanto as mulheres da península itálica durante a Idade Média e as profissionais oitocentistas dos bordéis londrinos. A himenoplastia, cirurgia destinada a restaurar a membrana vaginal, é rotineiramente praticada em muitas partes do mundo atual, inclusive em comunidades muçulmanas. No Japão, esse procedimento é poeticamente chamado de "renascimento da virgindade".

Himeneu, o deus da Antiguidade, com certeza daria risada de todos esses embustes pré-nupciais.

O CLITÓRIS: **De verbo a deformidade**

Na era anterior à cristã, a comunidade médica grega "descobriu", cheia de si, que certo órgãozinho caroçudo das mulheres era o equivalente feminino do pênis, ou assim lhe pareceu. Deu-lhe o nome de *clitóris*, do termo grego que significa "fechar". O outro nome desse órgão era *nymphi*, que significa "noiva" ou "moça encantadora". (Em nossa época, o plural *ninfas* ainda é usado para designar os pequenos lábios, embora o termo só costume ser empregado por médicos.)

Visto que, desde tempos muito remotos, as ideias masculinas sobre sexo e satisfação podiam ser resumidas na simples equação "machos = ativos; fêmeas = passivas", um órgão feminino que se assemelhasse a um aspirante a um falo em miniatura e funcionasse um pouco como ele seria repugnante para o homem médio grego, que não queria ter nada a ver com a agressividade sexual feminina.

Isso era especialmente válido em matéria de tamanho. Qualquer clitóris maior que o pequenino era considerado um excesso de bagagem. E que curso de ação seria melhor do que eliminá-lo, à maneira de uma cirurgia cosmética? Será que isto começa a soar parecido com a epidemia de circuncisões femininas e mutilações genitais do mundo de hoje? Pois devia.

Por mais grotesca que pareça, a orientação médica do século I D.C. e dos primeiros séculos da era cristã, até por parte de pessoas como o ilustre clínico Soranos, autor da *Gynaikeia*, e de colegas seus, era esta: corte-o fora. Eis uma citação literal de uma fonte primária, intitulada "Sobre um clitóris imensamente grande" (o que não é um elogio, acredite): "Um tamanho grosseiro revela-se presente em certos clitóris e causa perturbação nas mulheres, pela deformação das partes íntimas. Como dizem quase todos, essas mesmas mulheres, afetadas pela lascívia (ou ereção) típica dos homens, passam a ter um desejo similar, e só se aproximam da relação sexual (com homens) sob coação. Quando se chega a isso [ou seja, a uma cirurgia], a mulher deve ser posicionada em decúbito dorsal e com as coxas unidas, para que as vísceras da cavidade feminina possam se tornar distendidas. Feito isto, a parte excessiva deve ser segurada com um pequeno fórceps e reduzida com um bisturi proporcional a seu tamanho antinatural."

O autor adverte contra a retirada de uma parte grande demais, pois "isso produz um efeito extremamente nocivo na paciente, pelo sangramento copioso do corte". Como numa hemorragia fatal, desconfio.

Paulo de Égina, um escritor grego mais tardio, concordou, mas afirmou também que tais mulheres ansiavam por sexo. Em suas palavras, "em algumas mulheres ocorre um clitóris imensamente grande, e o problema que se apresenta é uma vergonhosa impudicícia. Ao que relatam certas pessoas, algumas dessas mulheres têm até ereções parecidas com as dos homens, por causa dessa parte [do corpo], e anseiam por relações sexuais".

Os romanos ficavam igualmente intimidados com o clitóris grande e agressivo demais, chamado *landica* em latim. Nos projéteis de pedra e chumbo que faziam para a guerra, soldados e fundibulários frequentemente escreviam obscenidades e mensagens vis, dirigidas ao inimigo. Pesquisadores arqueológicos encontraram pelo menos um projétil de chumbo no qual se havia rabiscado *Fulviae landicam peto*, ou "Tenho na mira o clitóris de Fúlvia".

Como descobriu Fúlvia, a maquinadora política de Roma, não era fácil ser agitadora. Ela ganhou tamanha fama de beligerante, que os soldados escreviam palavras grosseiras a respeito do clitóris fulviano nas pedras de suas atiradeiras.

Fúlvia era uma pessoa real, uma detestada conspiradora política que tomou a iniciativa de levar um exército à guerra civil, porque seu marido da época, Marco Antônio, estava ocupado cometendo bigamia com a rainha Cleópatra VII do Egito. Bem, talvez Fúlvia tivesse seus próprios projéteis de chumbo com sugestões obscenas sobre Cleópatra. Você lerá mais sobre Antônio, Cleópatra e a fascinante Fúlvia noutro ponto deste livro.

CIRCUNCISÃO: Interferências no prepúcio

Em matéria de modificações genitais, os meninos do mundo antigo sofriam mais do que as meninas. Toda vez que os egípcios iam à guerra e capturavam prisioneiros, separavam os homens não circuncidados e lhes decepavam os órgãos genitais. Os prisioneiros circuncidados, lamento dizer, não se saíam muito melhor: conservavam as joias da família, mas perdiam as mãos!

Arqueólogos encontraram múmias com indicações de circuncisão e estimam que essa prática fosse adotada no Egito desde o século XXIII A.C. Nessa cultura, a circuncisão era feita na puberdade. Embora os egípcios possuíssem facas afiadas de cobre e remédios para sustar o sangramento (feitos com mel, concha calcária de siba e casca de sicômoro), é claro que a operação doía. Um alto-relevo bem conservado de um túmulo egípcio mostra dois adolescentes sendo circuncidados e inclui um diálogo entre os que praticavam a cirurgia: "Segure-o, não o deixe desmaiar!"

Em contraste com os antigos egípcios, que faziam uma incisão em forma de V e deixavam o prepúcio pendurado de cada lado, os judeus o retiravam completamente. O Velho Testamento traz algumas descrições assustadoras de circuncisões. O rei Davi, em vez de dar a seu novo sogro o preço da noiva em ouro, ou uma bela caixa de charutos, foi obrigado a lhe entregar uma centena de prepúcios tirados de seus inimigos tradicionais, aqueles filisteus dados a exibir essas partes.

O que os estudiosos (e os leitores comuns) chamam de versículos mais desconcertantes da Bíblia são os do Êxodo, capítulo 4, versículos 25-26. Neles, Séfora, a mulher de Moisés, usa uma pedra afiada e circuncida pessoalmente seu filho Gérson, e em seguida declara: "És para mim um esposo de sangue."

Embora os cananeus, os fenícios e outros grupos praticassem a circuncisão, algumas tribos vizinhas não o faziam. Conforme descrito em Gênesis, sucedeu ao príncipe dos siquemitas, em segredo, manter relações sexuais ilícitas com Diná, a filha de Jacó. O que tornou isso tão hediondo aos olhos dos judeus foi o fato de o príncipe exibir um prepúcio. As duas famílias confabularam. Visto que o príncipe amava Diná, seu pai sugeriu que as duas tribos se casassem entre si — ao que os filhos de Jacó concordaram, desde que, primeiro, todos os homens siquemitas fossem circuncidados. O príncipe e seu povo assim fizeram, obedientemente. Contudo, no terceiro dia, quando todos os varões siquemitas ainda seguravam a genitália, agoniados, os israelitas os massacraram.

Algumas culturas da Antiguidade circuncidavam os meninos recém-nascidos; outras, como os egípcios, infligiam essa prática a seus adolescentes.

Uma das principais razões do levante judaico chamado Revolta dos Macabeus foi a proibição de práticas judaicas tradicionais pelo governante selêucida, Antíoquo IV. Ele proibiu a circuncisão, punindo-a com a pena de morte.

Durante a época greco-romana, às vezes os varões judeus chamavam atenção de uma forma indesejada, nas termas públicas e nos ginásios, porque os homens ficavam predominantemente nus ao frequentarem esses locais. Para poder participar, ou, possivelmente, apenas para conviver com os homens incircuncisos, alguns judeus se submetiam a uma cirurgia de reconstrução do prepúcio na Judeia.

Os gregos abominavam os cortes, mas manipulavam o pênis de outras maneiras. Nos exercícios de ginástica e nos esportes competitivos, como as corridas, os homens participavam nus, mas insistiam em cobrir a glande ou cabeça do pênis. Para isso, puxavam o elástico prepúcio por cima da ponta, ocultando a glande, e o amarravam com o que chamavam de nó de "coleira de cachorro". Às vezes, usavam um cordão de couro para prender o nó.

Embora se afigure uma questão de opção pessoal, a circuncisão masculina — suas vantagens e desvantagens, seu lugar nas tradições judaica e islâmica, e as acusações atuais de que ela representa uma mutilação infantil — está novamente virando notícia no mundo de hoje.

A CONTRACEPÇÃO: Controle de natalidade, de alfa a ômega

As mulheres de outrora experimentaram um vasto número de abordagens inconcebíveis da contracepção e do controle da natalidade.

Inúmeras dessas abordagens eram estratégias alarmantes, inúteis, mágicas e/ou nocivas para impedir a gravidez. O que havia nessa pletora de opções ruins? Beber ferrugem. Ingerir suco de hortelã, salsa ou aspargo. Extrair larvas de certa aranha grande, fixá-las numa pele de cervo e prendê-las ao corpo feminino.

Havia dois velhos favoritos que hoje seriam conhecidos, nos círculos do planejamento familiar, como "trocar a fechadura depois da porta arrombada". O primeiro instruía o usuário a esfregar as partes íntimas do homem e/ou da mulher com óleo de cedro ou mel — *depois* do coito. O segundo recomendava introduzir na vagina um pessário (um "tampão" primitivo, feito de lã ou fibras de algodão) coberto de pimenta, depois que o ato sexual tivesse sido consumado.

Na época de Hipócrates e seus discípulos, século V A.C., os médicos e curandeiros, desde a Terra Santa até a Grécia, desconfiavam que alguma coisa dos seres humanos masculinos e femininos tinha que se unir para causar a concepção. Um ensaio hipocrático escrito por um discípulo, intitulado "Da natureza das mulheres", dizia: "Depois do coito, quando não convém à mulher conceber, ela cria o hábito de fazer o sêmen cair do lado de fora, quando assim deseja." Isso poderia se referir ao coito interrompido, ao uso dos dedos para limpar a vagina, ou à expulsão do sêmen por meio de espirros propositais ou de duchas.

Um dos métodos mais modestos de controle da natalidade devia ser bastante eficaz. As mulheres usavam azeite de oliva, em geral como um pessário introduzido na vagina. A viscosidade do azeite prestava um serviço e tanto, reduzindo a mobilidade dos espermatozoides. Outros métodos eficazes incluíam o uso do alume, da resina da acácia (cujo ácido láctico é um bom espermicida), do vinagre (cuja acidez mata os espermatozoides), ou do mel (pegajoso como o azeite) em tampões de lã ou outros objetos, para bloquear a entrada da vagina. Uma receita encontrada no Papiro de Kahun, a mais antiga recomendação sobre contracepção de que se tem conhecimento no mundo, sugere uma pasta de leite com fezes de crocodilo. Apesar de tirar nota alta no fator repugnância, essa pasta seria absorvente, além de entupir a entrada.

Aristóteles também recomendava o azeite, mas sem deixar o chumbo tóxico fora do panorama. Nas palavras dele, "Unte a parte do útero em que cai a semente com óleo de cedro, unguento de chumbo ou incenso misturado com azeite de oliva".

Os antigos egípcios e judeus seguiam uma linha de raciocínio similar, usando azeite numa esponja como tampão vaginal — milhares de anos antes que a Dra. Marie Stopes defendesse a adoção de uma versão mais avançada, em prol das inglesas pobres. A esponja oleosa foi uma inovação de valor inestimável, por ter tornado a inserção e a retirada muito mais fáceis e confiáveis. Algumas autoridades judaicas também insistiam em que as mulheres usassem a esponja *durante* a gestação, para prevenir lesões no feto ou uma segunda fecundação (que elas julgavam possível).

Havia centenas de plantas e ervas cujos ingredientes ativos eram tidos como anticoncepcionais naturais. Muitas dessas substâncias atuariam (em tese) como agentes de controle de natalidade, se usadas em doses menores, ou como abortíferos, se usadas em doses maiores; assim, quem as receitava — e quem as tomava — tinha que saber realmente o que estava fazendo.

Qual era, se é que existia, o contraceptivo mais eficaz da época greco-romana? Não há o que discutir: uma planta notável, chamada laserpício ou sílfio (em latim, *silphium*), parente da assa-fétida ou do funcho gigante. Dependendo da quantidade e da época do mês em que fosse tomado, o sílfio podia servir de agente anticoncepcional ou de um regulador confiável do ciclo menstrual. A maioria das descrições concordava em que ele era um abortífero relativamente inofensivo, se usado corretamente. As mulheres bebiam um chá feito com suas folhas grandes, ou o tomavam num vinho que continha uma pequena quantidade da seiva da planta. O sumo do sílfio também era usado como pessário — o que constituía, possivelmente, o método empregado com mais frequência para provocar o aborto.

O sílfio era raro; a planta silvestre só crescia numa área restrita do planalto da cidade-Estado grega de Cirene (a atual Líbia) e resistia a todas as tentativas de domesticá-la. Após sua descoberta, no século VII A.C., tornou-se extraordinariamente popular, e não apenas para uso na reprodução feminina. Seu sumo acre servia como um ingrediente essencial para apurar o sabor na culinária. Ele também era alardeado como antídoto contra venenos e panaceia que curava tudo, das verrugas à lepra.

Ao contrário das execráveis partes do corpo do hipopótamo, o sílfio dava resultado, sendo o que mais se aproximava de um agente confiável de controle da natalidade.

Em meados do século I d.C., o sílfio valia seu peso em denários de prata. Na verdade, a própria planta figurava nas belas moedas de Cirene. Os importadores/exportadores fizeram fortuna, atendendo à demanda sempre crescente. Todavia, por volta de 55 d.C., veio a desgraça. O clima desse ano foi terrível, assim como a pastagem excessiva das ovelhas locais em Cirene. Mas a gota d'água foi uma disputa entre os nativos que colhiam o sílfio silvestre e as autoridades governamentais cirenaicas. Quando não se conseguiu chegar a um consenso, os colhedores enraivecidos arrancaram todas as plantas que puderam encontrar.

Um importador romano conseguiu obter um talo do último espécimen silvestre. Na esperança de ter um grande lucro financeiro, entregou-o pessoalmente ao imperador da época — que vinha a ser Nero. Depois de pagar pela planta, Nero a comeu até o último pedaço, com total insensibilidade. Por quê? Porque, como imperador romano, ele podia se dar ao luxo.

GRAVIDEZ E PARTO: Tatuagens, orações e tijolos de parto

A gravidez e o parto nas culturas da Antiguidade eram situações arriscadas, ritos de passagem pelos quais as mulheres rezavam com devoção e que, ao mesmo tempo, temiam desesperadamente.

Assistência pré-natal, utilização de vitaminas, chás de bebê e outros passatempos? Nem pensar. As mulheres mesopotâmicas, egípcias, gregas e romanas eram mais propensas a usar amuletos protetores e a passar um bom tempo de joelhos, rezando para um conjunto de deusas que se interessavam pela gestação e pela segurança do parto. As futuras mamães egípcias pediam ajuda a Hator, a deusa da fertilidade, e a Taueret, a deusa-hipopótamo que protegia os recém-nascidos e as mulheres em trabalho de parto. Elas também faziam oferendas a Bes, um deus anão que afastava os maus espíritos. Hoje em dia, como foi relatado na revista *Smithsonian*, alguns pesquisadores acreditam que as grávidas do Egito pré-dinástico usavam tatuagens como amuletos protetores na barriga, nas coxas e nos seios. Eles citaram algumas tatuagens encontradas unicamente em múmias femininas, que vão de padrões de pontinhos e formas de losangos a pequenas imagens do deus Bes.

As gregas grávidas ficavam basicamente presas a uma única deusa, chamada Ilítia, para pedir orientação pré-natal e proteção no parto. As romanas, entretanto, apelavam a diversas divindades especializadas. Para pedir ajuda a Candelífera ou a Lucina, as futuras mamães acendiam uma vela. Carmenta tinha uma festa do parto a ser observada, e era invocada de uma das duas maneiras possíveis quando o bebê vinha ao mundo: como Postverta, que significava "primeiro os pés", e como Prorsa, com o sentido de "primeiro a cabeça". Diana e Nix também eram grandes deusas do parto.

Para não desconsiderar a ajuda dos deuses masculinos, as mulheres também rezavam para os deuses irmãos Pilumno e Picumno, que protegiam os recém-nascidos dos maus espíritos e eram também deuses da felicidade no matrimônio. Mater Matuta, deusa do crescimento e do parto, tinha em Roma templos famosos, datados da época dos etruscos. Sua celebração, a festa das Matrálias, realizada em 11 de junho, envolvia ritos misteriosos e bolos sagrados. Por fim, Juno, a rainha-mãe dos deuses, regia diversos aspectos da fertilidade e da prole; Juno Opigena protegia as mulheres em trabalho de parto, enquanto Juno Sororia protegia as meninas na puberdade e Juno Caprotina se encarregava da fertilidade em geral.

Para facilitar o trabalho de parto, as mulheres também confiavam na magia por simpatia. Desatavam cuidadosamente qualquer nó que tivessem na roupa e soltavam o cabelo, para remover qualquer obstáculo a um parto seguro.

Embora as crianças fossem desejadas e os casais sem filhos adotassem com frequência, a gravidez era uma aposta de alto risco na Antiguidade.

A despeito da ajuda celestial, reinava uma extrema ansiedade, como era compreensível. Trabalhando a partir de restos humanos e de retalhos de registros históricos, arqueólogos e historiadores fizeram o cálculo estimativo de que, nas gestações do Egito de outrora, uma em cada três crianças devia morrer quando recém-nascida. Nos séculos greco-romanos, calcula-se que 5% a 8% dos neonatos morressem no parto ou no primeiro mês de vida. A mortalidade entre as novas mães também era lamentavelmente alta, acreditando-se que a maioria dessas mortes se devia a germes e infecções.

Os métodos para facilitar e acelerar o trabalho de parto iam desde os úteis (beber muitos líquidos) até os meramente bizarros (colocar uma pena de abutre sob os pés da mãe, ou posicionar uma pele de cobra sobre a coxa da mãe). Alguns auxiliares mais duvidosos incluíam a ingestão de substâncias realmente nauseantes, como gordura de lombo de hiena.

No lado positivo, as mulheres davam à luz com a ajuda de parteiras, em meio a amigas e parentas, numa calorosa atmosfera de apoio — geralmente em casa, já que os hospitais e maternidades que conhecemos não existiam. Entre gregos e romanos, uma cadeira baixa ou um banco de parto, com um buraco em forma de meia lua, eram os principais "equipamentos".

Durante o trabalho de parto, as egípcias preferiam se agachar ou se ajoelhar sobre tijolos de parto, os quais deixavam apenas espaço suficiente para que uma ajudante de mãos habilidosas aparasse o bebê. Em 2001, uma escavação arqueológica meridional na cidade de Abidos revelou um desses tijolos. Era coberto por pinturas ainda coloridas, mostrando a nova mãe, suas ajudantes e seu filho recém-nascido. Talvez tenha sido usado por uma princesa chamada Renseneb, uns 3.700 anos atrás.

Durante o trabalho de parto, ela e as ajudantes talvez tenham entoado certos encantamentos, para acelerar um parto feliz. Um desses cânticos começava dizendo "Desça, placenta, desça!" e continuava com apelos esmerados à deusa Hator e a Hórus, o deus celestial de cabeça de falcão.

O parto era um risco tão grande que as parteiras sempre tinham à mão certas ferramentas, para o caso de o trabalho se revelar difícil — ou impossível. Entre elas se incluía uma serra comprida e estreita, usada, nos casos extremos, para cortar o bebê em pedaços e extraí-lo do ventre materno.

ÚTEROS: Andarilhos histéricos

As moças de dois mil anos atrás eram atormentadas por uma variedade de distúrbios femininos, dentre os quais não era nada insignificante esse órgão nômade, o útero. Tal pedaço impertinente de tecido, de acordo com a maioria dos profissionais de saúde gregos e romanos, mais se comportava como uma toupeira do que como um órgão propriamente dito. Se a mulher não tomasse cuidado, o útero era capaz de se entocar em seu peito, causando sensações de sufocamento e falta de ar. Quando batia essa sede uterina de viajar, às vezes o andarilho tomava o rumo sul. Quando isso acontecia, as pacientes se queixavam de tensão nervosa, fogachos e acessos de choro.

Essa síndrome teve início nas brumas do passado, muito antes de Hipócrates aparecer. Os curandeiros da época chamavam tal doença de "histeria", do termo grego *hysteron*, ou útero. Depois, num lampejo de compreensão, Hipócrates e seus seguidores descobriram a causa: quando a mulher era descuidada a ponto de deixar seu útero ressecar, ele logo punha o pé na estrada, à procura de um órgão mais úmido a que se ligar.

Depois de dedicarem muita reflexão e discussão ao assunto, os médicos chegaram a um consenso: só era possível fazer o útero voltar a seu lugar apropriado através do medo. Alguns profissionais tentaram diretamente a magia para aquietar os andarilhos histéricos. As imprecações escritas em folhas de chumbo ou em papiros se tornaram uma receita popular. Um exemplo típico dessas tabuinhas continha execrações do tipo "Útero, eu te invoco, fica no teu lugar! Eu te rogo por Iaô, e por Saboth e por Adona, que não pendas para o lado, mas permaneças no teu lugar." Tábuas e amuletos com inscrições como essa e outras mensagens de repreensão foram encontrados desde a Britânia romana até o Egito romano.

Os tratamentos mais sérios da histeria eram voltados para a ação. Os médicos acreditavam que era da natureza do útero fugir dos maus cheiros. Assim, eles cercavam a mulher afligida pela doença com uma variedade de substâncias malcheirosas, desde lã queimada até percevejos esmigalhados. Quando isso não apavorava o útero a ponto de fazê-lo se submeter e voltar para sua posição correta, a paciente era exposta a barulhos altos. O médico podia acompanhar seus gritos com uma sinfonia de pratos de metal. Soprar vinagre nas narinas da paciente era outra das terapias mais brandas.

O útero deslocado exigia medidas ainda mais severas. Um dos tratamentos recomendados começava por uma refeição à base de alho e leite de ovelha, seguida por uma fumigação do útero com funcho, absinto e um bom purgativo; terminava-se com supositórios vaginais de papoulas de ópio, óleo de amêndoas e óleo de rosas.

A histeria era uma doença teimosa; ao longo dos séculos, um número significativo de casos crônicos se revelou sumamente pertinaz. Por fim, no entanto, houve uma espécie de verdadeiro avanço médico. Esse remédio, somente utilizado depois de exploradas todas as outras opções, era um tipo de fisioterapia que envolvia a massagem externa (e interna, às vezes) do útero. Deixando de lado os eufemismos, o que isso efetivamente significava era uma masturbação facultada pelo médico!

As pacientes realmente davam a impressão de obter alívio, como notaram os médicos com aprovação. Algumas pareciam até desmaiar durante a terapia. E qual era o único dilema? A terapia da massagem funcionava apenas como cura temporária. O problema continuava a retornar, assim como as pacientes. Não que os curandeiros gregos e romanos de outrora se queixassem, entenda bem.

Talvez você esteja rindo, mas essas mesmas crenças absurdas persistiram por boa parte da era moderna. De fato, durante dois séculos propensos à histeria, dos anos 1700 até o início da década de 1900, tantas mulheres de tantos continentes inundaram os consultórios médicos com suas queixas, que vários clínicos desenvolveram uma forma precoce, mas virulenta, da síndrome do túnel do carpo.

Embora esses médicos conhecessem um pouco mais a anatomia feminina do que seus colegas de dois milênios antes, toda a ideia de orgasmo e prazer sexual femininos continuava a ser uma terra incógnita. Eles chamavam o alívio vivenciado pelas mulheres que recebiam a massagem uterina de "paroxismo histérico".

As manipulações terapêuticas com a assistência do médico passaram a tomar tanto tempo, que foi lançado um programa de emergência, uma completa Guerra aos Úteros Andarilhos, a fim de encontrar auxiliares mecânicos que pudessem executar a terapia. Assim, em 1883, nasceu o protótipo do vibrador mecânico, bem como suas versões giratórias em permanente evolução. O médico britânico Joseph Granville inventou o primeiro deles, sendo seguido por uma enxurrada de imitadores, num total de uns cinquenta aparelhos. Quase todos

O útero tinha o péssimo hábito de perambular pelo corpo das mulheres. Para remediar o problema, os médicos usavam cheiros desagradáveis, barulhos altos e tratamentos mais brandos, como o feito com erva-doce.

eram movidos a vapor, água ou pilhas; quando a eletricidade entrou na vida dos consumidores, nela entraram também os vibradores elétricos.

Médicos e parteiras continuaram a prestar serviços às pacientes que não eram do estilo "faça você mesma". Os aparelhos vibratórios nos consultórios médicos se tornaram cada vez mais impressionantes, culminando no Vibrador Chattanooga, de 1,20m de altura. Eis um factoide pouco conhecido sobre a tecnologia: nos Estados Unidos, por volta de 1905, havia apenas cinco aparelhos domésticos considerados suficientemente "essenciais" para serem movidos a eletricidade. E o vibrador era um deles!

Em outras partes deste livro, você encontrará mais detalhes sobre o orgasmo e os engenhosos brinquedos sexuais de outrora.

ABORTO E INFANTICÍDIO: **A triste aritmética dos bebês**

"Se submetida à sangria, a mulher abortará." Essa citação vem da pena de Sorano, o maior ginecologista da primeira parte do século II D.C., citando Hipócrates, que provavelmente floresceu por volta de 420 A.C. A orientação de ambos a respeito dos abortos no estágio inicial da gestação sugeria fazer sangrias na mulher grávida, administrar banhos de assento, usar supositórios vaginais ou lhe dar ervas eficazes, como o sílfio, ou drogas mais perigosas.

O filósofo ateniense Sócrates, cuja mãe foi parteira, comentou, no *Teeteto* de Platão: "As parteiras, por meio de drogas e encantamentos, são capazes de despertar as dores do parto e, se assim quiserem, de torná-las mais brandas e fazer as parturientes terem dificuldade de parir. E provocam abortos nos estágios iniciais, quando os consideram desejáveis."

A esta altura, talvez você se pergunte: e o tal Juramento de Hipócrates? Os profissionais de saúde da Antiguidade não juraram que jamais praticariam abortos? Na verdade, não. O texto grego tem sido erroneamente traduzido com frequência (às vezes, de propósito), a fim de sugerir uma proibição mais ampla do aborto. Eis o que ele dizia, numa reprodução literal: "Não aplicarei um supositório [vaginal, chamado de pessário na Antiguidade] para provocar um aborto." Outras medidas abortivas, contudo, inclusive medicamentos, sangrias e manipulação do corpo da mulher, eram permitidas.

Uns cinco séculos depois dos escritos originais de Hipócrates, um médico e escritor estoico chamado Escribônio deu ao juramento a interpretação de que Hipócrates se opunha ao aborto e, possivelmente, à contracepção. Os escritos de Escribônio, por sua vez, influenciaram muitos outros, embora um texto em papiro do juramento hipocrático, datado do século III D.C., confirme a leitura que entende "apenas o supositório".

Essas questões "que se perdem na tradução" talvez pareçam picuinhas, mas são de extrema relevância na nossa própria era. John Riddle, em seu livro *Contraception and Abortion from the Ancient World to the Renaissance* [Contracepção e aborto do mundo antigo ao Renascimento], observa a relevância delas, "quando tantos Estados aprovaram leis antiaborto baseadas, em parte, numa leitura equivocada do juramento e, por conseguinte, das obrigações sagradas do médico".

A exposição dos recém-nascidos e o infanticídio eram alternativas difíceis para as mulheres que não podiam ou não queriam conservar os filhos. (Esse número pode ter sido substancial, se tivermos em mente que as escravas, durante seus anos férteis, eram com frequência e a contragosto objetos sexuais de senhores, proxenetas e clientes.)

No nosso século, deu-se muita importância a uma carta escrita num papiro e encontrada num monte de lixo do antigo Egito, redigida por um grego para sua esposa grávida. O documento é uma mescla de afeição conjugal e brutalidade displicente. Termina dizendo: “Se for menino, deixa-o ficar. Se for menina, expõe-na.” A carta provoca perguntas urgentes. Eram todos os bebês do sexo feminino considerados descartáveis? O infanticídio praticado contra algum dos sexos era crime?

Eis outro exemplo não muito divertido, escrito por um poeta cômico ateniense chamado Posídipo: “Todos, até o homem pobre, criam o filho varão. Todos, até o homem rico, expõem a filha.”

Numerosos pesquisadores investigaram populações conforme o gênero, e suas opiniões estão longe de ser unânimes. Na Antiguidade, de modo geral, as leis não protegiam os recém-nascidos nem os fetos. Dependendo da época e do lugar, algumas culturas nem sequer consideravam já plenamente humano o feto ou o recém-nascido; os romanos exigiam que primeiro o pai aceitasse publicamente a criança. Dessa maneira, tais filhos poderiam ser legalmente sepultados no jardim da família. Isto posto, o infanticídio feminino, com base em estudos de antigos cemitérios e de restos esqueléticos, não parece ter sido suficientemente numeroso para alterar a proporção entre homens e mulheres.

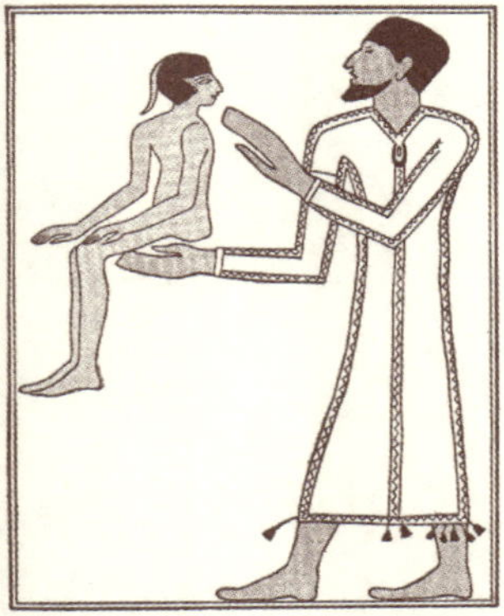

Nas sociedades escravagistas, a gestação indesejada era encerrada por meio do aborto ou da exposição do recém-nascido. Entretanto, o sacrifício ritualístico de crianças parece ter sido bastante raro, na visão atual.

Quase todos já ouviram falar dos atos monstruosos dos cartagineses, nativos da antiga superpotência do Mediterrâneo no litoral norte da África, cujo culto ao deus Baal e à deusa do amor e da guerra Astarte, exigia sacrifícios regulares de recém-nascidos. Durante quase seiscentos anos, os bebês teriam sido incinerados em grupos pequenos — e, em épocas de crise, em imensas oferendas de quinhentas crianças ou mais. E qual seria o motivo de tão deliberada violência? Acreditava-se que tais sacrifícios abençoavam os pais que abriam mão de seus filhos.

Entretanto, talvez esse quadro macabro não seja verdadeiro, como vem revelando um trabalhoso estudo arqueológico de longo prazo. Uma equipe da Universidade de Pittsburgh passou décadas estudando os restos cremados de 540 crianças em 348 urnas funerárias do cemitério de Tofet, perto de Cartago. Como foi relatado numa edição recente da revista *Archaeology*, "[eles] determinaram que aproximadamente metade das crianças era pré-natal ou não teria sobrevivido por mais de alguns dias no pós-parto, e as demais faleceram entre um mês e vários anos depois do nascimento". Qual o resultado? Como assinala o artigo, "As descobertas sugerem uma explicação crível e biologicamente coerente dos sepultamentos de Tofet, que oferecem uma alternativa ao sacrifício".

PARTE II
Pioneiros sexuais em torno do Mediterrâneo

A FERTILIDADE EGÍPCIA: Amor e lascívia da alface

Há muitos milênios, o Egito, nação que admirava com extravagância as mulheres férteis, adorava seus filhos e celebrava as relações sexuais, tropeçou numa descoberta de implicações profundas para o culto dos deuses, o planejamento familiar e a intimidade pessoal.

Numa palavra, a alface. Para ser específica, a *Lactuca serriola* e a *Lactuca sativa*, uma variedade mais áspera encontrada em solo egípcio e tida como um fantástico afrodisíaco (pelo menos para os egípcios; os gregos pensavam o inverso e viam a alface com horror, como assinalado neste livro no verbete sobre os antiafrodisíacos).

A descoberta da alface ocorreu junto com a adoração primitiva de um deus chamado Min, cujo culto da fertilidade já estava em pleno vigor antes mesmo que os faraós humanos começassem a reinar, em 3150 A.C. Como principal divindade da potência sexual masculina, Min segurava um mangual de colheita numa das mãos e seu órgão sexual ereto na outra. Suas festas eram espetaculares, às vezes orgiásticas.

Pouco antes do início da colheita, a estátua de Min era levada do templo aos campos cultivados nas duas margens do rio Nilo, para que abençoasse a lavoura. Nos festejos, as pessoas participavam nuas dos jogos, e o auge da festa era uma competição de subida num mastro.

Naturalmente, a comida da festa girava em torno da alface. Essa variedade particular era parecida com a alface romana, alta e de folhas meio retas. Quando espremida ou esfregada, soltava uma substância leitosa que, aos olhos dos egípcios, era muito semelhante ao sêmen. Uma vez que esse tipo de alface era descrito como tendo propriedades opiáceas e afrodisíacas, os festejos deviam ser memoráveis.

Sendo uma sociedade relaxada e sensual, mesmo depois da instituição do rígido sistema hierarquizado de governo dos faraós, o Egito continuou a cultuar Min. Na verdade, sempre que um novo faraó

Embora gregos condenassem a alface como um estraga-prazeres da virilidade, o mesmo não se podia dizer dos egípcios. Esta verdura desempenhou um importante papel em seus festivais de fertilidade.

ascendia ao poder, era obrigado a honrar esse deus de uma forma especial. Nas cerimônias de coroação, o novo faraó tinha de mostrar suas sementes. Literalmente. Alguns especialistas e adeptos de crenças fantasiosas entendem que isso significa que ele se agachava na terra e plantava uns brotos de couve-de-bruxelas. Mas as descrições antigas sugerem que o governante que chegava tinha que demonstrar sua virilidade, espancando masculamente o camelo, digamos, e depois ejaculando no Nilo. Só assim se poderia garantir a inundação anual do rio, fenômeno do qual o Egito inteiro dependia para que a vida prosperasse.

Os egípcios tinham outros mitos nos quais a alface desempenhava papel de destaque, inclusive a acalorada disputa para saber quem reinaria sobre o Egito — se Hórus, o deus do céu, ou seu tio Seth.

Dado que esses deuses eram seres extravagantemente sensuais, o tio Seth saudou o sobrinho tentando fazer uma penetração anal, que errou o alvo, respingando sêmen entre as pernas de Hórus. Muito sagaz, este recolheu um pouco da amostra de esperma do tio e o jogou no Nilo.

Algum tempo depois, Hórus colheu uma amostra do seu próprio sêmen e convidou o tio para almoçar. Serviu o prato favorito de Seth, alface, preparado com um "molho" branco de sua lavra. Seth pareceu gostar do almoço, após o qual os dois foram até o rio pedir aos demais deuses que ajudassem a resolver sua rivalidade.

Resultado final: Hórus venceu a disputa da bronha. Tornou-se o deus maior do Egito, graças à sua sagacidade e aos seus sumos procriativos, claramente superiores.

MASTURBAÇÃO: O sexo solitário pode ser divino

Nas ocasiões em que a pessoa está deprimida, aflita, ou simplesmente sem disposição para se vestir, a masturbação sempre ofereceu um modesto consolo.

Nos Estados Unidos, ela passou por longos períodos em que foi profundamente vilipendiada e/ou histericamente proibida. Hoje em dia, parece ser vista com certo constrangimento, mas sem repugnância, como um prazer particular e levemente embaraçoso, que mal chega a se qualificar como transgressão na Igreja católica.

Na Antiguidade, entretanto, a masturbação era um ato necessário e celebrado, praticado por deuses do mundo inteiro. Os homens e mulheres das civilizações de outrora, cuja vida e sustento dependiam da água dos rios — como o Nilo e a bacia do Tigre e do Eufrates —, acreditavam que seus deuses forneciam sua própria ejaculação para manter aquelas águas doces fluindo.

Os sumérios, que foram uma das primeiras culturas alfabetizadas, escreveram sobre seu deus Enki, que costumava se masturbar para

Para manter os rios dos quais toda a vida dependia, os povos do Egito e da Mesopotâmia acreditavam que, rotineiramente, seus deuses varões disparavam amostras de esperma nas águas.

manter o nível máximo do rio Tigre. O deus egípcio Hapy fazia o mesmo pelo Nilo, para preservar suas inundações anuais. (Leia o verbete anterior, para ver a ajuda adicional oferecida ao Nilo por seus faraós e outros deuses.)

Um mito egípcio da criação faz o deus Atum surgir do vazio — e então, já que os vazios costumam ser desertos e maçantes, ele se masturba, o que lhe traz uma bela surpresa, sob a forma de Shu e Tefnut, os primeiros seres humanos, que tratam de trabalhar para criar outros humanos de modo mais gregário. Mas os contadores de histórias egípcios, sumamente criativos, não se detiveram aí. Seu deus Osíris praticou feitos ainda mais assombrosos com seu sêmen, *ressuscitando-se* através da santa masturbação. Também concebeu seu filho Hórus usando apenas seu sêmen.

Quando os deuses praticavam a masturbação, isso era percebido como um ato criador mágico. Muitas culturas em torno do mar Mediterrâneo também viam o uso dela pelos seres humanos como natural e como um substituto saudável de outras experiências sexuais.

A mitologia grega apontou o deus Hermes (Mercúrio, entre os romanos) como um dos primeiros a adotá-la. Posteriormente, ele a ensinou a Pã, um deus meio caprino que era uma antiga divindade arcadiana dos pastores, das florestas e dos animais domesticados e selvagens. Foi um gesto de bondade, visto que Pã, com seus pelos desgrenhados e sua voz estrídula, tinha grande dificuldade de arranjar namoradas de forma humana — ou forma de cabra, pensando bem. Certa feita, apaixonou-se por uma ninfa chamada Eco, mas ela o rechaçou. Inspirado em suas novas técnicas masturbatórias, Pã passou a ensinar o sexo solitário a pastores e outros.

No plano humano menos elevado, gregos e romanos também aprovavam a masturbação. Poetas como Marcial mencionaram a prática comum do acariciar-se ao ler material erótico e ao contemplar a arte pornográfica. A masturbação também era um tema popular nas pinturas de vasos gregos — inclusive nos copos.

Em certa ocasião, Mark Twain fez um discurso impudente, intitulado "Algumas ideias sobre a ciência do onanismo". Nele, citou ninguém menos que Júlio César, que parece ter sido um verdadeiro fã dessa prática: "Para o solitário, ela é companhia; para o abandonado, é um amigo; para o idoso e impotente, é um benfeitor; até os miseráveis são ricos, por ainda possuírem essa majestosa diversão." A essa declaração, Twain acrescentou, possivelmente em tom de pilhéria: "Há momentos em que a prefiro à sodomia."

Por falar em Onã, você se lembra daquele pobre sujeito do Gênesis 38:8-10, no Velho Testamento, que levou uma bronca danada por se recusar a inseminar a mulher de seu irmão recém-falecido? Talvez ele apenas detestasse ser impelido a fazer uma coisa tão pessoal. Nada de conversa nem anel de noivado, só Deus lhe ordenando que procriasse com sua cunhada Tamar, já que seu irmão havia morrido sem produzir um filho e herdeiro. Sem entusiasmo, mesmo assim Onã copulou obedientemente com Tamar, embora depois derramasse seu sêmen no chão. Profundamente insatisfeito, Deus acabou de imediato com a vida de Onã.

Embora os modernos estudiosos do assunto tenham considerável certeza de que o que Onã fazia era praticar o coito interrompido, ou a retirada do pênis antes da ejaculação, rabinos judeus, desde aproximadamente 100 A.C., interpretaram essa passagem no sentido de que Onã desperdiçou sua semente, numa espécie de controle da natalidade. Algo muito pecaminoso. Os primeiros doutores da Igreja cristã adotaram uma visão diferente: já que a cópula de Onã não se destinava à procriação, devia ser praticada por prazer. Logo, era imoral.

O nome de Onã e sua atividade acabaram se tornando sinônimos de masturbação: onanismo. Dos primeiros cristãos em diante, diversas religiões condenaram duramente a masturbação, chamando-a de um dos quatro "vícios antinaturais". (Os outros três são a homossexualidade, o bestialismo e o sexo em qualquer outra posição que não a convencional papai-e-mamãe.) Alguns dos primeiros colonos norte-americanos foram ainda mais longe, transformando-a num crime punível com a pena de morte.

Em meados do século XVIII, graças a uma enxurrada avidamente lida de livros e panfletos sobre "os perigos do onanismo", escritos por um fanático inglês de nome S. A. D. Tissot e por outros charlatães, o gesto de Onã causou um novo pânico sobre a masturbação no mundo de língua inglesa. E, rapaz, como os vitorianos correram! A operação manual era uma ameaça à vida, capaz de causar cegueira, tuberculose espinhal, poliomielite e suicídio. Proliferaram os "especialistas" que vendiam poções e aparelhos esquisitos. Alguns educadores defenderam a ideia de que os meninos em idade escolar usassem saias, em vez de calças apertadas. A fobia do onanismo e as dietas bizarras para acabar com a masturbação predominaram pelo século XX afora, possivelmente até o catártico ano de 1969, quando foi publicado o hilariante e revelador *O complexo de Portnoy*, de Philip Roth.[1]

PORNÓGRAFOS: Uma ocupação acessível a todos os gêneros

A palavra *pornografia* foi criada ao se juntarem o vocábulo grego *porne*, "prostituta", e o pospositivo greco-latino *-grafia*, "escrita".

Mas pornografia, manuais explícitos de sexo e desenhos sumamente realistas eram algo que já existia muito antes da época greco-romana.

Até o presente, o registro mais antigo do modo de proceder nas uniões amorosas é o milenar *Manual Chinês do Sexo*, escrito há cinco mil anos por um imperador que obviamente dispunha de tempo. (Lamento a decepção, mas o tão citado *Kama Sutra* indiano é apenas um manual tardio de orientação sexual, tendo sido escrito entre os séculos II e IV D.C. — e apenas uma fração dele se refere ao sexo.)

A julgar pelo que veio à luz, os antigos egípcios foram os primeiros a produzir romances ilustrados proibidos para menores. Ou um deles, pelo menos. No início de 1897, quando os arqueólogos britânicos Bernard Grenfell e Arthur Hunt faziam uma enfadonha pesquisa em milhares de fragmentos de papiros que haviam encontrado em antigos montes de entulho de Oxirrinco, no Egito, tropeçaram num lascivo livro ilustrado. No rolo tristemente danificado de 2,60m, explorava-se a ligação erótica entre a música e o sexo, ilustrada por doze painéis com espantosas imagens satíricas que cobriam uma vasta gama das ideias egípcias sobre as diversões eróticas.

Uma vinheta mostra uma espécie de "desafio sexual olímpico": um homem em ereção tenta praticar o ato sexual com uma mulher quase nua que está de pé acima dele, numa carroça! Talvez a coisa toda seja uma paródia, feita por um preço elevado para uma plateia particular. Hoje chamada de Papiro Erótico de Turim, essa peça repousa no Mu-

Escrever pornografia começou quase tão cedo quanto a própria escrita. Os arqueólogos encontraram exemplos no Egito, em Roma e na Grécia — um bom número deles criado por mulheres.

seu Egípcio de Turim, na Itália. Outras obras explícitas, inclusive um rolo pintado em couro, apareceram no templo de Hatshepsut, em Deir el-Bahari, e noutros locais.

Mais uma vez, em meio à massa de papiros escondida nas antigas ruínas de Oxirrinco, no Egito, arqueólogos e pesquisadores descobriram um instigante fragmento de um manual sexual — uma obra de arte criada por uma grega chamada Filenis. Esse achado se mostrou ainda mais chocante, pois revelou que as mulheres do período greco-romano não apenas se portavam com a mesma lascívia que os homens, mas também escreviam sobre o sexo imaginativo que haviam praticado (e/ou fantasiado).

Filenis viveu na época helenística, na ilha grega de Samos, ou talvez na ilha de Lêucade (os relatos discordam). Talvez tenha sido a cortesã que inspirou a cunhagem do termo *pornografia*. Qualquer que fosse o seu trabalho durante o dia, ela iniciou sua odisseia literária com a invenção de um título genial para seu livro. Chamou-o de *Sobre beijos indecentes*. Seu manual erótico era claramente popular (a julgar pela menção feita a ele por outros autores, bem como pelo número de fragmentos de papiros encontrados em múltiplos sítios) e, séculos depois, serviria de inspiração para o sucesso de Ovídio, *Ars Amatoria* (*A arte de amar*).

A introdução do livro de Filenis começa dizendo: "Filenis de Samos, filha de Ocimenes, escreveu o que se segue para os que querem ... vida" (falta o resto da linha). A autora organizou metodicamente o livro, dividindo-o em capítulos com títulos do tipo "Como dar uma cantada" e "Sedução pela lisonja" (um pequeno fragmento diz: "diga que ele ou ela é 'divino(a)'"). Outros nomes de capítulos que estão preservados incluem "Cosméticos para o sucesso da sedução", "Uso de afrodisíacos", "Métodos de abortamento" e "Posições sexuais".

É evidente que *Sobre beijos indecentes* continha algumas sugestões de intimidade entre mulheres, as quais apavoraram os homens da Grécia e Roma antigas, onde a ideia de mulheres praticando comportamentos mutuamente satisfatórios embrulhava os estômagos masculinos. A brilhante poesia do século VII A.C. e a lírica de Safo de Lesbos muito haviam contribuído para chamar abertamente a atenção para as atividades proibidas entre as garotas, mas a ideia de lésbicas (ou tríbades, como era mais comum chamá-las, na época) causava ataques alérgicos no ateniense ou romano médios. (Ver maiores detalhes nos verbetes sobre tríbades e sexo sem penetração, noutros pontos deste livro.)

O manual de Filenis para indivíduos voluptuosos realmente alargou os limites da indignação, porque, ao que parece, incluiu ilustrações de posições sexuais. Isso mesmo: um *O Prazer do Sexo A.C.*, com instruções para casais homo e heterossexuais. No reinado do imperador Trajano, o poeta romano Marcial, que se orgulhava de sua vulgaridade chique e de uma irreverente pornografia *ad hominem*, achou tão pavorosas a não ficção e a arte displicentes de Filenis, que correu para casa para escrever epigramas obscenos sobre ela.

Outro autor de Samos, um poeta chamado Escrião, ficou ainda mais desolado ao ver "sua" ilha natal indicada como sendo também território de Filenis. Em resposta, escreveu um epigrama negando que algum dia ela houvesse escrito livros libidinosos ou "feito pesquisas" em consórcios dessa natureza com homens.

Apesar de todo o rebuliço que provocou, de modo algum Filenis foi a única mulher a fazer uma obra desse tipo. Uma poetisa talentosa, chamada Elefantis, também fez edições ilustradas que se concentraram em como organizar o sexo grupal. Uau! Seu trabalho recebeu uma menção do historiador romano Suetônio, autor da ainda famosa *Vida dos doze Césares*. Em sua biografia do imperador Tibério, ele disse que esse velho *voyeur* obsceno possuía um exemplar do livro dela, um livro para "aprender pelas imagens". O texto foi muito usado na ilha de Capri, no parque de prazeres sexuais de Tibério, onde jovens eram forçados a praticar o sexo grupal. De acordo com Suetônio, a obra era lida como referência, "para que não faltasse a ninguém um modelo da execução de qualquer ato lascivo que ele recebesse ordem de praticar".

Entre outras artistas pornográficas incluíam-se Nico de Samos, chamada por Xenofonte de autora de livros obscenos, e Astianasa, que assumiu a persona literária de serva pessoal de Helena de Troia para escrever sua obra sobre posições sexuais.

Embora só tenha vindo à tona um pequeno punhado de dados biográficos sobre pornógrafos masculinos, mesmo assim eles produziram um número infame de livrinhos despudorados. Entre eles se incluíam Sabelus, Museios, Múmius, Sótades de Maroneia, Tímon de Flio, Bótris de Messana e um sujeito da lendária Síbaris, chamado Hemitheon. Este escreveu um romance homoerótico intitulado *Sibarítica*, citado por sua "lubricidade" pelos escritores Marcial e Luciano.

É evidente que os fornecedores de pornografia de então se sentiam compelidos a descrever as posturas vêneras, como eram chamadas as posições sexuais, e a se vangloriar do número das que incluíam em seus livros. O escritor Paxamus, por exemplo, gabou-se das doze posições de seu volume intitulado *Dodecatechnon* ("Doze técnicas"). O poeta Marcial também comentou "os livros devassos de Elefantis, com nove posturas".

E quais eram as posições greco-romanas favoritas, afinal? A julgar pelas pinturas e ilustrações existentes, a chamada Cavalgante era extremamente popular. A mulher se sentava orgulhosamente em cima do homem, deitado de costas. Quando o montava de frente para ele, a posição era chamada de *Venus pendula conversa*; quando o montava de costas, era *Venus pendula aversa*. (Viu quanto latim você é capaz de aprender, quando o tema cativa o suficiente?)

Outros subconjuntos de histórias provocantes também se tornaram populares no século II A.C. O primeiro deles talvez tenha sido escrito por Aristides de Mileto, uma exuberante cidade-Estado grega na Ásia Menor. Chamados de *Milesiaka* ("Contos milésios"), eram coleções de contos narrados na primeira pessoa, usando uma linguagem irreverente e anedotas lascivas de amor e aventura. Esses romances ordinários atraíam os leitores masculinos; alguns foram até encontrados no equipamento carregado por legionários.

Como foi mencionado no verbete referente à masturbação, era comum os antigos livros pornográficos aprimorarem os momentos íntimos para muitos homens gregos ou romanos, dedicados ao que os vitorianos gostavam de chamar de "autopoluição".

A PRIAPEIA: **Antes dos livros eletrônicos, havia os livros da árvore**

Uma das coletâneas mais picantes e lascivas de matéria impressa já produzidas na Antiguidade foi a *Priapeia*, um florilégio ou antologia de poemas curtos ou epigramas em latim. "Impressa", porém, não chega a ser o termo adequado para descrever a *Priapeia*, que teve uma gênese muito inusitada.

Um jardim romano não seria completo se não exibisse uma estátua do deus Príapo, cujo membro enorme e ereto guardava o local.

Inicialmente escritos sobre couro, papiro, pergaminho e, possivelmente, cascas de árvores, esses poemas iam de duas linhas a vinte ou mais. Eram pregados ou presos na estatueta de madeira do deus Príapo — e não num único Príapo, além disso. A maioria das estátuas desse deus adornava os exuberantes jardins murados dos ricos, ou ficava no interior dos templos de toda a cidade de Roma. (Outras apareciam a bordo de navios mercantes, visto que Príapo também era protetor dos marinheiros e padroeiro da navegação.)

Algumas estátuas eram imagens sofisticadas, lindamente entalhadas e pintadas de um vermelho vivo. Muitas, porém, se revelavam propositalmente toscas, um simples tronco de árvore mais ou menos moldado em forma humana. Em ambos os casos, a parte do corpo que chamava a atenção era o membro enorme, viril e ereto de Príapo. Na linguagem cotidiana, ele era chamado de *mentula*, a gíria das ruas para designar o falo.

Dizia-se que o culto de Príapo viera da Grécia, espalhando-se posteriormente pela península itálica. Outros relatos insistiam em que ele derivava dos egípcios e de sua adoração de Ápis, o touro sagrado. Tal como a de um deus mais antigo, Pã, a história pregressa de Príapo incluía o fato de ele ter sido criado por pastores e de ser uma divindade menor da natureza inculta, dos bosques e florestas.

Seja como for, essas ardorosas imagens em escarlate eram símbolos muito antigos da fertilidade, adequadas para jardins repletos de árvores frutíferas, ervas e plantas comestíveis. Príapo também protegia os rebanhos e os animais selvagens. Para os donos de propriedades, a imagem de Príapo agia como um vigilante das hortas e jardins e um protetor contra o mau-olhado. Sua agressividade fálica, de tamanho exagerado, ameaçava visualmente os ladrões de frutas, de gado e de legumes, além de qualquer outro mau elemento, com um castigo terrível: o estupro.

Assim, os poemas da *Priapeia* presos à figura de Príapo — que ameaçava poeticamente o leitor — acrescentavam mais ênfase à ameaça.

Como veio a surgir a poesia priápica, afinal? Parece ter se desenvolvido numa reunião de literatos romanos que passavam um dia relaxante nos jardins mais que sofisticados de Mecenas, nadando na primeira piscina aquecida de Roma e bebendo bons vinhos. Mecenas, amigo íntimo do primeiro imperador de Roma, era também o padrinho literário do poeta Horácio e de outros escritores famosos. Seus jardins foram os primeiros da Itália a reproduzir os suntuosos paraísos murados de estilo persa.

No decorrer dessa tarde jovial e competitiva (ou, talvez, de uma série de tardes), o grupo escreveu poemas e epigramas e os afixou no gigantesco Príapo que montava guarda na área do templo, nos jardins de Mecenas. Posteriormente, cerca de noventa e cinco desses poemas a Príapo foram compilados num volume que veio a ser publicado em Roma. As "cópias impressas", como chamaremos os poemas que não foram presos às estátuas, tornaram-se tão populares junto a um público mais amplo, que vários escritores famosos de temas eróticos ou escatológicos, de Catulo e Petrônio a Tíbulo, ficaram ansiosos por contribuir para a coletânea. E assim fizeram, com brio. Em virtude do seu conteúdo picantemente obsceno e de suas imagens de estupros, com frequência perturbadoras, a *Priapeia* passou muitos séculos sem ser traduzida para o inglês.

FERENICA DE RODES: Sob o manto da vitória olímpica

Nascida numa dinastia atlética na ilha grega de Rodes, Ferenica — cujo nome significa "a que carrega a vitória" — cresceu cercada pela testosterona e por superastros, a começar por seu pai, Diágoras, uma figura imponente que conquistou o primeiro lugar no pugilato masculino nos Jogos Olímpicos de 464 A.C. (Naquela época, os vencedores recebiam simples coroas de louro como recompensa, mas, posteriormente, também eram cobertos de prêmios em ouro.)

Grandes e musculosos, os irmãos de Ferenica levaram adiante a sequência de vitórias. No pugilato e na feroz competição de pugilato e luta livre chamada pancrácio, seus irmãos arrebataram o primeiro lugar em seis jogos olímpicos. Dorieus, o mais jovem deles, era o destaque da família. Levou a coroa em três Olimpíadas sucessivas, além de obter oito vitórias nos jogos de Ístmia, sete nos de Nemeia e outras no circuito dos Grandes Jogos.

Como irmã deles, é provável que Ferenica tenha torcido ao vivo pelos irmãos. Na condição de caçula e solteira, deve ter feito a longa trilha de Rodes a Olímpia com a família, para ver uma ou mais de suas vitórias. Nos jogos olímpicos da Antiguidade, somente mulheres solteiras e meninas (eufemismo para virgens) podiam comparecer; as matronas eram proibidas de entrar. Ninguém conseguia lembrar a razão ou a data inicial dessa antiga proibição, nem tampouco de seu terrível castigo: qualquer mulher casada que tivesse a temeridade de invadir os portões seria arrojada para a morte do alto do monte Tipeu, ali perto.

Enquanto esteve em Olímpia, é bem possível que Ferenica também tenha assistido aos Jogos de Hera. A cada quatro anos, pouco antes da Olimpíada, realizavam-se corridas a pé para donzelas e mulheres no mesmo terreno. Essas competições em homenagem à deusa Hera eram mais antigas que os próprios jogos olímpicos, e as competidoras que venciam três vezes eram homenageadas com estátuas postas ao lado das dos vencedores olímpicos no recinto sagrado.

Com o tempo, Ferenica desposou um atleta louco por esportes, chamado Calianax. O casal teve dois filhos que, crescidos, tornaram-se corpulentos — e prováveis lutadores. Em 404 A.C., o filho mais velho, Eucles, venceu a disputa do pugilato e levou para sua mãe, em casa, a coroa de louros de Olímpia. Por já estar casada, Ferenica não havia assistido à vitória do rapaz.

Em poucos anos, seu filho caçula, Pisidoro, pareceu apto a participar da competição de pugilato e teve seu nome inscrito no evento para meninos em Olímpia. Todavia, durante o período obrigatório de dez meses de treinamento antes da Olimpíada, deu-se a desgraça. O marido de Ferenica, treinador do filho, morreu de repente. Pisidoro ficou abalado; assim como sua mãe. Mas a viúva recente, lembrando-se de que fazia parte da poderosa dinastia de Diágoras, não hesitou.

— Levarei teu treinamento até o fim, meu filho — disse.

E assim começou o segredo bem guardado dos dois, um regime clandestino de treinos. Ferenica, que tinha visto os irmãos e o marido lutarem e treinarem durante anos, sabia quais eram as habilidades que o filho precisava dominar. Musculoso e bem coordenado como os outros varões da família, o jovem Pisidoro tinha o que era preciso para vencer. Visto que a velocidade, a potência e a capacidade de esquiva eram os elementos fundamentais para ter sucesso no pugilato, Ferenica logo pôs o filho para fazer corridas e, mais adiante, passar horas socando um saco estofado com painço. Durante as lutas de treinamento, com protetores de ouvido e luvas macias e acolchoadas, ele saltitava e dançava como um jovem Muhammed Ali.

Em junho de 388 a.C., Pisidoro apresentou-se na área de treinos em Élis, o local onde todos os atletas passavam o último mês antes dos jogos.

No calor de julho, iniciou-se a nonagésima oitava Olimpíada, com cerimônias religiosas e sacrifícios a Zeus, Hera e os outros deuses gregos. Como estreante, é provável que Pisidoro estivesse nervoso; ficaria ainda mais tenso se soubesse o que sua mãe estava preparando. Ela não era uma matrona reservada e escondida como as de Atenas. Rodiense oriunda de uma família de atletas, Ferenica tinha bom preparo físico e se movia com confiança. Não suportava a ideia de não estar presente para apoiar o filho. Como já havia comparecido a eventos olímpicos anteriores, sabia o que os treinadores oficiais vestiam, o que faziam e onde ficavam durante as competições.

Embora Nice, a deusa da vitória olímpica, fosse mulher, os jogos olímpicos da Antiguidade barravam a entrada de mulheres casadas, mesmo como espectadoras.

Ferenica vestiu a longa túnica especial dos treinadores e carregou a vara de madeira que eles usavam. (É possível que também tenha usado uma barba falsa e cortado o cabelo, ao que saibamos.) No fim das contas, seu disfarce foi aceito e ela obteve acesso ao recinto dos treinadores, que era delimitado por uma cerca baixa.

Soou a trombeta do arauto e Pisidoro iniciou a luta. Ferenica viu que fizera bem o seu trabalho. O adolescente se movia com agilidade, dominando o adversário com jabes de esquerda, ganchos, cruzados de direita e golpes no corpo. Sua velocidade e força assombraram a mãe. A multidão rugiu sua aprovação. Por fim, o oponente levantou o dedo indicador — o sinal da derrota.

Ferenica não conseguiu se conter. Soltando um radiante grito de guerra, pulou a cerca e correu para beijar o filho. O som agudo de sua voz, ou talvez o que foi revelado pelo salto por cima da cerca, denunciou seu disfarce. Os espectadores, milhares deles, começaram um murmúrio de assombro que se transformou num rugido de indignação.

Os dez juízes olímpicos ficaram num dilema terrível. Nenhum treinador jamais se revelara mulher até então! E uma mulher casada, o que era o verdadeiro horror. Eles se reuniram em conferência, ansiosos. E não demorou para produzirem uma solução engenhosamente grega. Ferenica não seria punida — para ela, nada de ser precipitada para a morte dos penhascos íngremes do monte Tipeu. Com expressões solenes, os juízes anunciaram que, à luz das contribuições de sua família para a glória dos jogos olímpicos, Ferenica não seria submetida à punição por desrespeitar o tabu.

Entretanto, apressaram-se a acrescentar: “De hoje em diante, tanto os treinadores quanto os atletas participarão nus dos jogos olímpicos.”

Exultantes, Ferenica e o filho saíram da Olimpíada caminhando juntos. Mas, a partir desse momento, ela passou a ter uma fama pessoal duradoura e um novo apelido entre os gregos. Carinhosamente, eles a chamaram de Calipatira, "bom pai".

SEDAS DE KÓS: A transparência é sensual

Embora os milhares de vasos e estátuas gregos que retratam deuses e deusas, homens, mulheres e sátiros nus, em estados variáveis de excitação, pareçam indicar o contrário, os gregos também gostavam de vestir a ambiguidade.

A ambiguidade — no estilo ora se vê, ora não se vê — podia ser altamente erótica.

Durante mais de mil anos, entretanto, cada traje usado por gregos e romanos era feito em casa, em teares que produziam peças retangulares de lã ou linho. Um pedaço menor se tornava um quitão grego ou uma túnica romana. Um pedaço mais comprido de tecido, preso ou costurado nos ombros e cingido por um ou mais cintos, convertia-se numa bela túnica drapeada, em geral mais discreta que atrevida.

Outro pedaço grande de tecido, chamado peplo ou pala, servia de xale ou véu quando as mulheres saíam à rua. O conjunto inteiro tinha um aspecto excelente em estátuas de deusas benfeitas de corpo. Na mulher grega ou romana média, chamaríamos isso de visual abafado.

Nas atividades cerimoniais, porém, tais como procissões religiosas, às vezes as meninas e as moças solteiras usavam quitões ou túnicas mais curtos. Nas competições atléticas realizadas a partir do século I D.C., das quais participavam meninas e mulheres gregas e romanas do entorno do Mediterrâneo, as competidoras usavam uma túnica curta com alça num dos ombros, que deixava um seio de fora. Diversas esculturas de atletas femininas nesses trajes sobrevivem até hoje, inclusive uma cópia romana encontrada no Museu do Vaticano.

Somente entre os espartanos, jovens e velhos, é que as mulheres deixavam tudo à mostra. As túnicas ínfimas eram a norma, do mesmo modo que a nudez nos eventos esportivos.

E será que outras garotas gregas ou romanas procuravam imitar a liberdade espartana no vestuário? Sim, com certeza.

As gregas o chamavam de "quitão de Amorgos"; as romanas, de "veste de Kós". Nós o chamaríamos de "muito sensual". Era uma túnica diáfana, lisonjeira e aderente ao corpo, que cobria tudo, do pescoço aos tornozelos, mas, ao mesmo tempo, tudo revelava. O tecido era uma seda transparente, leve como a pluma.

Por que sabemos tão pouco a seu respeito? Até época recente, supunha-se que a seda era um segredo zelosamente guardado, exclusivo da antiga China. E era mesmo — até que mercadores astutos da Pérsia e do Oriente Médio furtaram alguns ovos de bicho-da-seda e o contrabando acabou chegando à Grécia antiga.

Outra razão para nossa falta de conhecimento: era muito difícil retratar tecidos transparentes em pinturas ou esculturas entalhadas na pedra. Assim, são poucos os vestígios dessa roupa na arte greco-romana. Existe, de fato, um exemplo magnífico — o alto-relevo em pedra chamado Trono de Ludovisi, que retrata a deusa do amor emergindo das águas do mar. Nele, o escultor conseguiu mostrar o corpo de Afrodite através do tecido encantador aderido a ele.

Na época de Aristóteles, ou antes, possivelmente, bichos-da-seda silvestres foram clandestinamente levados para as pequenas ilhas gregas de Amorgos e Kós (não muito distantes da atual Turquia), onde sua produção passou a ser transformada em tecidos. Os insetos foram abrigados em amoreiras. Para produzir seda, os chineses preferiam matar a borboleta dentro do casulo, ao passo que os gregos a deixavam abrir caminho para a saída, rompendo os fios ao passar. As gregas de

Amorgos, acostumadas a fazer linho a partir da fibra vegetal, usavam a mesma técnica, chamada gramagem, para fazer sua seda. O tecido logo passou a ser chamado de *amorgina*, por causa do nome da ilha, bem como de *metaxa* e de uma misturada de outros nomes.

Naturalmente, o material custava uma fortuna, mas as gregas, desde as donas de casa até as "cortesãs" (ou heteras, como ficaram conhecidas), não tardaram a fazer seus maridos, familiares e amantes soltarem a grana. Em 411 A.C., quando o dramaturgo Aristófanes estreou *Lisístrata*, a peça satírica em que as mulheres fazem uma greve de sexo para impedir que seus homens vão à guerra, essa moda estava no auge entre os atenienses. Na peça, Aristófanes incluiu falas sobre mulheres que provocavam os homens sexualmente, aparecendo "nuas com seus quitões de amorgina". Essas falas eram compreendidas por todas as pessoas da plateia, em quem provocavam gargalhadas.

Quando o rico filósofo Platão quis enviar um presente de agradecimento às filhas da família de cuja hospitalidade havia desfrutado na Sicília, explicitou numa carta: "Dê às filhas de Kebes três túnicas de sete côvados de comprimento, não aquelas caras, de Amorgos, porém o tipo mais comum, feito de linho siciliano." Será que isso era diplomacia familiar, ou seria Platão um pão-duro aristocrático?

Depois que as cidades-Estado gregas entraram em declínio e foram tragadas pelos romanos, em 146 A.C., os vencedores viram o espólio de sedas como um ótimo presente para levar a suas esposas e amantes. Em dois tempos, as romanas passaram a circular num esplendor diáfano. (Nessa época, Roma já importava e valorizava enormemente a seda chinesa, embora faltasse a esta a qualidade pura.)

Os escritores varões, entretanto, embora ficassem de botuca nas usuárias desses tecidos, enfureceram-se com essa nova tendência sedutora. Plínio chamou as sedas de Kós de "vestimentas que cobrem a

As espartanas exibiam mais o corpo do que outras gregas. Suas atletas usavam minitúnicas que cobriam apenas um dos seios.

mulher, ao mesmo tempo que revelam os encantos de sua nudez". Ele e outros ficaram ainda mais obcecados com o fato de alguns homens começarem a usar sedas de Kós, a pretexto da leveza do tecido, que seria ideal para suportar o calor do verão romano. Mas os homens romanos convencionais se ativeram, suada e resolutamente, à ampla toga de lã que ia da cabeça aos pés. Qualquer coisa mais leve ou mais solta significaria decadência. Ou a palavra iniciada por E: efeminação.

TARGÉLIA DE MILETO: Senhora do circuito dos casamentos

Como profissionais de primeira entre as seguidoras de Afrodite, deusa grega do sexo, as heteras tinham suas próprias normas rigorosas para o sucesso nos negócios: não se apaixone pelos clientes e (Hera nos livre!) não se case com eles!

Durante anos, na época do rei persa Ciro, o Grande (576 a 530 A.C.), uma cortesã espetacular, de nome Targélia, ocupou o primeiro lugar nas paradas de popularidade das heteras. Proveniente da cidade-Estado grega de Mileto, na Jônia, litoral leste do Mediterrâneo, Targélia era linda, e muito mais. Tinha também uma sólida reputação por seu carisma, astúcia e tutano, mas vivia ignorando os conselhos de suas colegas sobre o casamento. De acordo com o sofista grego Hípias, em seu livro *Coleção*, Targélia atou laços matrimoniais catorze vezes!

Essa Srta. T. se casou com uma variedade de homens e governantes famosos, inclusive Antíoco, rei da Tessália. Mas todas as suas conversas na intimidade lhe granjearam bem mais que alianças de casamento. Como Mata Hári de sua época e lugar, o tempero da vida de Targélia vinha sobretudo das atividades de agente dupla, não do sexo nem das propostas de casamento. Entre seus aliados masculinos (senão seus cônjuges), dizem que ela incluiu Ciro, o Grande, para quem espionou e armou intrigas.

O historiador grego Plutarco, na biografia de Ciro em suas *Vidas paralelas*, observou: "Targélia, mulher de grande beleza, extremamente sedutora e, ao mesmo tempo, sagaz, teve numerosos pretendentes entre os gregos. Levou todos os que com ela tratavam para o lado dos interesses persas e, através dos recursos deles, como homens de enorme poder e posição social, plantou por toda parte as sementes da facção meda [isto é, persa], em diversas cidades."

Considerando-se que gregos e persas se atacavam mutuamente fazia séculos, em especial nos cinquenta anos (com intervalos) das Guerras Greco-Persas, de 498 A.C. até o tratado de paz de 449 A.C., não é de admirar que os atenienses e outros cidadãos das cidades-Estado gregas passassem a ver o nome de Targélia como sinônimo de "traidora".

Os atenienses tinham memória longuíssima. Quase duzentos anos depois de Targélia, outra beldade inteligente de Mileto ficou sob profunda suspeita por seu papel na política — e sua influência nos homens poderosos.

Seu nome era Aspásia. Apesar de instruída e de, desde longa data, ser a amante residente de Péricles, o principal político e general de Atenas, ela era não ateniense, e sim meteca, ou residente estrangeira. Como tal, foi acusada de persuadir o amante a travar guerra contra a ilha grega de Samos. E qual seria seu suposto motivo? Os sâmios tinham se recusado a suspender a guerra *deles* contra Mileto.

Convém saber que as cidades-Estado gregas, invariavelmente beligerantes, lutavam sem parar umas com as outras. Suas disputas quase sempre se inflamavam em verdadeiras guerras, com a resultante perda de vidas humanas, além de atrocidades, escravização e outros resultados sinistros. Os gregos estavam longe de necessitar de mulheres como Targélia e Aspásia para incitá-los — mas as mulheres sem papas na língua e sexualmente independentes se tornavam bodes expiatórios muito convenientes. (E, sem dúvida, excelentes espiãs, se quisessem sê-lo.)

Targélia não parece haver despertado a ira oficial. Mas Aspásia, invariavelmente comparada a sua conterrânea Targélia, com certeza a despertou. Durante seus vinte anos com Péricles, foi injuriada nos palcos e fora deles por poetas, dramaturgos e uma legião de políticos.

Quando Atenas entrou em guerra contra Esparta, em 431 A.C., o clima político piorou ainda mais. Os denunciantes montaram uma acusação fraudulenta de impiedade contra Aspásia. Essa acusação deliciosamente vaga sobre enraivecer os deuses podia ser feita, nos moldes da lei, por qualquer cidadão. A pessoa condenada por impiedade podia ser punida com a pena de morte. Como não ateniense, Aspásia não poderia nem mesmo depor em defesa própria. Em vez disso, seu amante, Péricles, fez um apelo emocional sobre a inocência dela, e o processo foi arquivado.

Como Targélia, sua concidadã de Mileto, Aspásia era uma mulher independente, que vivia para a filosofia e a política. Os atenienses adoravam insultar essa companheira íntima de Péricles.

O desprezo pelos metecos (e pelas mulheres que não ficavam de boca fechada) era arraigado entre os atenienses. Infelizmente, quase todo o pouco que "sabemos" sobre Aspásia se compõe de boatos maldosos, invenções e enxovalhamento, tudo visando principalmente o seu dedicado parceiro amoroso, Péricles. (Mais detalhes sobre Aspásia podem ser encontrados nos verbetes sobre o beijo e sobre Péricles e Aspásia como casal.)

CULTOS DOS MISTÉRIOS: **A origem da orgia**

As antigas orgias não eram meros encontros banais de cidadãos sexualmente excitados, ansiosos por se entregarem ao sexo grupal. As orgias de outrora envolviam ritos, bebidas alcoólicas fortes, danças frenéticas, segredos espirituais, êxtases religiosos e, às vezes, devassidão terrena, tudo girando em torno de um ou dois deuses.

Os ritos desses cultos orgiásticos, frequentemente chamados de "mistérios", não eram uma bagunça geral nem eram abertos ao público. Os grupos tendiam a ser exclusivos dos membros, e estes, chamados *orgiones*, eram supervisionados por um especialista, chamado *orgiofanta*, que revelava os segredos e procurava dirigir as atividades.

Basta mencionar "deus da orgia" para que venha de pronto à lembrança o deus do vinho, Dioniso, e seu equivalente romano, Baco, mas havia muitos outros cultos e mistérios orgiásticos na Antiguidade. (Baco e as bacanálias também farreiam por outro verbete deste livro.)

Tomemos a grande religião misteriosa de Elêusis, por exemplo. Desde tempos imemoriais, milhares de gregos faziam uma peregrinação a Elêusis, uma pequena cidade no alto de um morro, a aproximadamente 22 km de Atenas. Ali, em meio ao mais rigoroso sigilo, realizavam-se ritos, iniciavam-se novos membros e era reencenada a antiga história da deusa da vegetação, Deméter, e de sua busca por sua filha perdida, Perséfone.

Os mistérios de Elêusis floresceram por mais de 1.700 anos, durante os quais centenas de milhares de indivíduos, provenientes de todos os cantos do mundo de língua grega, foram iniciados em seus segredos. Entre os membros incluíam-se imperadores e escravos, mulheres e homens. Até hoje, a maior parte do que acontecia continua desconhecida. As poucas pistas que temos vêm mais da arqueologia moderna que da literatura antiga.

Para se integrarem, os indivíduos se hospedavam em Atenas por seis meses, a fim de comparecerem aos ritos da primavera, chamados Mistérios Menores. Em setembro, para participar dos Mistérios Maiores, os iniciados percorriam a Via Sacra de Atenas a Elêusis. À medida que caminhavam, iam chamando Perséfone, a fim de trazê-la do mundo subterrâneo para o reino dos vivos. Ao chegarem à área externa do santuário, dançavam a noite inteira, sem dormir, e entravam no Telestérion, o salão da iniciação, que comportava até três mil pessoas. Era ali que os iniciados tinham visões. Os antropólogos fizeram extensas pesquisas e teceram numerosas teorias quanto à causa dessas visões. Uma hipótese plausível se baseia no sabido fato de que os celebrantes bebiam *kykeon*, uma poção especial que continha grãos de cevada, símbolo de Deméter, e cravagem-do-centeio, um fungo muito conhecido. O consumo de cereais com cravagem produz sintomas de vertigem, distorções visuais e alucinações intensas.

Este era o conjunto arquitetônico do templo de Elêusis, o mais famoso e misterioso dos cultos de mistério gregos. Os ritos, que ainda nos são predominantemente desconhecidos, foram realizados durante 1.700 anos.

Outras plantas psicotrópicas, inclusive as papoulas de ópio, também foram sugeridas como ingredientes ativos do *kykeon*. Ao contrário de outros mistérios orgiásticos, o de Elêusis produzia uma exaltação mais espiritual do que carnal. Os participantes vivenciavam o êxtase, termo grego que designava a "fuga anímica do corpo".

Em sua época, Platão escreveu sobre outro grupo orgíaco, dedicado ao culto lunar da deusa Bendis, da Trácia. Ele ganhou impulso em Atenas; originalmente desenfreado como os ritos de Baco, o ritual se tornou uma festividade mais branda para os atenienses, com uma corrida de rapazes nus a cavalo, à luz de tochas.

Nem todas as orgias envolviam o congresso sexual. Na verdade, uma delas eliminava a tentação do sexo da maneira mais literal. O culto de Cibele — posteriormente chamada Magna Mater pelos romanos — teve inúmeros seguidores durante seis séculos. Seus adeptos masculinos linha dura, chamados *galli*, desfilavam inebriados de amor místico por sua deusa. Tomados pelo êxtase (e, possivelmente, também pela euforia de alguma droga), os membros novatos entre os *galli* decepavam seus órgãos genitais e os atiravam à massa que assistia à procissão. (Os veteranos do culto já não teriam nenhum equipamento a sacrificar, mas participavam, assim mesmo.) Sua festa de três dias incluía um sangrento dia de flagelação, seguido pela *Hilária*, o dia da hilaridade, no qual todos compartilhavam boas risadas sobre as mutilações da véspera. Raramente morria alguém durante essas atividades do tipo faça você mesmo, ou assim afirmavam os estoicos *galli*.

Outros cultos orgiásticos se centravam na adoração de Orfeu, Adônis, Eumolpus e os Cabires. Alguns cultos, como os mistérios realizados na Samotrácia, faziam da manipulação de serpentes uma parte das festividades; o mesmo fazia o culto de Dioniso, adorador de serpentes, e, em época ainda anterior, o das deusas minoicas de Creta.

Depois da chegada e partida de dirigentes imperiais amantes da devassidão, como os imperadores Calígula, Nero, Domiciano e Cômodo, as orgias se transformaram comumente em vulgarizações seculares, festas desmioladas de frenesi sexual para participantes e *voyeurs*. Não obstante, os mistérios, grandes e pequenos, continuaram a exercer uma poderosa atração, na qual inúmeros iniciados encontravam consolo e êxtase espiritual.

PROSTITUIÇÃO: **Amor à venda pela melhor oferta**

Como proclama a venerável máxima dos produtores cinematográficos, sexo vende. E tem vendido desde os brumosos primórdios da história escrita, com a demanda sempre superando a oferta. E, às vezes, também despindo a oferta.

A turma concupiscente de outrora, incluindo todos os gêneros, estava no negócio de comprar, vender, alugar, emprestar e compartilhar o sexo. Aliás, trabalhadores sexuais de todos os tipos estão em atividade desde antes de surgir o meio de troca chamado dinheiro. É mesmo a mais antiga das profissões. Pense um pouco: como você acha que eram pagas as prostitutas de Sodoma e Gomorra?

O mundo antigo também fervilhava de hierodulas — escravas religiosas filiadas a centenas de templos diferentes, amiúde chamadas de "cortesãs sagradas", a serviço de tal ou qual divindade. O Egito tinha montes de prostitutas religiosas, mas poucas operárias sexuais leigas; entretanto, a música era considerada muito erótica, de modo que as musicistas e dançarinas comumente faziam um bico sexual.

Nas terras mesopotâmicas, a antiga Suméria tinha prostitutas ritualísticas desde 2400 A.C. — e ofertas de emprego para artistas/prostitutos laicos de ambos os sexos. Além disso, no principal zigurate da cidade de Ur, a suma sacerdotisa e o governante varão no poder realizavam anualmente um "casamento sagrado". Mil anos depois, na mesma parte do mundo, as meretrizes assírias tinham que obedecer a códigos rigorosos de indumentária, o que significava que não podiam usar véu na rua, como as outras mulheres. Se uma prostituta desrespeitasse a norma e fosse apanhada circulando de véu, sua punição seriam cinquenta contundentes chicotadas. E, o que era quase igualmente desolador, ainda lhe derramavam betume (uma substância parecida com alcatrão) na cabeça.

Mais ou menos no ano 600 A.C., as escravas que prestavam serviços sexuais receberam *status* oficial na Atenas do legislador Sólon, que instituiu os primeiros prostíbulos estatais. Ele também deu início a um fluxo animador de receita para a cidade, passando a cobrar um imposto sobre a renda das outras prostitutas (chamadas *pornai*). As *pornai* usavam roupas especiais, sandálias sensuais e chamativas e perucas ou outros adornos distintivos na cabeça.

Rodar bolsinha, que era chamado de "pastar" na gíria de rua da Grécia antiga, tinha um leque de opções e níveis de preço. Entre as possibilidades, havia a versão básica da prostituta de bordel, que custava um óbolo, a menor moeda então em uso; as meretrizes independentes de rua; as de nível intermediário — flautistas, dançarinas e musicistas com possibilidade opcional de sexo, contratadas para distrair nas farras exclusivamente masculinas, e assim sucessivamente, subindo na escala até as cortesãs elegantes e, no topo da lista, as heteras ou "companheiras", educadas e espirituosas. Estas, quase sempre residentes estrangeiras, vindas de outras partes da Grécia, haviam nascido livres e eram instruídas. Idealmente, a hetera se empenhava em ter um círculo de homens de muitas posses, cada um dos quais bancava a despesa de um dos centros de custos de sua vida: aluguel, vestuário, joias e assim por diante.

As operárias sexuais pagavam impostos, desde as cortesãs que eram um colírio para os olhos até escravas de bordéis e meretrizes de rua.

Algumas heteras, como uma das duas famosas sedutoras de nome Laís, optavam por dividir seu tempo. No caso desta, durante dois meses por ano, ela cobrava altos valores em dracmas de um filósofo rico, chamado Aristipo, para cobrir seu tempo e seus serviços, e depois passava um número igual de noites com o esfarrapado e afrontoso filósofo Diógenes de Sinope. Ela devia ter verdadeira paixão pela filosofia cínica, já que a "casa" de Diógenes, no mercado de Atenas, era um *pithos* — um enorme tonel de cerâmica que um dia guardara vinho ou azeite. Laís também deve ter dividido as acomodações com o bando de cães vadios de Diógenes!

Diógenes, o cidadão mais ultrajante de Atenas, muitas vezes compartilhava sua moradia de cerâmica com cães vadios e meretrizes famosas.

A vida noturna de Atenas era sem graça, comparada à da animada metrópole grega de Corinto, situada no istmo estreito que ligava as duas partes do território continental da Grécia. Meca da prostituição, ela se gabava de ter centenas de hierodulas e um número igual de meretrizes leigas, ditas as "potras de Afrodite" — as cortesãs insolentes e estratosfericamente caras dessa cidade.

Atenas e muitas outras cidades-Estado gregas da Grécia, península itálica, Sicília e Ásia Menor tinham também um número significativo de rapazes que eram profissionais do sexo. Tal como suas concorrentes femininas, em Atenas eles tendiam a se congregar no monte Licabetos, na região do bairro de Ceramicus e no porto de Pireu. Também davam preferência a cemitérios, que proporcionavam belas superfícies planas para servir de leitos *al fresco*, além de muito espaço tipo "*facebook*" para anunciar os serviços de cada um.

Roma e, posteriormente, todo o Império Romano ofereciam a mesma impressionante variedade de serviços sexuais pagos que era encontrada no mundo de língua grega, só que um pouquinho mais burocrática. A partir de 180 a.C., passaram a ser cobrados impostos sobre a prostituição e os bordéis. Os empresários independentes tinham que se registrar, fornecer seu prenome, local de nascimento e "nome de guerra", além de declarar o preço que pretendiam cobrar. A falta do registro oficial impunha uma multa, além de umas boas chicotadas. Apesar dessa possibilidade, talvez o número das prostitutas independentes mais aventureiras ultrapassasse o das legalizadas. (Veja outros detalhes no verbete sobre adultério.)

Em toda a península itálica, eram abundantes os prostíbulos e casas comerciais proibidas para menores, desde os que funcionavam em tabernas até outras operações empresariais conjuntas em que o sexo pago era prontamente disponível. Havia também profissionais de rua, de ambos os sexos, que se especializavam em transas em pé, digamos, sob muitos dos arcos triunfais menores da zona central de Roma. Como esses arcos eram chamados de *fórnices*, a geração de atividade nas imediações deles ficou conhecida como fornicação.

Então como agora, a intermediação entrava frequentemente à força nos negócios de sexo por dinheiro. Não raro, os prostitutos romanos de ambos os sexos eram gerenciados por um *leno*, ou cafetão; na Grécia ele era o odiado *pornoboskos*, ou "pastor de prostitutas".

Embora as damas (e alguns cavalheiros) profissionais de outrora fossem comumente celebrados na música, na poesia, nas artes plásticas e na literatura, é inútil procurar palavras deles próprios sobre a felicidade (ou falta dela) em sua vida.

A INDUMENTÁRIA MASCULINA: A roupa faz o homem — e o prostituto

Eis um intrigante enigma da história: a toga romana, traje de prestígio mundialmente famoso, só podia ser usada por varões nascidos livres que atingissem a idade de quinze anos, quando se iniciava oficialmente a masculinidade adulta para os romanos. E qual era a única exceção a essa regra? As elegantérrimas prostitutas de Roma, que também usavam orgulhosamente a toga. Não fazemos ideia de como veio a ocorrer essa contradição, mas é fácil compreender por que tais mulheres se apegaram a ela. Tal como o uniforme de enfermeira, a toga tornava instantaneamente reconhecíveis os serviços oferecidos.

A toga típica, um hemisfério branco-perolado de lã, tinha metros e metros de tecido. Sua espessura e peso deviam fazer um bom trabalho, mantendo aquecidas as prostitutas no vento das esquinas, além de servirem de confortável leito improvisado para os encontros amorosos.

Mesmo nos séculos imperiais posteriores — a era mais sofisticada dos tempos romanos —, as togas deviam ser difíceis de limpar depois desses encontros. Como não existia nenhum sabão eficaz (e os romanos desprezavam o "sabão" primitivo usado pelas tribos germânicas de bárbaros), as roupas de lã eram "lavadas" em urina velha e potassa, e depois tratadas com enxofre para clarear.

Outro pequeno mistério: as universidades norte-americanas mantêm há muito tempo inúmeros grêmios acadêmicos masculinos e femininos, todos usando letras e nomes gregos. Tradicionalmente, essas confrarias gostam de fazer o que chamam de "festas da toga", assim chamadas em função de uma peça de vestuário nitidamente romana. Os gregos, fossem ou não da elite, não admitiriam ser encontrados mortos vestindo togas. Em vez delas, os homens usavam o himácio, um corte de lã esvoaçante, em formato de lençol, displicentemente preso ou amarrado na cintura e passando por cima de um ombro, o que permitia a circulação do ar e espaço para as coisas balançarem, se você me entende. Como os gregos tendiam a rir da ideia de roupa de baixo, a nudez frontal não premeditada era corriqueira. Em nítido contraste, os escravos e trabalhadores gregos que faziam um árduo trabalho braçal usavam tangas de pano, o que os distinguia dos aristocratas ociosos.

A clássica toga de lã exemplificava o diletante rico, mas também servia de insígnia de identificação para as prostitutas romanas.

A nossa humilde mas ubíqua camiseta também teve seus primórdios na Grécia antiga. Os homens, em especial os trabalhadores braçais, comumente usavam uma camiseta sem manga, de comprimento variável. Era chamada de túnica e, ocasionalmente, de *gymnos*.

Mas a palavra *gymnos* tinha um duplo significado. O grego *gymnasium* tirou seu nome de *gymnos*, que podia significar "o que só se veste no *gymnos*",[2] pois às vezes servia como o traje de ginástica daquela época. Na maioria das ocasiões e contextos, entretanto, *gymnos* significava "nu".

O mesmo radical também aparece em *gimnosofistas*, nome dado por Alexandre, o Grande, e pelos macedônios aos filósofos nus com que toparam em sua longa temporada na Índia. Embora os gregos usassem os termos *brâmane* e *gimnosofista* de maneira intercambiável, o primeiro era membro de uma casta ortodoxa sacerdotal. Já os gimnosofistas eram igualmente céticos em relação às crenças dos brâmanes e à filosofia jainista da não violência. Eram rebeldes que viviam "vestidos de céu" na natureza, e não nas cidades. Tal como os espartanos, esse sábios nus enalteciam a vida simples e chamavam a nudez de saudável, eficiente e um excelente método para construir a capacidade de resistência. Até hoje essas crenças continuam arraigadas no psiquismo masculino, como afirmaria a maioria das mulheres.

Qual era o problema das togas? Manter limpa aquela lã branca. Sem dispor de sabão, as lavanderias a seco da Antiguidade usavam urina humana para esse fim.

PULQUÉRIA DE BIZÂNCIO: Castidade no poder era um barato
Praticamente ninguém pensa ao mesmo tempo em mulheres bizantinas, política de poder e castidade vitalícia, embora pelo menos uma pessoa tenha escolhido esse caminho para reinar em grande estilo, num dos últimos séculos do bifurcado Império Romano.

Pulquéria foi um exemplo de poço precoce de energia. Aos quinze anos, ascendeu ao trono como imperatriz regente, no lugar de seu irmão menor e mais fraco, Teodósio, e com isso passou a dirigir a metade oriental do Império Romano em Constantinopla. Sua era, que fez parte dos séculos em que o cristianismo realmente se firmou, abriu um novo caminho de independência para as mulheres: a castidade como carreira. E não apenas como freiras ou madres superioras. Pulquéria

Ser imperatriz bizantina era ótimo. Melhor ainda foi a abordagem de Pulquéria: a virgindade permanente.

foi astuta o bastante para perceber que a melhor maneira de manter sua autonomia era se entregar de corpo e alma unicamente à Igreja. Sua cerimônia da "virgindade por toda a vida", bizantina que era, foi gloriosamente pomposa e deslumbrante. Pulquéria foi muito aplaudida. Como marca de aprovação, o senado romano também lhe deu mais poder político, ao declará-la Augusta no ano de 414. Esse título a levou a ser tratada com igualdade entre outros governantes e homens poderosos. Seu rosto também apareceu numa variedade de elegantes moedas de ouro, que a mostravam sendo coroada pela mão direita de Deus, ninguém menos.

Como imperatriz regente, Pulquéria demitiu de imediato o tutor eunuco encarregado da educação de seu irmão caçula. Sua primeira providência foi transformá-lo num imperador de primeira; ela o instruiu pessoalmente nos estudos, nos deveres e até na escolha de uma parceira. Quando não estava recitando passagens das Sagradas Escrituras nem jejuando, duas vezes por semana, a irmã mais velha fazia o jovem Teodósio mostrar o que sabia. Eis uma amostra do seu plano de aulas: como falar com dignidade, como andar, como evitar as risadas altas e como cavalgar com elegância imperial.

Menino gentil, Teodósio era descuidado e fácil de influenciar. Como se tratava de Bizâncio, as intrigas palacianas e as tentativas externas de golpe eram onipresentes. Quando Teodósio atravessou a puberdade, os aristocratas lhe apresentaram sua própria candidata matrimonial, vinda de Antioquia: uma bela grega chamada Eudócia. Embora Pulquéria ainda dominasse o irmão como a um fantoche, pouco pôde fazer para dissuadi-lo, quando seus adversários conseguiram exibir o material conjugal de que dispunham ao adolescente, que abocanhou Eudócia como uma truta esfaimada.

Pulquéria ainda detinha o controle supremo; seu irmão era uma santa alma, que confiava demais nas pessoas. Para lhe mostrar o erro de sua conduta, ela pôs um documento na mesa diante dele. Teodósio o assinou sem ler, como sempre fizera. Com um suspiro, a irmã fez questão de ler em voz alta o que ele havia acabado de assinar. Era um contrato que dava a Pulquéria uma nova escrava: a nova esposa de Teodósio! Todos deram uma boa gargalhada falsa e, no fim, ela rasgou o documento.

Plenamente estabelecidas as suas credenciais como verdadeira dirigente de Bizâncio, Pulquéria levou adiante seus planos organizacionais, sem negligenciar seus projetos de devoção, que incluíram a construção de um número enorme de igrejas.

A bem da verdade, Teodósio gostava que a irmã cuidasse dos detalhes da administração; de fato, quando eclodiu uma pequena guerra contra a Pérsia, no ano de 420, ele disse a todos que a extrema devoção da irmã — ao lado de sua rigorosa castidade — fora diretamente responsável pelo sucesso dos exércitos bizantinos no campo de batalha.

No correr dos anos, surgiu uma desavença entre Teodósio e sua mulher, Eudócia, que acabou partindo furtivamente para a Terra Santa, a pretexto de fazer uma peregrinação. Pulquéria não pôde deixar de rir um pouco da desgraça alheia; e ria ainda mais toda vez que o papa Leão I escrevia ou ia visitá-la, em busca de sua ajuda na mais recente querela teológica.

No verão de 450 D.C., seu querido irmão Teodósio — momentaneamente esquecido, é óbvio, de como cavalgar no verdadeiro estilo imperial — caiu do cavalo e lesionou a coluna dorsal. Morreu dois dias depois. Antes de falecer, teve uma conversa franca com a irmã e com um obscuro oficial militar chamado Marciano, a respeito de uma premonição que tivera. Nesta, viu Marciano governar Bizâncio. Como as premonições oníricas eram um dos presságios que ninguém ignorava em Bizâncio, Teodósio exortou Pulquéria a desposar Marciano.

Ela já andava preocupada com seu próprio futuro, uma vez que, legalmente, o senado romano não a confirmaria como governante única (por ela ser mulher), ainda que a respeitasse e temesse. Com a morte de Teodósio, ela ficou arrasada e passou o mês seguinte providenciando o imenso funeral público do irmão. Ao mesmo tempo, estabeleceu negociações com o afável Marciano, e os dois chegaram a um acordo — nos termos dela, naturalmente. O primeiro ponto foi que não haveria nenhum contato sexual, em absoluto. Ela era uma virgem de carreira, pelo amor de Deus, e tencionava continuar assim.

Pulquéria dispôs de três anos gloriosos para dirigir as coisas do seu jeito, até deixar o mundo material, em 453 D.C. Visto que amava Constantinopla e seu povo, deixou todos os seus bens terrenos para instituições locais de caridade e para os pobres — uma quantidade assombrosa de imóveis e outros bens. Como convinha a quem foi uma disciplinadora rigorosa até o fim, ela instruiu o marido Marciano, em tom autoritário, a fazer a mesma coisa. Senão!...

Possível ganhador do prêmio de Mais Obscuro Imperador Romano, Marciano governou em paz durante três anos, até morrer de gangrena. Até hoje não sabemos se seguiu as ordens póstumas de Pulquéria.

NOTAS DE TRADUÇÃO:

1. Philip Roth, *O complexo de Portnoy*, trad. Paulo Henriques Britto, São Paulo: Companhia das Letras, 1ª ed. 1970.
2. Ginásio ou academia de ginástica, nessa acepção.

PARTE III
Amores lendários & romances às vezes reais

O BATALHÃO SAGRADO: Eles eram chamados de "exército de amantes"

Praticamente ninguém se lembra de mencionar Tebas, situada a cinquenta e três quilômetros a noroeste de Atenas, na região da Beócia, em certa época um poderoso centro urbano que dominou o restante da Grécia. (Se é que chega a ser mencionada, ela é invariavelmente confundida com a Tebas egípcia, uma cidade cortada pelo rio Nilo e que foi a capital do Egito durante séculos.)

A Tebas grega era a pátria do Batalhão Sagrado, uma força militar especial, um poço de energia, composta por 150 pares de amantes masculinos que combinavam homens mais velhos e mais jovens. Hoje em dia, ela é comumente confundida com os Trezentos de Esparta, o grupo de guerreiros que, em 480 A.C., reteve o gigantesco exército persa de Xerxes no desfiladeiro das Termópilas, por um período suficiente para dar tempo aos aliados gregos de enfrentarem o inimigo em Maratona. Recém-popularizados em filmes e quadrinhos, os Trezentos tiveram muitos paralelos com o Batalhão Sagrado, como veremos.

Como e por que esse grupo veio a existir? Segundo o historiador grego Plutarco (ele próprio nascido na Beócia), essa força de elite se inspirou numa citação do *Banquete*, de Platão, escrito sete anos antes da formação do grupo, a qual dizia, em parte: "Se houvesse um modo de se conceber a criação de um Estado ou um exército compostos de amantes e amados, eles seriam os melhores governantes de sua cidade, abstendo-se de qualquer ato desonroso e emulando uns aos outros na honradez."

A democrática Tebas era conhecida por sua aceitação serena dos relacionamentos entre parceiros masculinos. Lá, os enamorados juravam sua devoção num túmulo dedicado ao culto de Hércules e seu jovem amado, Iolau. Depois do juramento, era comum os casais masculinos levarem uma vida conjugal reconhecida por todos os cidadãos.

Logo depois do ano de 404 A.C., a Grécia inteira começou a sofrer sob o duro regime dos espartanos, que tinham obtido uma recente vitória sobre os atenienses e seus aliados na Guerra do Peloponeso. Como reação, os tebanos escolheram a dedo, das fileiras de seu exército existente de cidadãos, trezentos homens que eram casais já unidos. Eles treinaram juntos e criaram manobras inventivas — como formações de falanges mais densas e uso de escudos como armas ofensivas —, que depois se tornaram parte de sua estratégia de "tropa de choque". Aos poucos, foram dando destaque a sua cidade, reconhecida pelos outros gregos como uma potência militar de primeira.

Em 375 A.C., eles derrotaram os espartanos, vencendo um exército de tamanho três vezes maior. Passados quatro anos, sob a liderança dos generais Epaminondas e Pelópidas, tornaram a acertar decisivamente o traseiro espartano em Leuctra — considerada por muitos historiadores a mais importante batalha travada por gregos contra gregos em qualquer época.

As vitórias do Batalhão Sagrado levaram os tebanos e outros gregos a se atreverem a ter esperança de que, afinal, os espartanos não fossem invencíveis. O extraordinário general Epaminondas de Tebas (filósofo e orador, quando não estava no campo de batalha) deu então mais um passo e libertou do jugo espartano as grandes províncias de Arcádia e Messênia, além de sitiar com sucesso a capital de Esparta.

Mas surgiu um novo poder, que nem mesmo o Batalhão Sagrado seria capaz de esmagar. Quando adolescente, o futuro rei Filipe II da Macedônia havia passado três anos (368 a 365 A.C.) como refém da então triunfante Tebas, onde tinha estudado os métodos e estratégias de luta tebanos (que mais tarde veio a copiar). Ao se tornar rei, Filipe partiu para conquistar a Grécia inteira, e acabou entrando em confronto com atenienses e tebanos em Queroneia, em 358 A.C., onde teve como segundo homem no comando o seu filho de dezoito anos, Alexandre (posteriormente cognominado "o Grande").

Em Queroneia, ele enfrentou o Batalhão Sagrado — o qual atacou com sua cavalaria e infantaria, usando lanças compridas, como era próprio do estilo macedônio de guerrear. Os componentes do Batalhão Sagrado aguentaram firme e lutaram ferozmente, até perecer o último dos trezentos homens.

O historiador grego Plutarco escreveu sobre o momento em que, passada a batalha, o rei Filipe encontrou os corpos e soube que aquele era o exército de amantes e amados: "Ele irrompeu em lágrimas e disse: 'Se alguém pensa que esses homens fizeram algo de vergonhoso, que tenha uma morte miserável.'" (Plutarco, que escreveu essas palavras quatrocentos anos depois de Filipe, também observou que os juramentos públicos feitos por amantes do sexo masculino continuavam a fazer parte da vida cotidiana de Tebas.)

No campo de batalha, a sepultura comum do Batalhão Sagrado foi encimada por um monumento em forma de um enorme leão de mármore, que continua lá até hoje, tendo sido restaurado em 1902 pela Ordem de Queroneia, uma sociedade secreta de homossexuais ingleses.

É comum a história empilhar uma ironia sobre outra; assim foi o destino do rei Filipe II da Macedônia. Depois de destruir o Batalhão Sagrado, ele veio a encontrar a morte nas mãos de um homem chamado Pausânias, o Velho. O assassino era nada menos do que um de seus ex-amantes.

O rei Filipe, um ativo bissexual, admirava o Batalhão Sagrado de Tebas, mas mesmo assim trucidou todo o seu efetivo de casais homossexuais de guerreiros.

ALEXANDRE E HEFÉSTION: O amor conquista tudo, até Alexandre, o Grande

O deles foi um amor comparado com frequência ao de Aquiles e Pátroclo, os grandes heróis da Guerra de Troia; e é uma comparação oportuna. A

Ilíada de Homero gira em torno de relacionamentos — alternadamente, entre amigos, amantes e companheiros masculinos num contexto de guerra. Como aconteceria com Alexandre e Heféstion, Aquiles e Pátroclo enfrentaram ferimentos, traição e uma perda trágica.

Antes mesmo de ser o Grande, Alexandre conheceu e amou Heféstion, que, provavelmente, era um ano mais velho que ele. Filhos de nobres macedônios, os dois foram parceiros de infância que estudaram juntos com o filósofo e professor Aristóteles, numa região verde e encantadora da Macedônia, chamada Mieza. Aristóteles, tido invariavelmente como um "grego ateniense", era macedônio, na verdade; Filipe II o contratou para dar a seu filho e a um grupo seleto de pares do menino a melhor educação possível.

Além das palestras e aulas de Aristóteles, os dois garotos aprenderam a montar, velejar e lutar a pé e a cavalo, habilidades das quais precisariam como guerreiros. Será que os adolescentes se tornaram íntimos nessa época? Não há como sabermos, mas parece provável.

Ao dezoito anos, o príncipe Alexandre teve sua primeira experiência de guerra, na Batalha de Queroneia, na Grécia. Conduziu o ataque bem-sucedido contra o inimigo — e seu desempenho deixou seu pai estupefato.

Quando esse par de amigos íntimos, Alexandre e Heféstion, chegou aos vinte e vinte e um anos, o rei Filipe II foi assassinado, e seu filho assumiu o manto da liderança. Com grande vigor e habilidade, Alexandre e a força de combate macedônia deram início àqueles que seriam seus dez anos de conquistas pelo mundo, deslocando-se para o sul pela Grécia e entrando na Ásia Menor.

Em maio de 334 A.C., a avassaladora força macedônia chegou à antiga cidade de Troia. Alexandre e seu melhor amigo foram imediatamente ao local de repouso eterno de Aquiles e Pátroclo, para depositar coroas de flores em seus túmulos. Posteriormente, fizeram uma corrida nus, para homenagear seus heróis mortos. Essa história, inúmeras vezes contada, consolidou a convicção geral de que os dois eram amantes.

Seu exército continuou a registrar uma vitória após outra, enquanto ia avançando para o sul e o leste. Na Batalha de Issus, os macedônios derrotaram os persas pela primeira vez. Dario, o rei persa, foi morto, e sua rainha, Statira, capturada. No primeiro encontro com Alexandre, a rainha se ajoelhou de imediato diante do mais alto dos rapazes — Heféstion. Apavorada com a gafe que cometera, começou a se desculpar com Alexandre, que disse: "Não se preocupe, Mãe. Em toda parte, ele também é Alexandre."

No mundo egocêntrico e arrogante de outrora, esse tributo gentil e generoso continua a ser um dos mais comoventes endossos do amor e da amizade.

No nosso mundo, no qual a identidade sexual é comumente separada em categorias nítidas, Alexandre e Heféstion seriam chamados de bissexuais, visto que depois se casaram com uma variedade de mulheres e tiveram aventuras amorosas com outras que não desposaram. Apesar da afeição de ambos por suas mulheres e da provável ligação de Alexandre com o eunuco persa conhecido como Bagoas, o estreito vínculo entre eles persistiu.

Heféstion não era um grande guerreiro, mas se saía bem no comando nas circunstâncias mais aflitivas. Era excelente organizador e hábil diplomata, segundo a opinião geral. Alexandre tinha irrestrita confiança nele. Ao contrário de outros integrantes do círculo íntimo, Heféstion nunca traiu nem decepcionou seu comandante. Isso diz muito sobre o seu caráter — e, do mesmo modo, sobre o caráter de Alexandre, que aliás nem sempre foi um líder benevolente e amoroso.

Em 330 A.C., Heféstion descobriu e revelou um complô contra a vida de seu amigo. Como seria inevitável, isso deixou outras pessoas mais enciumadas da relação especial que ele mantinha com Alexandre, dadas as lutas pelo poder entre os homens ambiciosos do círculo íntimo.

Após anos de árduas batalhas, clima rigoroso e lutas em terrenos péssimos e territórios desconhecidos, chegando até a Índia, os quatro exércitos de Alexandre, inclusive o comandado por Heféstion, reuniram-se com ele num lugar chamado Carmania, no sudoeste da Ásia (atual Irã). Em dezembro de 325 A.C., todos fizeram grandes comemorações, nas quais Alexandre condecorou seus principais oficiais e deu a alguns deles, inclusive a Heféstion, um diadema de ouro. Anos antes, esses machões macedônios teriam considerado tais coroas efeminadamente persas, mas, em suas viagens, todos tinham se tornado mais receptivos aos costumes uns dos outros.

Em seguida, como nunca fizesse nada em escala pequena ou convencional, Alexandre organizou uma cerimônia nupcial em massa entre oitenta de seus principais oficiais macedônios e oitenta princesas persas, que haviam recebido educação grega nos cinco anos decorridos desde que Alexandre conquistara sua nação. Seguiram-se dias de cerimônias suntuosas, nas quais Heféstion se casou com uma filha do rei persa, Dario, enquanto Alexandre também fazia votos nupciais. Tudo parecia tranquilo; Alexandre estava feliz e atarefado, fazendo planos para enviar uma expedição naval à Arábia.

Como seu pai, Alexandre, o Grande, era bissexual. Mas manteve um amor incansável por seu amado Heféstion, até a morte vir separá-los.

E então, tudo desmoronou. No outono de 324 A.C., Alexandre chegou a Ecbátana, uma de suas novas capitais. Naturalmente, os rapazes macedônios fizeram uma festa regada a bebidas. No dia seguinte, Hefébstion passou mal. Ressaca, presumiram todos. Sete dias depois, ele morreu de uma febre.

Alexandre ficou mais que estarrecido. Tinha perdido o que chamava de "amigo que eu valorizava como a minha própria vida". Como escreveu o historiador Arriano, "Alexandre lançou-se sobre o corpo do amigo e lá ficou, em prantos, se recusando a se separar dele, até ser arrastado para longe, à força, pelos homens de seu círculo mais íntimo". Plutarco registrou que "Alexandre ordenou luto em todo o império e perguntou ao oráculo egípcio de Siwa se o deus Amon permitiria que Heféstion fosse cultuado como deus". Amon recusou o pedido, mas permitiu que o amante de Alexandre fosse cultuado como herói divino.

O funeral de Heféstion foi espetacular e caríssimo, o equivalente a milhões de dólares, em moeda atual. A pira fúnebre parecia um zigurate babilônico, com sete andares carregados com 240 barcos e cenas de batalhas de centauros, leões e touros, todas em ouro. Parte das muralhas da cidade de Babilônia foi demolida para a construção da plataforma da pira e, segundo o historiador grego Estrabão, dez mil trabalhadores levaram dois meses para limpar o local, posteriormente.

O memorial permanente para Heféstion, planejado por Alexandre, talvez nunca tenha sido construído. Num estranho eco do amado, o próprio Alexandre veio a morrer de uma febre misteriosa, inesperadamente, no mês de junho seguinte, em 323 A.C.

SERVÍLIA E JÚLIO CÉSAR: A primeira pantera da história

Ashton Kutcher não foi o primeiro homem famoso a se apaixonar por uma mulher mais velha. Uns 2.100 anos atrás, um homem universalmente célebre em sua época (e na nossa) se perdeu de amores por uma patrícia romana que se aproximava dos cinquenta anos, e que tinha no currículo quatro filhos e dois casamentos.

Chamava-se Servília Cepião e vinha de uma das famílias mais ilustres de Roma. Força política astuta e bem relacionada, ela continua a não ser cantada em prosa e verso, mesmo depois de ter sido vividamente retratada em vários filmes e seriados de televisão dos últimos anos.

E quem foi seu amante de trinta e seis anos? Ninguém menos que Caio Júlio César.

Os dois se conheceram quando Servília estava criando os filhos de seu primeiro e segundo casamentos. Após uma atração imediata e recíproca, ela se tornou amante de César, mais ou menos em 64 A.C. Júlio César não tardou a lhe dar uma deslumbrante pérola negra, que diziam haver custado algo em torno de seis milhões de sestércios — uma soma enorme em qualquer língua. Servília continuou casada com seu segundo marido, Décimo Silano, que parece ter sido um sujeito cordato. E valeu a pena: uns dois anos depois, César apoiou sua candidatura política bem-sucedida ao cargo de cônsul romano.

Do mesmo modo, o leque de três esposas de César parece haver suportado esse arranjo de longo prazo.

Assim como seu amante, Servília era extremada — até temerária, às vezes. Em 63 A.C., seu meio-irmão Catão, também senador, achava-se do lado oposto ao de César durante um debate inflamado sobre a conspiração de Catilina. A certa altura, alguém entregou a César uma carta, que Catão julgou provir dos conspiradores de Catilina.

— Leia-a em voz alta! — exigiu. Xi, rapaz! Quando o tórrido bilhete de Servília foi lido perante os senadores romanos, já excitados, Catão percebeu que sua meia-irmã vinha pintando e bordando com seu adversário senatorial. Foi um momento constrangedor. E não é de admirar que ele e seu grupinho conservador tenham se tornado inimigos ainda mais ferozes do governante.

Júlio César passava anos longe de Roma, travando guerras, conquistando gauleses, levantando fundos e construindo sua base de poder. Apesar de suas longas ausências — ou talvez por causa delas —, seu relacionamento com Servília se manteve num ardor febril que durou duas décadas, até seu chocante assassinato, em março de 44 A.C.

A alta sociedade romana era complexa e relativamente pequena, o que significava que a maioria das pessoas se interligava intimamente (e, portanto, ficava sujeita a compromissos) através de múltiplos casamentos, divórcios, adoções e fusões familiares.

Assim, quando Júlio César foi assassinado no Senado, Servília não apenas perdeu o amor de sua vida, como também se tornou a mãe horrorizada de um assassino: seu filho Marco Bruto. Também se descobriu sogra de outro homem-chave no assassinato, visto que Cássio era casado com sua filha Júnia Tércia.

Posteriormente, desolada, Servília tentou proteger os parentes homicidas das terríveis consequências de seus atos, mas não conseguiu. Sua astuta orientação política, que ela ofereceu gratuitamente aos amigos de seu círculo político, inclusive a Cícero, também foi rejeitada, em sua maior parte. Mas ela sobreviveu aos anos de caos e sangrenta guerra civil que dilaceraram a península itálica depois do assassinato — foi praticamente a única de seu círculo da elite a sobreviver. Terminou seus dias de vida na casa de campo de Tito Ático, o generoso amigo de Cícero e também mentor de Bruto.

Servília pode não ser reconhecida como uma "pantera" inovadora, à semelhança de ícones modernos que vão de Mae West a Madonna. Mas sua fascinante história de amor clama por ser contada, não acha?

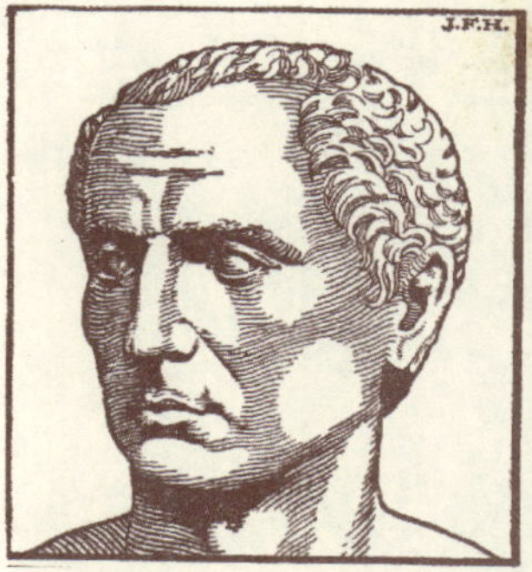

Quem foi a paixão da vida de Júlio César? Servília, sua amante durante décadas. Tragicamente, o próprio filho dela, Bruto, chefiou o complô do assassinato de César.

ORFEU E EURÍDICE: **Na boca do inferno pela companheira**

Orfeu era músico, e dos bons. Era também compositor. Não apenas tinha ritmo, como era igualmente capaz de encantar animais selvagens, balançar as árvores e até fazer os rios mudarem de curso, com suas canções. Não admira que Eurídice tenha se apaixonado por ele.

O rapaz era bondoso e gentil, não um daqueles trovadores arruaceiros que visavam apenas o lucro. Sua mãe era uma das Musas — a fonte de suas raízes musicais —, e o pai era um príncipe da Trácia. Ou talvez um rei. Ele também resmungou alguma coisa sobre ser filho do deus Apolo.

Eurídice nem conseguia se lembrar de como e onde os dois haviam se conhecido, mas fora amor à primeira vista. Orfeu a cortejou com histórias de suas aventuras com os Argonautas e de como tinha tocado sua lira à passagem do navio pelas ilhas das sereias. Sua música animada e bela havia impedido os homens de ouvirem o canto enfeitiçante das sereias, e de se chocarem com as rochas traiçoeiras que lhes cercavam as praias. Um herói, isso é que era Orfeu.

A jovem soube que ele era profeta e havia praticado as artes mágicas. Tinha circulado muito, e estivera até no Hades, de onde havia retornado.

Por fim, depois de lhe contar todas as suas histórias, Orfeu pediu:

— Eurídice, quer se casar comigo?

É claro que ela queria, e se casou. As núpcias ocorreram em meio ao povo dela, os ciconianos. Uma cerimônia ao ar livre. Mais tarde, ela saiu para um passeio pela grama alta, à luz do sol. Estava muito feliz. E então, deu-se o inesperado: apareceu um daqueles malditos sátiros — eles viviam entrando de penetra em festas de casamento, aqueles cretininhos tesudos — e se pôs a persegui-la. Eurídice correu muito e já ia se afastando dele, à procura de Orfeu, quando, de repente, tropeçou e caiu, bem dentro de um ninho de cobras! Apavorada, conseguiu sair do fosso, mas uma serpente a picou no calcanhar quando ela fugia.

Ah, Orfeu...

Fazia poucos minutos que o marido se afastara dela, meia hora, no máximo: fora apenas trocar uns abraços de parabéns com a rapaziada. Onde estaria Eurídice? Quando Orfeu a encontrou, estava caída na grama, com um sorriso sereno no belo rosto. Parecia tirar um cochilo, à espera da volta dele. O calcanhar ensanguentado e o sibilar de cobras nas proximidades contaram o resto da história.

Sua esposa tão recente, já morta. Orfeu achou que seu coração ia se partir em dois de tristeza. Atordoado, pegou a lira e se pôs a tocar. Sua melodia, carregada de luto, espalhou-se pelo mundo. Ao ouvir as notas, todos os deuses desataram em pranto.

Orfeu tocou durante horas, fazendo o luto à sua maneira. Por fim, um dos deuses lhe sussurrou:

— Vá buscá-la no mundo subterrâneo, meu rapaz. Só você pode convencer Hades e Perséfone a libertarem sua noiva.

Enxugando as lágrimas, Orfeu empreendeu mais uma vez a apavorante viagem ao mundo dos mortos. Embora gelado de medo, tangeu as cordas da lira e se pôs a cantar: "No final, tudo que há de encantador desce a ti, ó Hades, pois és tu o credor a quem sempre se paga. Mas o que busco é alguém que veio a ti cedo demais. Peço apenas uma pequena graça: que ma emprestes de volta, pois meu amor é um deus muito poderoso."

A canção suplicante tinha tal eloquência que fez lágrimas de ferro rolarem pelas faces de Hades.

— Teu desejo será concedido, mas cessa essa lamúria pavorosa — disse Hades. — Podes levar Eurídice de volta para a luz do dia, sob uma condição.

Trêmulo de alegria e medo, Orfeu indagou:

— O que devo fazer, ó rei do Tártaro?

— Manda-a seguir-te, mas não vires para trás para olhá-la até que ambos cheguem ao mundo superior.

Orfeu explodiu de alegria ante essas palavras e à visão da silhueta fantasmagórica da amada. Os dois enamorados cruzaram as enormes portas do reino de Hades e começaram a seguir a trilha para o mundo terreno. Era uma longa caminhada, uma subida, é óbvio, sombria e torturante; ao chegar à luz do sol, Orfeu estava ansioso. Será que Eurídice continuava às suas costas? Precisava vê-la! Virou-se e lhe estendeu os braços, e lá estava ela, risonha — mas ainda nas sombras do mundo dos mortos.

Em desespero, Orfeu se precipitou para a amada, mas era tarde demais. Pensou ouvi-la murmurar "Adeus", e Eurídice desapareceu. Orfeu clamou a Hades, implorando uma nova chance, mas apenas o silêncio acolheu sua voz.

Estarrecido, inconsolável, ele se pôs a vagar pelas florestas da Trácia, tocando sua música, seu único consolo. Por fim, topou com umas ciconianas do povo de Eurídice. Elas já estavam insatisfeitas com todo o episódio de Eurídice e começaram a lhe atirar paus e pedras para silenciá-lo. Mas a música de Orfeu era tão pungente que até os objetos inanimados se recusavam a atingi-lo.

Bem, foi a gota d'água. As mulheres, já vestindo seus trajes de mênades para uma orgia dionisíaca que se aproximava, dilaceraram e decapitaram Orfeu.

Lançaram-no ao rio — corpo, cabeça e lira —, mas, mesmo ao flutuarem para as vastas águas do Mediterrâneo, a cabeça e a lira continuaram a cantar e tocar. Todos os pedaços de Orfeu chegaram à ilha de Lesbos, onde os habitantes os recolheram com reverência e construíram um santuário em homenagem a ele. A cabeça se tornou um oráculo que fazia profecias, até o deus Apolo ter um acesso de ciúme e silenciá-lo.

Uma única mênade talvez parecesse inofensiva, porém um bando delas, em traje completo para uma orgia, despedaçou o músico Orfeu.

Havia tantas variações da história de Orfeu e Eurídice quantos eram os gregos, o que tornou a literatura órfica rica e contraditória.

Séculos depois, na época de Platão, alguns homens se tornaram sacerdotes errantes e mendicantes da chamada "vida órfica"; eram vegetarianos que também se abstinham de ovos e favas, bem como do sexo, a fim de transmitir os antigos ensinamentos e os requintados poemas musicais de Orfeu.

SELEUCO & FAMÍLIA: Uma solução pai-filho para o amor proibido
Além de conquistar o mundo, Alexandre, o Grande, tinha outra meta ambiciosa: fundir as culturas que ele dominava em uma única entidade de língua grega. E qual foi uma de suas ideias brilhantes? Depois de derrotar os persas, ele escolheu oitenta de seus melhores e mais sagazes oficiais macedônios — inclusive um jovem e astuto comandante chamado Seleuco — para que se casassem com igual número de deslumbrantes princesas persas. Tendo em mente uma procriação transcultural, Alexandre esbanjou uma fortuna nesse espetáculo. Quer um exemplo de uma das lembrancinhas menos sutis que ele ofereceu na festa? Leitos nupciais de ouro e prata para cada casal.

A longo prazo, os esforços de Alexandre não deram em nada — exceto no caso de Seleuco, que adorava sua noiva persa, Apama. Dos oitenta iniciais, eles foram praticamente o único casal a permanecer unido. (Vamos abrir o jogo: princesa com gosto pela aventura, Apama já havia se deitado com Seleuco. Anos antes, viajara com o amado para a distante Índia, onde dera à luz o primeiro filho do casal, Antíoco.)

Apama e Seleuco tiveram mais três filhos. É difícil especular sobre os traços de personalidade das pessoas do mundo antigo, mas Seleuco, apesar do perfil de sua posição, parecia adorar a mulher e tratá-la bem. Por outro lado, era um daqueles macedônios aristocráticos que compunham um grupo notório por colecionar esposas, sobretudo as que vinham com bens imóveis adicionais.

Uns vinte anos depois da morte de Alexandre, o Grande, em 323 A.C., o rei Seleuco controlava partes imensas das regiões que hoje chamamos de Turquia, Síria, Arábia, Iraque, Irã e até um pedaço da Índia, para lá do que Alexandre havia conquistado.

Ao completar sessenta anos, Seleuco ansiava por mais um pouquinho de território — e por isso se casou com um jovem espécimen magnífico: Estratonice, parenta de vários outros generais macedônios integrantes do círculo íntimo de Alexandre. Levando a nova esposa para sua capital — Antioquia, na Síria —, o rei deu a outra cidade o nome de Estratonice, de modo a fazê-la se sentir em casa. Além disso, conferiu à jovem esposa o *status* de "deusa honorária", criando um templo local para que Estratonice fosse cultuada como Afrodite.

Essas atenções poderiam ter azedado o humor de Apama, a mulher de Seleuco de longa data, que já tivera diversas cidades denominadas

Esse caso de paixão entre celebridades teve um final feliz: o filho conquistou a nova esposa do pai, e a primeira mulher recuperou o marido original.

em sua homenagem. Contudo, mais velha e mais experiente, ela se resignou com a recém-chegada. E a essa altura, seu filho Antíoco era um rapagão musculoso, que já se preparava para suceder ao pai.

De repente, no entanto, ele adoeceu, vítima de uma moléstia misteriosa, e parou de comer. Em desespero, Seleuco pagou uma fortuna escandalosa para chamar Erasístrato, o mais famoso médico do mundo grego, a fim de que ele assumisse o caso. A princípio, o médico ficou embatucado, por não conseguir encontrar sintomas físicos de doença. Mas, como confiasse em problemas psicossomáticos, deixou-se demorar no quarto do enfermo, observando a entrada e saída de familiares e amigos. Todas as visitas pareciam drenar a vitalidade de Antíoco, com uma exceção: Estratonice, a jovem rainha que esbanjava saúde.

Erasístrato era um homem culto. Também adorava a poesia amorosa de Safo, que vivera vários séculos antes. Estava familiarizado com a descrição oportuna que ela fizera da paixão amorosa — rosto enrubescido, suores no corpo, voz hesitante, batimentos cardíacos irregulares — e viu todos esses sintomas em Antíoco. O rapaz estava claramente apaixonado e, ao mesmo tempo, reconhecia e se sentia culpado pela natureza imprópria de sua paixão pela madrasta.

Assim, o médico chamou à parte o rei Seleuco e lhe disse: "Vosso filho está doente de amor por uma mulher, mas é um amor sem esperança." Governante acostumado a fazer o que queria, Seleuco se assombrou com isso e quis saber como corrigir a situação. Por entender que o rei amava profundamente o filho, Erasístrato lhe disse, com toda delicadeza, que Antíoco estava apaixonado por Estratonice.

Passado o choque inicial, Seleuco percebeu com clareza que deveria sair do caminho e permitir que o filho seguisse seu desejo. (Não vem ao caso o que achava Estratonice; afinal, era o ano de 293 A.C.)

Resolvida toda essa questão, o rei Seleuco anunciou ao povo que estava entregando as rédeas do império da Ásia Superior à nova geração — a seu filho e Estratonice.

Ofereceu-se, efetivamente, para unir em matrimônio o jovem casal.

Nessa história gratificante (sobre a qual escreveram o historiador grego Plutarco e outros mais), todos alcançaram a felicidade naquela estranha situação, até e principalmente Apama, a fiel primeira esposa de Seleuco, que ficou com ele só para si até a morte do rei, aos setenta e sete anos de idade. O jovem Antíoco I conquistou seu verdadeiro amor e, com alegria, tratou de fundar quase tantas cidades quanto Alexandre, o Grande. A dinastia e o império dos selêucidas continuaram a ser uma força vigorosa no mundo e se mantiveram independentes da dominação romana até 190 A.C.

HELENA DE TROIA: **Homero lança um sucesso duradouro**

Qual foi o rosto que lançou mil navios? Ah, sim, o da deslumbrante Helena de Esparta. (Ela nasceu espartana; o aposto "de Troia" veio depois.) Ela não fugiu com um sujeito chamado Páris? E não causou, de algum modo, a Guerra de Troia?

Bem, sim e não.

Antes de prosseguir na leitura, lembre-se de que a história completa, com todas as suas contradições e implausibilidades, é o equivalente a um *reality show* primitivo. Sim, houve princesas micenianas no século XII A.C. E sim, houve lugares chamados Esparta, Troia e Atenas, que de fato travaram muitas guerras.

O pai de Helena era o rei Tindareu de Esparta, embora o deus Zeus também reivindicasse essa paternidade. Quando a princesa tinha doze anos, o rei Teseu de Atenas a sequestrou e violentou. Em alguns relatos, a jovem deu à luz um filho dele. Com o tempo, os irmãos varões de Helena tramaram uma vingança e a levaram de volta para Esparta.

Apesar de meio acabada, Helena foi incluída no rol de moças casadouras. Os pretendentes responderam em massa. Francamente apavorado com a turba de machos excitados nas imediações da porta do palácio, Tindareu se afligiu com a decisão a tomar. Odisseu, um dos pretendentes, intuindo uma oportunidade, ofereceu-se para ajudá-lo, se o rei apoiasse sua corte à beldade em quem ele *realmente* estava de olho: Penélope de Ítaca. Odisseu concebeu então um juramento que todos os pretendentes teriam de prestar. Obteve a concordância deles em defender quem quer que levasse a noiva, prestando esse juramento sobre as entranhas de um cavalo recém-sacrificado, para que todos soubessem que o rei falava com seriedade mortal.

Instaurou-se a disputa pela mão de Helena.

A competição entre os pretendentes foi vencida por Menelau, em parte por ele possuir uns brinquedinhos masculinos caros — sessenta navios. Helena e ele se estabeleceram e começaram a ter filhos. Menelau ficou satisfeito com a paternidade — ainda mais que Tindareu havia abdicado do trono e ele e a mulher eram os novos governantes de Esparta.

Do outro lado do Mediterrâneo vivia um jovem príncipe de Troia, de nome Páris. Por alguma razão inexplicável, a principal divindade do Olimpo, Zeus, escolheu Páris para julgar seu concurso vindouro da "mais bela deusa" — eram três as concorrentes e, rapaz, como Afrodite queria vencer! Ofereceu a Páris um suborno: se ele a indicasse como a deusa mais gostosa, providenciaria para que ele conquistasse a mais bela mortal do mundo. Páris a atendeu prontamente e a deusa do amor levou a coroa, enfurecendo as deusas rivais, Atena e Hera.

Veio então a vez de Afrodite cumprir sua parte do trato. Assim, ela ajudou Páris a se fazer convidar para uma visita a Esparta, onde o rei

Menelau lhe ofereceu um banquete de boas-vindas com duração de nove dias. Durante os festejos, Páris começou a cortejar a mulher de Menelau, chegando até a escrever "Eu te amo, Helena!" na toalha de mesa respingada de vinho, numa das noites. Por sorte, Menelau não notou nada. Pouco depois, o rei foi chamado à distante Creta para sepultar seu avô; naturalmente, pediu a Helena que cuidasse do reino e entretivesse os convidados.

Mal seu navio desapareceu no horizonte, Páris e Helena fizeram planos de fuga. Ela já fora raptada uma vez, de modo que entendia do riscado. Pensando no futuro, deixou todos os filhos, com exceção de um, mas tomou a precaução de levar ouro, alguns tesouros do palácio e cinco servas.

Após várias aventuras no mar, o casal chegou a Troia, em meio a grande aclamação. Os troianos, até o último homem, acharam Helena uma perfeita gata. Logo depois da chegada, ela encontrou nas cercanias do castelo uma pedra da qual gotejava sangue, e a reconheceu de imediato como um poderoso afrodisíaco. Desse momento em diante, passou a pingar umas gotas no cereal de Páris todas as manhãs, para manter a testosterona fluindo. Em pouco tempo, a fértil Helena começou a partejar mais bebês.

Entrementes, o rei Menelau voltou de Creta e ficou muito insatisfeito com o sequestro de Helena. Dirigiu-se imediatamente a Micenas, para tentar influenciar seu cunhado, Agamêmnon:

— Diabos, sou eu a parte prejudicada! O Páris realmente abusou da minha hospitalidade.

Agamêmnon se solidarizou:

— Se nosso pleito pelo regresso de Helena e o pedido de uma indenização decente não forem atendidos pelo rei Príamo, o pai de Páris, iremos à guerra!

O rei Príamo lhes deu respostas evasivas; assim, Menelau convocou imediatamente todos os pretendentes que haviam jurado sobre as entranhas ensanguentadas do cavalo que defenderiam aquele que obtivesse a mão de Helena, e insistiu em que o crime exigia pronta punição. Ou, como disse, "Nenhuma esposa está segura!"

Foi dessa maneira vacilante que teve início a Guerra de Troia, com a maioria dos reis e governantes gregos tomando o partido de Menelau contra os troianos.

Helena pode não ter lançado mil navios ao mar (o mais provável é que tenham sido algumas centenas), mas era uma catalisadora admirável.

Helena de Troia, o reality show mais popular do século XII A.C., era pura questão de fazer amor e fazer guerra.

Durante os dez anos de duração da guerra, ela veio a lamentar seu papel no conflito — e os troianos viriam a odiá-la pelas mortes que causou. Mas não a família de Páris. Na verdade, quando Páris foi morto, Helena se bandeou friamente para um irmão dele, Heitor — e, mais tarde, para o irmão caçula.

Quando Troia se rendeu, em meio às chamas, Helena confrontou mais uma vez seu marido Menelau, que havia jurado matar a esposa infiel com sua própria espada. Quando o rei enfurecido ergueu a arma para golpeá-la, Helena deixou a túnica escorregar dos ombros. À visão de seus seios ainda mágicos, o rei largou a espada. É de admirar, mesmo, dado o número de filhos que ela havia trazido à luz e amamentado.

Não sabemos muito mais que isso, afora o fato de que cultos dedicados a Helena de Troia brotaram em toda a Grécia, de Esparta às ilhas gregas e a Atenas. Ainda mais extraordinária é a venerável durabilidade de sua lenda, até os dias atuais.

PÉRICLES E ASPÁSIA: Casados com o amor, não com o matrimônio

Você acha que é duro ser solteira e estrangeira no seu país, hoje em dia? Pois experimente ser uma não ateniense descomprometida na era dourada dessa cidade-Estado grega, mais ou menos em 480 a 399 a.c. Aspásia, por exemplo, uma grega encantadora e carismática que emigrara de Mileto, na Ásia Menor, topava continuamente com os sorrisos desdenhosos dos atenienses para os não nascidos no lugar.

Ter uma educação primorosa e o dom da eloquência também não contribuiu muito para melhorar a reputação de Aspásia. Ela pode ou não ter sido cortesã, ou hetera, termo grego usado para designar as companhias femininas mais classudas. Com certeza foi rotulada dessas coisas e de epítetos ainda mais grosseiros, como prostituta e dona de bordel.

Embora tenhamos pouquíssimo material que constitua um testemunho fidedigno sobre ela, um fato parece claro: Aspásia estabeleceu um longo relacionamento amoroso com o mais brilhante líder político e militar que já houve em Atenas. Ela e Péricles desfrutaram do que talvez tenha sido o mais gratificante caso amoroso consensual entre heterossexuais. Em Atenas, isso já era muita coisa.

Por ser não ateniense, ela jamais poderia se casar com Péricles. Assim, os dois viviam numa terra de ninguém, em termos de sua situação jurídica — impossibilitada de ser esposa, Aspásia vivia uma existência obscura como amante dele. Existia em Roma uma situação de coabitação legal, chamada concubinato, entre o homem e a mulher livres que, por alguma razão específica, não pudessem se casar. Atenas, contudo, não reconhecia esse tipo de arranjo; as concubinas gregas eram escravas, não mulheres livres.

Por outro lado, a ideia de matrimônio no estilo ateniense não seria muito sedutora, do ponto de vista de Aspásia. Ela era uma mulher capaz de ter profunda participação na vida política, intelectual e criativa de sua cidade natal de Mileto, lugar em que as mulheres tinham maior independência de movimento, mais opções, mais autoridade.

Em Atenas, o casamento era algo que os cidadãos masculinos de trinta anos ou mais contraíam, com a finalidade de ter filhos legítimos. Todos queriam filhos, apesar dos riscos. No casamento, porém, a típica donzela ateniense ia de menina a noiva e à vida de matrona reclusa em algum ponto entre os treze e os quinze anos de idade. Os parceiros matrimoniais eram arranjados pelas famílias, com base nas relações, na riqueza, em quem tinha ancestrais mais sublimes e no valor do dote que a família da moça estava apta a oferecer. Amor e afeição eram prioridades muito baixas, se é que chegavam a ser considerados.

Atenas teve em Péricles um perfeito integrante do Hall da Fama: general astuto, político brilhante e material realmente excepcional como marido.

Realizado o casamento, os maridos atenienses podiam continuar a bancar prostitutas e a se divertir com escravos de ambos os sexos. A vida noturna ateniense consistia em rodadas de jantares e encontros regados a bebida [simpósios], nos quais todos os convivas eram varões e diversas profissionais do sexo eram oferecidas, desde flautistas e outras artistas até heteras. Estas últimas eram mulheres independentes, quase todas não atenienses, como Aspásia, e estavam aptas a selecionar a dedo seus amantes. Comumente escolhiam seus clientes masculinos, que pagavam pelo privilégio noturno da conversa animada que elas proporcionavam, por seus coquetismos sensuais, sua aparência de verdadeiro colírio e seus serviços sexuais opcionais.

Depois do casamento, as esposas atenienses ficavam em casa. Recém-casadas ou à beira da morte, as mulheres casadas nunca eram levadas para jantar. (Sabe quais eram as únicas exceções? As mulheres de famílias mais pobres, que tinham de trabalhar para manter o pão e o queijo feta na mesa.) Vez por outra, os maridos passavam uma noite em casa, em geral com o objetivo de engravidar a mulherzinha.

Dadas essas circunstâncias polarizadas, o amor, a afeição e até a comunicação entre os membros do casal provavelmente eram escassos.

Ao contrário dos casais de hoje, Aspásia não podia defender com eficácia a ideia de que ela e Péricles deviam ir morar em sua cidade natal, onde poderiam se casar. Ele era ateniense e um homem importante em sua cidade. Os gregos eram arraigados ao lar e à terra natal. (Ainda são, aliás.)

Aspásia e Péricles tiveram um filho, e é provável que ansiassem por se casar. No entanto, ironicamente, por causa de uma lei aprovada pelo próprio Péricles, estipulando que os atenienses só poderiam se casar com outros atenienses, ele havia eliminado legalmente essa possibilidade! Aspásia nunca se queixou (ao que saibamos) das agruras de um relacionamento sem reconhecimento nem direitos formais, ou sobre as dificuldades de Péricles filho, que nasceu quando o pai beirava os cinquenta anos de idade.

Péricles tivera dois meninos num casamento anterior e havia assistido à morte de ambos na Grande Peste de 430 A.C. Depois que deixou de ser governante de Atenas, angustiado, adulou muita gente, para persuadir os atenienses a emendarem a lei da cidadania, a fim de que seu filho com Aspásia pudesse se tornar cidadão e herdeiro legítimo.

Tragicamente, no outono de 429 A.C., também Péricles foi atingido — vítima da segunda onda da Grande Peste. (Os cientistas de hoje supõem que tenha se tratado de uma epidemia de febre tifoide, ou, alternativamente, do vírus ebola.) Aspásia sobreviveu a ele, mas não assistiu a duas tragédias finais: a morte de seu filho Péricles, que se tornara general ateniense, e o suicídio de Sócrates, grande amigo e defensor dela.

BERENICE E TITO: Uma princesa judia quase chega a imperatriz

No fundo uma romântica, a linda Berenice, de generosas formas curvilíneas, nunca planejou se casar três vezes e enviuvar duas. Também não planejou cometer incesto. Simplesmente aconteceu.

Berenice pertencia ao clã elitista dos herodianos, uma dinastia que governava os judeus fazia mais de um século. Com o tempo, muitos herodianos viveram na casa imperial de Roma e foram educados com os filhos do imperador, mas Berenice não usufruiu desse luxo. Perseguido por credores, seu desditoso pai, Agripa, deslocou a família entre a Palestina, a Síria e a província da Judeia até 37 D.C., quando sua sorte teve uma mudança repentina.

Um novo imperador romano, Calígula, ocupou o trono imperial. Velho amigo do pai de Berenice, nomeou Agripa governador de partes da província da Judeia. Logo em seguida a esse anúncio, Berenice recebeu uma proposta de casamento da mais rica família judaica de Alexandria, no Egito. Como a menina ainda não atingira a puberdade, o casamento foi marcado para 41 D.C., quando ela completaria treze anos.

Nesse mesmo ano, Calígula foi assassinado e Cláudio se tornou imperador romano. Isso deu continuidade à maré de sorte de Berenice, pois Cláudio era outro amigo de seu pai, havendo estabelecido essa amizade durante sua infância romana. Berenice mal chegara à metade da adolescência quando seu primeiro marido morreu. A família não perdeu tempo e arranjou outro casamento, desta vez com o próprio tio da jovem, Herodes. Mesmo já longe da flor da idade, Herodes fez o melhor que pôde e deu dois filhos varões a Berenice. Infelizmente, o desgaste de ter dois filhos pequenos e uma esposa/sobrinha adolescente o levou à sepultura, quatro anos depois.

Já mulher feita, Berenice, ansiosa, mudou-se para a casa do irmão, Agripa II, um ano mais velho que ela. Não tardaram a surgir rumores perversos de incesto, mas ela, que já havia cometido incesto com o marido número dois, enfrentou tudo isso com calma. Acabou pedindo ao irmão que lhe arranjasse um novo parceiro que prestasse. Alguém com um pouquinho de animação e alguma longevidade seria ótimo, pensou.

Agripa II lhe propôs Polemo, o rei da Cilícia (atual Turquia), que mais pareceu apreciar o dote apetitoso da moça do que ela em si. E lá foi Berenice pedir o divórcio no tribunal, voltando a coabitar com o irmão, que se danassem os mexeriqueiros.

Aos poucos, com sua riqueza, inteligência e talento para a diplomacia, Berenice se viu fazendo um trabalho significativo como militante da filantropia e árbitra *ad hoc* entre facções judaicas e romanas. E acabou sendo considerada uma parceira em pé de igualdade, que dividia o governo com seu irmão Agripa. De quando em quando, inquietava-se com sua vida particular; afinal, não estava ficando mais jovem. Como todos os judeus, entretanto, tinha questões mais sérias com que se preocupar. Fazia algum tempo que os romanos vinham discriminando os judeus, dando preferência a populações gregas na Terra Santa.

A situação se agravou quando um governador nomeado por Roma roubou um templo em Jerusalém. Os romanos crucificaram os líderes do tumulto que se seguiu. Embora Berenice e o irmão pugnassem pela população judaica junto às autoridades romanas, seus esforços não foram levados em conta. À medida que o clima ficou mais exacerbado, os insurgentes judeus se voltaram contra as famílias herodianas e incendiaram seus palácios, citando os laços estreitos que eles mantinham com as famílias imperiais romanas. Berenice continuou tentando negociar em nome dos judeus, mas quase foi morta numa das escaramuças que irrompiam por toda a cidade.

Em 66 D.C., a revolta seguia a pleno vapor. Os romanos reagiram com dureza, mandando para esmagá-la o general Vespasiano e, mais tarde, seu filho Tito, à frente de 60 mil soldados tarimbados. Após três anos de cerco implacável, os romanos reconquistaram Jerusalém. E Roma (assim como os judeus) já tinha um novo imperador: o próprio Vespasiano.

Toda a família de Berenice havia fugido para o norte, para a Galileia. A guerra chegou ao fim a um custo hediondo: o saque da cidade sagrada de Jerusalém, inúmeros mortos e quase cem mil judeus feitos prisioneiros de guerra.

Em meio à carnificina, de algum modo Berenice conheceu o homem por quem tanto havia ansiado. Era Tito, o filho do imperador, onze anos mais novo que ela e que, tempos depois, viria a ser chamado de “deleite e favorito da raça humana” — um homem afável, dotado de extraordinária empatia pessoal. Duas nações em conflito e religiões diferentes os separavam, mas isso não pareceu importar. Os dois se apaixonaram perdidamente. Tão exímio no uso da linguagem quanto era arguto em assuntos militares, Tito escrevia versos poéticos, tocava harpa e cantava para Berenice.

Passaram apenas um ou dois anos juntos na Judeia, até ele ser chamado de volta a Roma para auxiliar o pai, Vespasiano, na monumental tarefa de governar o império.

Berenice e Tito não voltaram a se ver durante quatro anos. Em 75 d.C., ela e seu irmão Agripa II foram a Roma. Num piscar de olhos, ela passou abertamente a levar uma vida suntuosa com Tito no palácio. O amor do casal continuava ardente, mas sua vida não deixava de ter seus dissabores.

O povo tinha a memória afiada. Os romanos viam essa mulher como a “Pequena Cleópatra”, um eco da rainha estrangeira que havia tentado cooptar o império e seu governante. A população mexericava e se exasperava com as joias “bárbaras” de Berenice, em especial com um enorme diamante que ela usava com frequência. Ela e Tito eram publicamente censurados por filósofos que não usavam de rodeios e, quando Tito puniu os que haviam difamado sua amada, a situação piorou ainda mais. Por fim, o imperador Vespasiano, que sempre havia gostado de Berenice, ordenou, pesaroso, que Tito a deixasse.

Em termos de influência e poder político, a Berenice dos herodianos estava em seu auge, mas a opinião pública romana suplantou o amor verdadeiro. Como disse o historiador Suetônio em sua biografia de Tito, “ele a mandou embora, apesar de nem ele nem ela assim desejarem.”

Berenice tivera apenas mais dois anos com seu príncipe adorável. Entretanto, partiu, e com dignidade. Com a morte de Vespasiano, porém, em junho de 79 D.C., voltou depressa para Roma. Um novo começo! Agora seu amado endireitaria tudo, convenceria o mundo de que o lugar deles era um com o outro. Tito não o fez. Tornou a mandá-la embora, resmungando chavões sobre o "momento oportuno" e as "percepções populares".

O tempo, o destino e as circunstâncias deixaram de ser seus aliados. Dois meses depois da chegada de Berenice a Roma, o Monte Vesúvio entrou em erupção, criando uma calamidade nacional com que Tito teve de lidar imediatamente. Logo em seguida, um violento incêndio atingiu Roma, acompanhado por um surto mortífero de peste.

O Coliseu de Roma, originalmente conhecido como Anfiteatro Flaviano, desempenhou um papel no malfadado romance entre Tito e Berenice.

Tito ficou com as mãos cheias e fez tudo que pôde para levar alívio e consolo a seu povo.

Não foi o bastante — e assim, ele lhe deu diversão. O Anfiteatro Flaviano (conhecido por nós como Coliseu), cuja construção fora iniciada pelo pai de Tito e que foi dedicado a ele, finalmente ficou pronto, em 80 D.C. Para animar o espírito abatido dos romanos, o imperador mandou realizar imediatamente cem dias de jogos na arena — o mais requintado e dispendioso festival de sanguinolência já visto.

Berenice tentou se consolar, pensando nas realidades do governo enfrentadas por seu amado. Ele mandaria buscá-la mais tarde, quando as coisas voltassem ao normal. Mas o normal nunca aconteceu. Num dia de setembro de 81 D.C., Tito morreu de uma febre repentina. Tinha quarenta e dois anos. Sua amante enlutada, então com cinquenta e três, desapareceu da cena pública, e até hoje nada mais foi registrado sobre sua vida.

ADRIANO E ANTÍNOO: **Transformando o amado num deus**

Ninguém esperava realmente que um imperador romano fosse bem-comportado, quando se tratava de seus relacionamentos; o casamento costumava ser uma questão dinástica, política e calculada. Ainda assim, o mais flagrante exemplo de compromisso unilateral talvez tenha sido o casamento — verdadeira maratona sem amor, mas sumamente pública — do imperador Adriano com sua imperatriz, Sabina.

A começar pela noite de núpcias, as relações entre Sabina e Adriano foram de mornas a geladas. Em seus treze ou catorze anos, no altar, talvez Sabina tivesse sido uma menina meiga; com o tempo, entretanto, a solidão e o desamor tornaram-na árida e amarga.

O casal nunca teve filhos. Corria o boato de que Sabina teria driblado a gravidez por meio da abstinência e/ou do coito anal. Como quer que fosse, ela não enfrentou uma insistente demanda masculina no quarto, já que, ao longo do casamento, Adriano teve muitos envolvimentos amorosos, e com gente de ambos os sexos. Suas aventuras com mulheres casadas eram tão numerosas que ele foi publicamente acusado de ser "viciado" nelas.

Muitos imperadores romanos colhiam garotões às dezenas como parceiros sexuais, e Adriano não era exceção. Em termos espirituais e culturais, ele se considerava mais grego que romano, de modo que a clássica relação ateniense entre o erastés e o erómenos — o homem maduro que se relacionava com o adolescente — caía-lhe esplendidamente bem.

Mas, numa viagem beneficente à Bitínia, na Ásia Menor, a mulher de Adriano se viu diante do que seria a última gota. Adriano conheceu um adolescente de cabelos encaracolados e olhos profundos, de postura alternadamente tímida e expressiva. O imperador, então beirando os cinquenta anos, enamorou-se. Desse momento em diante, Antínoo nunca mais deixou a sua companhia.

Enquanto cuidava zelosamente dos assuntos de Estado, erguia estruturas esplêndidas e duradouras (a Muralha de Adriano e a reforma do Panteão, por exemplo), travava guerras e tirava Roma de outros conflitos, o imperador passou mais da metade dos seus vinte e um anos de reinado procurando conhecer seus súditos e seu império, e fazia viagens de ano inteiro da atual Alemanha ao norte da África, da Grécia às Ilhas Britânicas. E a imperatriz Sabina era obrigada a acompanhá-lo.

Não iam sozinhos, em absoluto. Seu séquito somava mais de mil integrantes. Por volta de 128 D.C., Adriano e sua comitiva, que incluía seu amante Antínoo, sua mulher, as acompanhantes dela e mais um mar de auxiliares e parasitas, embarcaram noutra grandiosa turnê circular, dessa vez zarpando para a Ásia Menor, a Grécia, a Palestina e o Egito.

Durante a viagem, os mensageiros do imperador mantinham-no a par das notícias políticas, da movimentação das forças armadas e dos desastres. Como outros homens supersticiosos de posição elevada, Adriano também recebia atualizações diárias sobre portentos, presságios, pesadelos e novidades astrológicas. Adepto da astrologia, o imperador verificava obsessivamente seus astros. Chegou até a prever a data da própria morte — e acertou.

No ano de 130 D.C., quando estavam em Alexandria, no Egito, Adriano sentiu uma inquietação crescente. Haveria uma nova catástrofe pairando em seu futuro imediato? No outono, procurou um mago chamado Pancrates, que fez a demonstração de um feitiço envolvendo ratos, besouros, incenso, mirra e esterco, a conta certa para matar um homem em sete horas. Recitada a fórmula do encantamento, apareceu na casa de Pancrates um homem que expirou prontamente, na sétima hora. Foi "prova" suficiente para Adriano pagar uma soma enorme pelos serviços do mágico.

O rosto eloquente e inteligente do imperador Adriano, um dos melhores governantes de Roma.

As insinuações de tragédia continuaram a atormentar os pensamentos de Adriano. Numa noite amena de outubro, enquanto todos discutiam animadamente a excursão que o imperador, Sabina e seus convidados da alta sociedade fariam no dia seguinte, Antínoo desapareceu. Seguiu-se uma busca frenética em terra e pelo Nilo, porém o rapaz nunca mais foi visto. O cruel mistério de seu desaparecimento deixou Adriano enlouquecido de tristeza. Antínoo ia fazer dezoito anos.

Em poucas semanas, o imperador o transformou num deus. Alguns imperadores e imperatrizes anteriores tinham sido deificados, mas eram de linhagem imperial. Deificar um plebeu, um não romano, um catamito? Homenagear um parceiro sexual era de um mau gosto aterrador. Sacrílego, talvez. Ignorando a reprovação e os comentários desdenhosos dos romanos de alta e baixa classe, Adriano encomendou a construção de templos em torno do mar Mediterrâneo e ordenou que o culto de Antínoo tivesse início em todo o império. Imediatamente.

Para dar ao povo algo concreto que cultuar, Adriano fez deslanchar a última nova era da escultura grega, encomendando, provavelmente, mais de mil estátuas e bustos de seu jovem amante. Centenas deles ainda são expostos em museus do mundo inteiro. Como os descreveu Elizabeth Speller, autora de *Following Hadrian* [Seguindo Adriano], "Apareceu um novo rosto, e era de uma beleza máscula, embora submissa [...] um corpo bem proporcionado, de olhos baixos e cabeleira farta e ondulada, aninhando-se na nuca".

A tristeza e a magnificência de Adriano não conheciam limites. Na margem leste do Nilo, no ponto em que seu amante havia desaparecido, ele fundou uma cidade chamada Antinoópolis. Não se pouparam gastos para torná-la esplêndida e luxuosa. Antes mesmo que a cidade se erguesse no local, o imperador homenageou Antínoo com uma competição e um festival de Grandes Jogos.

Um enorme obelisco repleto de hieróglifos, que hoje repousa no Monte Pincio, em Roma, talvez seja um memento desses primeiros jogos. Nele, uma inscrição mais extensa que memorável, redigida por Adriano, incluía estas frases: "O deus Osíris-Antínoo, o justo, tornou-se um jovem de belas feições e olhos magnificamente adornados [...] cujo coração encontra-se em enorme júbilo, pois ele reconheceu sua própria forma, depois de ser trazido de volta à vida e de ter visto seu pai, o Deus do Sol Nascente [...]. O deus a quem pertence este local fez uma arena esportiva em sua terra, no Egito, a qual recebeu seu nome, para os fortes [atletas] que existem nesta terra e para as equipes de remo e os corredores de todas as terras, e para todos os homens que pertencem ao lugar da escrita sagrada em que Tot está presente. Eles recebem os prêmios concedidos e as coroas, ao mesmo tempo que são recompensados com toda sorte de boas coisas."

Apesar do desdém e do choque iniciais ante a deificação de Antínoo, ele passou a ser entusiasticamente cultuado durante séculos, sozinho ou na companhia de outros deuses, de Dioniso a Osíris, em todo o império, mas especialmente nas províncias orientais e na Bitínia, sua terra natal e que hoje compõe o litoral noroeste da Turquia.

Chorando suas mágoas de amor, o imperador nunca superou sua perda, e ninguém jamais descobriu como ou por que o rapaz desapareceu. O corpo nunca foi recuperado, tampouco.

Será que sua morte foi um crime? Um acidente? Suicídio? Teria sido ele assassinado por um rival ciumento? Ou será, como teorizaram alguns, que ela foi um presente de Antínoo, um sacrifício amoroso e proposital de uma vida, para preservar a segurança daquele que governava? Essas perguntas continuam sem resposta, mas são um dos mistérios mais comoventes e fascinantes da história.

E Sabina? A longevidade conjugal lhe angariou o que o amor não pudera trazer. Quando ela faleceu, em 137 D.C., seu marido Adriano também mandou deificá-la. O maravilhoso baixo-relevo de sua apoteose ainda ocupa um lugar de honra no museu do Palazzo dei Conservatori, em Roma.

Antínoo, o jovem e fogoso joão-ninguém que Adriano amou desesperadamente e perdeu. Seu inexplicável desaparecimento levou ao derradeiro florescimento da arte imperial.

PARTE IV

O amor machuca. Mas mudar de gênero dói para valer

EUNUCOS E CASTRADOS: Homens sensíveis, da maneira mais difícil

Em sua maioria, os homens gregos e romanos zombavam dos varões que exibiam qualidades femininas, como — eca! — a sensibilidade. Filósofos gregos, entre eles Aristóteles, afirmavam que, nos planos físico e mental, as mulheres eram uma espécie de homem defeituoso. Portanto, ser homem significava ser machão, e muito.

A ideia de nascer mulher já era bastante aflitiva para as mentes masculinas — e igualmente terrível era a ideia da castração dos varões. Não obstante, os eunucos, alguns deles castrados à força, e outros, pasmem, por opção, ficavam em grande evidência nas sociedades antigas, a começar pelos egípcios, assírios, persas e outras culturas, e se tornaram bastante comuns entre os gregos e os romanos.

Embora às vezes usemos como sinônimas as palavras *eunuco* e *castrado*, elas não o eram. O direito romano, por exemplo, estabelecia uma clara distinção entre os eunucos, definidos como homens que eram impotentes em decorrência de acidentes ou de circunstâncias ligadas ao parto, e/ou eram indiferentes por natureza ao sexo feminino, e os castrados, que eram incapazes de procriar por causa da mutilação genital.

O processo de castração, fosse ela praticada antes ou depois da puberdade, era horripilante. Era também fatal para uma percentagem chocante das vítimas. Arqueólogos que escavaram sítios na Britânia romana encontraram uma das ferramentas usadas para esse fim: um pesado utensílio serrilhado de bronze, que prendia o escroto como uma pinça e retirava as partes ofensivas do seu dono. Ferramentas mais simples, como lâminas, cacos de cerâmica ou pedaços de obsidiana, também eram utilizadas nessa operação angustiante. Algumas vítimas perdiam o conjunto inteiro da genitália, enquanto outras, chamadas *spadones*, eram despojadas apenas dos testículos.

O que motivava essa prática sangrenta? Em parte, o perene mercado de escravos sexuais, que buscava belos jovenzinhos de voz suave e tez lisa e imberbe. (Quinze séculos depois, isso voltaria a criar um mercado de trabalho para os cantores *castrati*, no Renascimento italiano.) Outra força propulsora era o fornecimento de trabalhadores castrados para ambientes íntimos, como os haréns e os aposentos femininos de governantes das regiões da Pérsia, Egito e Oriente Médio.

Uma terceira razão era a crença popular ilógica, mas sólida, em que os castrados e os eunucos eram os empregados mais leais e discretos. Como esses homens não podiam gerar herdeiros, julgava-se que eram menos propensos a usurpar o poder ou a disputar o trono. As burocracias governamentais do mundo antigo tinham grande necessidade desses funcionários no nível médio da administração, e existem montanhas de provas sobre as carreiras de milhares deles. Além disso, uma percentagem significativa desses homens se transformou em altos assessores de uma lista de imperadores romanos, desde Cláudio e Nero até Gordiano I e Gordiano II.

A deusa Cibele, da Ásia Menor, exigia muito de seus devotos masculinos. Cultuá-la não era suficiente: ela também exigia a doação voluntária das partes pudendas dos fiéis, castradas por eles mesmos.

Durante os séculos imperiais posteriores, a demanda crescente de escravos eunucos impeliu o imperador Adriano a tentar coibir esse mercado, mediante a aprovação de leis; não teve sucesso, como tampouco o tiveram Nerva e Diocleciano, os imperadores seguintes.

Havia um quarto motivo para a castração masculina: a meta da castidade religiosa, que os sacerdotes egípcios exemplificavam desde longa data. Por volta de 204 A.C., surgiu o culto religioso da deusa Cibele. Sua persistente popularidade se espalhou da Ásia Menor para Roma, onde a deusa recebeu o novo nome de Magna Mater. O culto literalmente criou seu conjunto de discípulos do sexo masculino, os quais, para mostrar sua devoção, castravam-se em público. (Você pode ler mais sobre eles e outras religiões de mistérios do êxtase em outros pontos deste livro.)

Outras seitas em torno do mundo greco-romano tinham seguidores que se emasculavam; nos séculos II e III D.C., o movimento cristão em rápido crescimento tentou, mas também não conseguiu, impedir seus adeptos de fazer essas demonstrações extremas de castidade.

Quem foi o mais notório dos autocastradores? O teólogo, professor e escritor Orígenes de Alexandria. Diz um relato que ele se sentiu motivado a usar a faca ao ler a passagem de Mateus 19:12 que reza: "Pois há eunucos que castraram a si mesmos por causa do reino dos céus." Outra razão: uma vez castrado, ele poderia lecionar para discípulas sem tentação. Sua castração, em 200 D.C., levou a uma disputa entre os bispos sobre a possibilidade de tais ativistas cristãos permanecerem na Igreja. Em 325, entretanto, o concílio eclesiástico de Niceia se reuniu para proibir a prática da autocastração, donde fica claro que Orígenes teve imitadores.

A prática abusiva de transformar homens e meninos em eunucos e castrados floresceu em grau ainda maior depois que o Império Romano perdeu força para os bizantinos. Durante o domínio milenar do Império Bizantino, sediado em Constantinopla, eunucos e castrados ganharam ainda mais visibilidade como agentes do poder — e, com frequência ainda maior, como trágicos peões no tráfico de escravos sexuais.

PERFIS DE EUNUCOS: Nomes conhecidos sem herdeiros

Filetero se tornou eunuco na meninice, como resultado de um acidente. Isso não o impediu de se tornar um militar sagaz e competente, que serviu nos exércitos de Antígono e Lisímaco, dois dos generais sucessores que mostraram os dentes na disputa das conquistas realizadas, depois da morte de Alexandre, o Grande. Nas guerras pela sucessão, ele acabou sendo promovido a comandante de sua terra natal, a cidade fortificada de Pérgamo, na Ásia Menor (perto de Esmirna, na atual

Turquia). Aproveitou essa nomeação privilegiada para trocar de lado — e declarar independência dos demais generais em contenda.

Governou Pérgamo por quase quarenta anos. Como se tratava de uma cidade rica, ele tinha um erário recheado — e, com esses fundos públicos, tornou sua cidade natal ainda mais bela do que já fora. Filetero foi também um benfeitor generoso de cidades vizinhas. Como não tinha herdeiros, adotou seu sobrinho, Eumenes, e fundou a dinastia dos Atálidas. Após sua morte, em 263 A.C., seus sucessores continuaram a homenageá-lo nas belas moedas da cidade.

Halotus, cujo nome está inextricavelmente ligado aos imperadores romanos Cláudio e Nero, foi um sobrevivente político. Em seu cargo de provador oficial dos alimentos da família imperial, o jovem eunuco preservou a saúde e o bem-estar de Cláudio até o desastroso mês de outubro de 54 D.C., quando seu senhor apareceu morto por envenenamento. A conspiração deve ter incluído Halotus. Isto posto, a agente principal, decididamente, foi Agripina, sobrinha e quarta mulher de Cláudio, que devia andar inquieta com a vida inexplicavelmente longa do marido, cheio de doenças crônicas.

O eunuco Filetero de Pérgamo, uma história de sucesso não contada, foi um general fantástico e um administrador municipal que fundou uma dinastia, apesar de não ter uma prole.

Quando Nero, o anjinho maléfico de Agripina, chegou à adolescência e recebeu sua toga oficial de homem adulto, estava frito o imperador Cláudio. O bom senso diria que Halotus também estaria também em maus lençóis, já que toda conspiração precisa de um bode expiatório.

Ao que parece, não foi o que se deu nesse caso: o astucioso Halotus se recuperou, chegando até a conservar seu cômodo cargo de provador durante os catorze anos de reinado do imperador Nero. Como triunfo adicional, sobreviveu à sua queda. Tornou-se o confidente gastronômico do imperador Galba, de breve reinado, em 69 D.C., o chamado "ano dos quatro imperadores".

Bagoas, embora não fosse da nobreza persa, tornou-se um excelente administrador e o eunuco número dois da Pérsia durante os regimes de Artaxerxes III e IV. Graças a seus talentos gêmeos de envenenador e assassino, acabou com duas gerações de déspotas persas, assim permitindo que as forças militares de Filipe II da Macedônia (e, mais tarde, seu filho Alexandre, o Grande) derrotassem os persas e pusessem fim ao império dos aquemênidas. Segundo algumas fontes (e o excelente romance *O garoto persa*, de Mary Renault),[1] é possível que Bagoas tenha tido um breve namorico com Alexandre, o Grande, durante o tempo que este passou na Babilônia.

A deslumbrante carreira desse eunuco chegou finalmente a um término repentino, quando o rei persa Dario III teve notícia dos planos de assassinato tramados por Bagoas contra ele — e o forçou a beber, ele próprio, uma taça fatal.

No fim dos tempos imperiais, quem se destacou foi Eutrópio. Embora os eunucos e castrados caíssem nas graças dos governantes por sua lealdade e sua falta de ambição, Eutrópio não se enquadrava nesse molde. Funcionário de nível intermediário na atarefada burocracia bizantina, despertou a atenção de Arcádio, o imperador da época, ao lhe conseguir a mais atraente candidata ao casamento, chamada Eudóxia. Graças a esse feito, tornou-se o mais alto conselheiro do imperador.

Eutrópio tinha outras habilidades úteis. Em 398 D.C., conseguiu obter uma vitória militar, frustrando a invasão dos hunos. No ano seguinte, foi nomeado cônsul — uma conquista de tal magnitude que o senado romano, apoiado por outros patrícios, enfureceu-se e exigiu que ele fosse afastado. Era provável que admirassem seus talentos para subir na escala administrativa, mas um cônsul eunuco? De jeito nenhum. Eudóxia, a imperatriz ingrata, rejeitou-o. Isso foi seguido por um presságio realmente negativo: um grande terremoto sacudiu Constantinopla. Enviado para o exílio em Chipre, Eutrópio foi decapitado, tempos depois, em decorrência de uma falsa acusação.

HERMAFRODITAS: Sinais precoces de advertência dos deuses

Na península itálica e suas cercanias, as populações de outrora viam sinais de advertência por toda parte, e eram tantos que tinham de ser organizados em categorias sobrenaturais: portentos, ostensores, prodígios e *monstra*. (Esses termos, usados por adivinhos e áugures, significavam sinais, atos ou acontecimentos que forneciam pistas sobre ocorrências futuras, importantes ou calamitosas, atos tão raros ou extraordinários que inspirassem assombro; os *monstra* podiam ser anormais ou simplesmente assombrosos. Do termo *ostensor* temos hoje *ostentoso*; de *portento* derivamos *portentoso*; de *prodígio* extraímos *prodigioso*, e de *monstra* temos *monstro*.[2])

Símbolo do hermafrodita, um fenômeno assustador na Antiguidade. Embora os gregos tivessem um semideus chamado Hermafrodito, quando surgia um desses seres sob forma humana, o pânico eclodia.

Essas ocorrências eram interpretadas como sinais de que havia algo errado entre o céu e a terra, de que algo ruim estava prestes a acontecer. Que tipos de presságios pareceriam realmente ominosos há dois mil anos? O relato de uma chuva de sapos, por exemplo. A visão de uma estátua de Júpiter transpirando sangue. Até o nascimento inusitado de trigêmeos dava ensejo a uma histeria em massa.

Mas o prodígio que realmente deixava as pessoas batendo os dentes era a terrível notícia do aparecimento de um hermafrodita em algum lugar. Os antigos gregos e romanos tinham um pavor mórbido dessas pessoas, uma fobia difícil de compreender em nossa época. Eles viam a sexualidade como todo um espectro de atos variados, mas a identidade de gênero era diferente. O hermafrodita, cujo corpo misturava caracteres masculinos e femininos, pregava peças na identidade sexual, e essa situação ambígua perturbava o tecido social. Por outro lado, o aspecto de "nem uma coisa nem outra" do hermafrodita podia representar uma insatisfação dos deuses.

Depois que as autoridades eram informadas sobre um dado indivíduo e ele era oficialmente declarado um prodígio, isso impelia a uma reunião de emergência dos decênviros, grupo de altos magistrados do senado romano. Esses senhores consultavam as profecias sibilinas, uma coleção de antigos oráculos. Tais leituras diziam aos romanos exatamente o que fazer quando surgia uma dessas pobres criaturas.

Como apareceu essa fobia, para começo de conversa? Nos primórdios da história grega, surgiu um culto modesto em homenagem a um semideus chamado Hermafrodito. Segundo dizia o mito, esse filho de quinze anos de Hermes e Afrodite (Mercúrio e Vênus, entre os romanos) vinha sendo assediado por uma bela ninfa, chamada Salmácis. Embora o adolescente rejeitasse suas investidas, ela conseguiu se enroscar em seu corpo quando ele tomava banho, e convenceu uma divindade mais poderosa a lhe conceder o seu desejo — de que os dois se tornassem inseparáveis. Como disse posteriormente o poeta Ovídio, "seus corpos tornaram-se um só, não mais dois, e não se sabia dizer se era menino ou menina. Pareciam não ser nenhuma das duas coisas — ou ser ambas".

O culto não era largamente popular, mas era possível encontrar em muitas casas pequenas imagens do semideus Hermafrodito.

No nível científico, o hermafrodita de outrora, também chamado de andrógino ou "mulher-homem" pelos gregos e romanos, podia representar uma de duas possibilidades: uma mulher que, em algum momento, em geral de maneira explosiva, transformava-se em homem, ou uma pessoa que exibia visivelmente caracteres sexuais masculinos e femininos, ao mesmo tempo. (O verbete seguinte relatará o fascinante estudo do caso de uma dessas pessoas.)

Muitas vezes, a pessoa — até a criança pequena — identificada como hermafrodita se tornava um bode expiatório. Por exemplo, no período em que ocorreu na península itálica uma contundente chuva de granizo, acompanhada por relâmpagos que queimaram as roupas das pessoas e atingiram o templo de Júpiter em Roma, descobriu-se um hermafrodita de doze anos na Úmbria. Por insistência de sacerdotes e adivinhos, ele/ela foi executado(a). Noutras ocasiões, o suposto hermafrodita podia ser exilado ou largado à deriva no mar.

Do ponto de vista romano, parecia importante documentar e punir os hermafroditas. Datas, locais e detalhes aparecem com regularidade nos textos de autores antigos, ao lado de livros que simplesmente relacionam esses prodígios "sobrenaturais".

Por sorte, dois poemas oraculares sibilinos sobre o apaziguamento de hermafroditas sobreviveram até nossos dias. Dada a sua ampla distribuição pelos senadores decênviros, essas ordens poéticas eram dirigidas ao público em geral. Eis alguns exemplos extraídos dos versos: (1) Dar à deusa Perséfone a coisa mais bonita do mundo; (2) Sacrificar um boi negro a Hades; (3) Fazer orações a Apolo e providenciar para que todos usem guirlandas de flores.

Lidar com a ameaça dos hermafroditas, dois mil anos atrás, tinha alguns paralelos com nossos próprios dilemas planetários, como deixam claro as pesarosas linhas finais do poema sibilino: "Se cumprires os ritos prescritos, a calamidade ainda virá, mas não durante a tua vida." Daríamos a isso o nome de solução de "passar o problema para os netos".

Não importava como ou até que ponto os deuses fossem aplacados, algumas visões assustadoras de hermafroditas ocorreram em Roma durante os séculos imperiais. O imperador Cláudio — talvez por sofrer, ele próprio, com a gagueira, uma claudicação e outras deficiências físicas — manifestava uma atitude mais esclarecida perante as esquisitices humanas. Certa vez, uma menina de treze anos de uma família ilustre, que havia passado de donzela a homem no dia de seu casamento, foi levada à presença dele. Em vez de bani-la, ou coisa pior, Cláudio optou por ver esse prodígio como uma dádiva dos deuses. Só por precaução, entretanto, mandou construir prontamente um altar no Monte Capitolino para um culto especial, dedicado a Júpiter, o Afastador do Mal.

HERAÏS, COGNOME DIOFANTO: *Close-up* de uma mudança de gênero

Atualmente, considera-se que a maioria dos que eram acusados de ser hermafroditas, na Antiguidade, sofriam de uma doença chamada hipospadia, ou pseudo-hermafroditismo masculino. Inicialmente identificados como mulheres, esses indivíduos tinham por gênero verdadeiro o masculino, que com frequência se revelava na puberdade. A literatura greco-romana é repleta de matérias, no estilo dos tabloides, a respeito de recém-casadas que de repente desenvolveram órgãos masculinos, para desolação de seus maridos.

Vejamos a história da vida real de Heraïs, conforme narrada pelo historiador grego Diodoro da Sicília, cujo relato de valor inestimável se baseou mais em detalhes médicos e sociais do que em superstições.

Heraïs era filha de uma árabe e um militar macedônio chamado Diofanto; depois que o pai se aposentou, a família se instalou numa cidade fundada pelos gregos, chamada Abae, na península da Arábia.

Na ocasião, um rei fraco, de nome Alexandre Balas, governava essa parte do mundo. Tinham-lhe sido entregues a Arábia e o trono da Síria, mas suas cordinhas políticas eram puxadas pelo Egito e por Roma. Como todas as outras pessoas, Balas gostava de dar uma passada em seu oráculo favorito, de vez em quando. No da Cilícia, foi-lhe dito:

"Cuidado com o lugar que gerou aquele que tem duas formas." Tal como os atuais biscoitos da sorte, os oráculos se especializavam na fraseologia enigmática, de modo que Balas simplesmente guardou a mensagem agourenta para referência futura.

Enquanto isso, Heraïs foi crescendo, a caminho de se tornar mulher. O pai fez o que seria esperado: deu-lhe um dote e entregou sua mão em casamento a um cavalheiro chamado Samíades. Mais ou menos um ano depois do casamento, o marido fez uma viagem longa, enquanto Heraïs permanecia em casa.

Durante a ausência do marido, Heraïs adoeceu, sofrendo de um mal que ninguém conseguia diagnosticar. Um tumor doloroso se desenvolveu na parte inferior de seu abdômen. Febril, a jovem esposa foi piorando mais e mais, até que o maldito tumor estourou — ao que um conjunto plenamente formado de órgãos genitais masculinos emergiu de seu corpo. Heraïs teve uma melhora instantânea, afora o fato de se horrorizar com essa transformação do gênero.

Seus pais ficaram igualmente perplexos. E assustados. Depois que Heraïs se recuperou, ela (ou melhor, ele) recomeçou a usar seus trajes normais femininos e continuou a ser dona de casa, na falta de uma ideia melhor.

Os pais, ansiosos, preocuparam-se com a filha; sabiam que surpresas desse tipo eram invariavelmente mal recebidas. Antes desse fenômeno, que tipo de relações conjugais ela e o marido teriam mantido? O que deveriam fazer agora? Como seria possível salvar o casamento?

Quando Samíades regressou, a situação ficou ainda mais tensa. Heraïs se recusou a manter relações sexuais com ele e passou a evitá-lo como a peste; o mesmo fez o pai da moça, todas as vezes que o genro tentou conversar com ele sobre os estranhos problemas femininos que vinha tendo com sua mulher.

Por fim, o marido mantido no escuro se enfureceu a tal ponto que moveu um processo contra o sogro, o que significou que Heraïs também teve de comparecer ao tribunal. Quando o júri ou o juiz a declararam culpada, por não cumprir suas obrigações conjugais, foi demais para essa testemunha de gênero duplo. Levantando a túnica, em completa nudez frontal, ela se dirigiu diretamente aos presentes e perguntou:

— Qual de vós obrigaria um homem a praticar sexo com outro?

Essa exibição fez a corte irromper em aplausos, e Heraïs e seu pai foram declarados inocentes. Samíades ficou estarrecido. (Mais tarde, descobriria sentir uma saudade enorme da mulher; matou-se, depois de nomear Heraïs sua herdeira.)

Entrementes, dada a natureza traumática de sua transformação, a virilha de Heraïs estava francamente uma bagunça. Realizou-se uma cirurgia, pois, como relatou o autor Diodoro, "o órgão masculino ficara escondido numa porção do órgão feminino, em formato de ovo. Como uma membrana tinha envolvido anormalmente o órgão, formara-se uma abertura pela qual eram expelidas as secreções corporais. Em consequência disso, [os médicos] acharam necessário escarificar a área perfurada para induzir a cicatrização. Havendo assim deixado o órgão masculino com um formato decente, eles conquistaram a confiança para aplicar o tratamento que o caso permitisse."

Já então plena e francamente assumida como varão, Heraïs começou a se vestir de homem e mudou oficialmente seu nome para Diofanto, o mesmo do pai. E não foi só: decidiu seguir uma carreira mais ativa, alistando-se no exército do rei Alexandre Balas como oficial de cavalaria.

Lembra-se da ominosa mensagem do tipo "biscoito da sorte" que Balas havia recebido no oráculo? Quando estava a serviço dele, é possível que Diofanto, recém-transformado em homem, tenha até assistido à morte do rei. Balas foi assassinado por supostos amigos em Abae, a cidade que de fato havia presenciado o nascimento de alguém com "duas formas": Heraïs.

A INFIBULAÇÃO: **Bloqueios genitais masculinos e femininos**

Os senhores de escravos da cultura greco-romana tentaram diversos métodos para impedir a atividade sexual entre seus cativos, ou entre escravos e membros da família. Certas substâncias, como sumo de cicuta, eram aplicadas aos testículos dos servos na puberdade.

Com muito mais frequência, porém, eles empregavam um recurso sádico de controle genital, chamado infibulação. No falo não circuncidado dos meninos que se aproximavam da puberdade, faziam uma série de perfurações no prepúcio, usando uma agulha. Depois que os furos cicatrizavam, eles introduziam uma fíbula — um grande precursor em bronze do alfinete de fralda — nesses furos, atravessando o prepúcio. Às vezes, o pobre portador da fíbula recebia argolas maiores de bronze, que eram soldadas mediante a aplicação de carvão em brasa.

Essa prática horrenda se encontra exposta no Museu do Louvre, em Paris, onde é possível ver duas estátuas completamente nuas de escravos romanos, em tamanho maior que o natural. Elas mostram com clareza a infibulação e o que esta fazia com o falo, além de indicarem como devia ser a vida do sujeito infibulado.

Acredite ou não, a infibulação era considerada a abordagem mais "humana". Os senhores ordenavam que se infibulassem os escravos do sexo masculino para não submetê-los à castração, dada a probabilidade muito maior de que morressem na cirurgia. Também era comum a prática de infibular os gladiadores, com base na ideia de que isso preservaria seu vigor. (Três quartos de todos os gladiadores eram escravos, de modo que não tinham nenhuma influência no assunto.)

Por mais que isso nos cause arrepios, alguns homens livres dos tempos romanos se infibulavam por opção, efetivamente, para serem chiques e desejáveis. Comediantes, dançarinos e músicos o faziam, na esperança de atrair parceiros sexuais endinheirados que se dispusessem a pagar para brincar de desacorrentá-los temporariamente.

Membros de seitas religiosas, inclusive dos primórdios da Igreja cristã, e ascetas de vários credos também usavam a infibulação para controlar seus desejos terrenos.

Da época greco-romana em diante, a prática da infibulação se revelou duradoura. Algumas esculturas e pinturas do Renascimento, por exemplo, retratam a perfuração dos órgãos genitais masculinos, muitas vezes com grandes argolas de metal.

No século XVIII, defensores do controle populacional, como Malthus e seus seguidores, pressionaram pela infibulação compulsória de qualquer rapaz acima de catorze anos que fosse julgado inapto para procriar. A lista incluía criminosos, portadores de doenças crônicas, mendigos, servos solteiros (!!), aprendizes e soldados rasos.

Na era vitoriana, sociedades ocidentais pudicas ficaram histéricas com a masturbação e, mais uma vez, começaram a gostar da ideia de trancafiar os órgãos sexuais de diversas maneiras.

O antiquíssimo desejo de controlar ou destruir a capacidade sexual dos outros existe até hoje — mas agora, voltado principalmente para a mutilação de mulheres. Desde os tempos da Grécia antiga, houve relatos de escravas infibuladas com pequenos aros de metal, mas pouco se conseguiu em matéria de comprovação, a não ser por alguns remanescentes metálicos de aparência suspeita encontrados em sepulturas de escravas da época da Britânia romana.

Na Europa da Idade Média, antes de partirem, era comum os cruzados instalarem cintos de castidade em suas mulheres. O nome soa mais humano que o objeto. Os “cintos de castidade” tinham partes de cota metálica de malha e mecanismos de cadeado.

No mundo atual, em algumas regiões da África, Ásia, Índia e Oriente Médio, um método ainda mais vil e mais extenso que a infibulação ou os cintos de castidade continua em vigor, sem sinais de redução. Funcionando a pretexto da religião ou da tradição para proteger a castidade, essa circuncisão faraônica ou sudanesa, como é conhecida, produz uma terrível mutilação genital em meninas e adolescentes. As pessoas que a praticam retiram completamente o clitóris e os pequenos lábios, fazendo uma sutura tosca no que resta dos órgãos sexuais. Como alternativa à sutura, elas atam juntos os joelhos e as coxas da vítima, até o tecido cicatrizar. Comumente praticada em condições imundas, com instrumentos não esterilizados, a operação tem uma alta taxa de mortalidade. Muitas vezes, as mulheres que sobrevivem sofrem de graves problemas de saúde, agonia durante a atividade sexual e riscos elevados durante os anos de fertilidade.

A maioria dessas vítimas não se compõe de escravas, ao contrário do que acontecia com quase todas as vítimas infibuladas dos antigos gregos e romanos. Mesmo assim, elas estão longe de ter liberdade para controlar o que acontece com seu próprio corpo.

CASAMENTO: Nada de faca na garganta, mas, de Esparta a Roma, todos tinham que se casar

É interessante que a antiga Atenas seja sempre vista como a sociedade gloriosa, criativa e democrática, e que seu bicho-papão, Esparta, seja tido como a sociedade militar árida e opressiva. Se você tivesse nascido naquela época, sua opinião poderia muito bem depender do seu gênero.

Embora os espartanos tivessem fama de ser um povo taciturnamente lacônico, crescer na antiga Esparta estava longe de ser desolador. Pelo menos para as meninas. Desde que aprendiam a andar, elas conviviam com os garotinhos como colegas de brincadeiras, participavam de competições esportivas com eles, nadavam (e dançavam) nuas. As meninas chegavam até a guiar carros de corrida em diversas festas anuais. As espartanas só se casavam aos dezoito anos e tinham uma dieta saudável — ao contrário de suas equivalentes em Atenas, que eram mantidas dentro de casa, alimentavam-se mal e se casavam assim que vinha a primeira menstruação.

Não é que os espartanos fossem progressistas. Eles tinham em mente razões de eugenia: moças saudáveis produziam bebês sadios — e havia necessidade de bebês do sexo masculino para alimentar a máquina de guerra espartana. (Os meninos eram examinados no nascimento, e os que tinham defeitos físicos eram imediatamente expostos ou sacrificados.)

Embora os meninos deixassem as mães aos sete anos de idade, para viverem em casernas literalmente espartanas, comerem rações escassas de péssima qualidade e se exercitarem feito loucos, a fim de se tornarem os soldados mais resistentes do mundo, eles continuavam a ter desejos masculinos. Diversamente do que acontecia em Atenas e noutras cidades-Estado gregas, esses desejos não podiam ser satisfeitos no prostíbulo da esquina, porque os espartanos não permitiam a prostituição em sua cidadezinha de 8 mil cidadãos. Os meninos em crescimento também não tinham acesso a escravos masculinos nem femininos, os quais, noutros lugares, eram obrigados a se submeter aos homens livres. Os espartanos tinham hilotas para fazer seu trabalho pesado e enfadonho; esses indivíduos cativos eram escravos do Estado, não propriedades individuais. As famílias de hilotas viviam no campo e, por isso, eram menos vulneráveis ao abuso sexual.

Os espartanos inventaram um modo muito esperto de escapar das restrições sexuais: os homens livres, entre os vinte e um e os trinta anos, assim como as moças solteiras acima dos dezoito, podiam praticar o que os livros sobre a história espartana às vezes chamavam, eufemisticamente, de "rapto secreto", e que mais se assemelhava a uma fuga. O primeiro encontro dos parceiros ocorria depois do anoitecer (sem respeitar o toque de recolher do rapaz, que morava no quartel). Depois de raspar a cabeça em estilo masculino e vestir uma túnica igual à usada pelos meninos pré-adolescentes, a moça ia esperar seu novo amante. Esses encontros "secretos" não se davam entre estranhos; as moças e rapazes se conheciam da vida inteira, uma vez que todos haviam brincado juntos quando pequenos.

Poucas pinturas de casais da vida real chegaram até nós, o que torna admirável este retrato. Trata-se de dois sucessos da classe média, não de aristocratas, que provavelmente pereceram em Pompeia na erupção de 79 D.C.

Esse arranjo podia durar até o rapaz completar trinta anos e deixar o serviço ativo, ocasião em que lhe era permitido montar casa num lote de terra, chamado *kleros*. Ele e sua parceira se mudavam então para lá. Não havia preço da noiva nem pagamento de dote, nem tampouco cerimônia religiosa. A essa altura, ao contrário do que ocorria em outros locais da Grécia, a esposa dirigia a casa e talvez cuidasse das finanças da família.

Visto que o sexo destinado à procriação era o objetivo principal do casamento, a mulher espartana que permanecia sem filhos recebia ordens de fazer alguma coisa para corrigir esse impasse. Para encontrar um parceiro mais fértil, a lei espartana exigia que ela dormisse imediatamente com outro homem! Isso pode soar divertido — ou chocante, dependendo do ponto de vista. Dado o seu número reduzido, os espartanos se certificavam de que cada um tivesse seu par. Nada de mulheres nem homens solteirões.

Como se comparavam esses costumes conjugais de Esparta, na Grécia, com o estilo romano de casamento?

Em Roma, nos primeiros séculos antes da era cristã, havia três tipos de casamentos, separados pela classe social. Os nobres costumavam se casar numa cerimônia chamada *confarreação*, na qual o pão era compartilhado, enquanto os plebeus se uniam mediante a compra da noiva (um dote às avessas, por assim dizer) ou viviam em regime de coabitação.

Mais tarde, os romanos descartaram esses três tipos de união, nos primórdios da república, e passaram a adotar o acordo *cum manus*, um regime unilateral que simplesmente transferia a noiva da *manus* ou mão do pai dominador para a do novo marido, também autoritário. Para felicidade das mulheres romanas, os acordos matrimoniais se tornaram mais equitativos por volta do século II A.C., nos termos de uma nova figura jurídica chamada casamento "livre". A noiva levava um dote, mas, se o casal se divorciasse sem adultério por parte dela, a maior parte do dinheiro lhe era devolvida.

Os romanos não praticavam encontros-relâmpago coletivos, mas tinham, sem dúvida, uma prática acelerada de segundas núpcias — especialmente popular nas famílias da elite. As novas viúvas (ou divorciadas) podiam se amarrar de novo, sem qualquer condenação ou punição social, já que o estado civil de casado era considerado o mais desejável para qualquer adulto, homem ou mulher. Isso também funcionava melhor para as mulheres, visto que, ao contrário da primeira vez, elas tinham muito mais autoridade em matéria do segundo noivo.

(Você poderá aprender mais sobre os costumes atenienses e de outros locais da Grécia nos verbetes sobre Targélia de Mileto, adultério, divórcio, e Péricles & Aspásia.)

ADULTÉRIO: O preço salgado por pular a cerca na Antiguidade

O adultério era uma questão ferozmente importante nos tempos antigos. A simples palavra *adúltero(a)* era um insulto entre os homens gregos, bem como uma piada favorita nas comédias de Aristófanes. Os homens romanos tinham opiniões igualmente sólidas sobre o adultério — e muitas leis para impedir esse ato, ou puni-lo.

O componente mais importante dos casamentos greco-romanos era a legitimidade da prole. Os homens casados queriam ter filhos, particularmente varões, para herdar e transmitir o sobrenome da família. Precisavam saber: esse filho é realmente meu? (Caso contrário, a parte lesada, visto que considerava sua mulher uma "propriedade", sentia-se justificadamente furiosa também pelo furto de um bem.)

A maioria das moças, inclusive as adolescentes cujos maridos não satisfaziam suas necessidades ou seus sonhos, permanecia fiel. Mas algumas, não. Quando uma mulher dormia com alguém que não seu marido, era adultério — independentemente da posição social ou do estado civil do parceiro. Como seria previsível, o homem casado que traía só se encrencava quando sua coconspiradora era uma mulher nascida livre e casada. Ou a filha solteira de outra pessoa, por exemplo. Afora isso, os maridos gregos e romanos tinham passe livre para desfrutar da intimidade de escravas, concubinas, prostitutas e até homens adultos e sexualmente disponíveis.

O adultério era um jogo muito perigoso no passado distante. Não o julgue pelos filmes que você viu sobre o mundo antigo; pense em termos modernos. A contracepção e a proteção contra as doenças sexualmente transmissíveis eram um rolar de dados. Não havia camisinhas, diafragmas nem pílulas "do dia seguinte". E os casos amorosos não eram fáceis. Não havia motéis; não havia veículos disponíveis por hora; eram poucos, se é que existiam, os apartamentos convenientes, cedidos por amigos gentis. As casas dos culpados, onde provavelmente seriam praticadas essas travessuras, fervilhavam de escravos e familiares. Privacidade? Pode esquecer. Além disso, os maridos não pegavam transportes diários para o trabalho nem passavam longas horas no escritório. O adultério era ainda mais complicado para as mulheres, cuja liberdade de movimento costumava ser cerceada.

Na era anterior da república romana, às vezes os maridos reivindicavam o "direito" de matar as esposas flagradas no ato. Na maioria dos casos, porém, o adultério dava ensejo ao divórcio, mas não era justificativa para o homicídio. A partir de aproximadamente 18 A.C., contudo, um primeiro imperador romano fez uma tentativa vigorosa de legislar sobre a moral. Para reduzir as travessuras e impropriedades sexuais, Otávio Augusto introduziu leis para punir as mulheres casadas que tivessem aventuras extraconjugais. Ironicamente, isso fez o foco se voltar para vários exemplos flagrantes em sua própria família, na pessoa de sua filha e sua neta, ambas chamadas Júlia.

Outro decreto deu ao marido traído o direito legal de matar o adúltero masculino, desde que ele fosse de posição social inferior: escravo, alforriado ou que exercesse um trabalho rotulado de "infame", como os de gladiador ou ator. Por outro lado, as prostitutas podiam fazer sexo legalmente com homens casados — e essa isenção encorajou algumas patrícias lascivas e de raciocínio rápido a se registrarem como prostitutas, a fim de evitar perseguições!

As leis augustanas também afetaram o imenso número de homens das forças militares romanas. Os homens condenados por adultério não podiam se alistar; além disso, quando um soldado era apanhado em situação de adultério, sofria baixa desonrosa.

Na Grécia, as normas sociais e as leis contra o adultério continuaram draconianas — palavra derivada de Drácon, o legislador cujas leis incluíam a de que o marido enraivecido que flagrasse no ato a mulher adúltera e seu amante podia praticar homicídio legal e justificável

O dramaturgo grego Aristófanes chegou ao estrelato por suas comédias irreverentes, que amiúde envolviam o adultério e o castigo do adúltero: a sodomia!

contra ambos. As leis impostas por Sólon e Drácon, líderes atenienses do período arcaico, eram literalmente gravadas na pedra, palavra por palavra, em placas instaladas em locais públicos, para que qualquer pessoa pudesse consultá-las. Além disso, as mesmas leis se aplicavam aos homens que mantivessem relacionamentos prolongados com amantes libertas — ou seja, concubinas ou heteras, as companheiras sexuais de nível mais elevado. Os pais cujas filhas eram infiéis podiam matar com impunidade os casais de amantes.

Tudo isto soa muito inflexível, já que o ser humano sempre foi presa da tentação e das desventuras sexuais. Mas nem todas as situações acabavam em derramamento de sangue ou assassinato do casal apanhado em flagrante. Para o homem apanhado em travessuras com a mulher ou parceira exclusiva de alguém, os gregos (e, mais tarde, os romanos) conceberam um castigo extremamente humilhante. O marido, vítima do adultério, tinha permissão legal para sodomizar o adúltero! Muitas vezes, isso assumia uma forma simbólica. Na comédia grega, por exemplo, é comum o adúltero ser castigado com a introdução de um rabanete em seu traseiro — às vezes, com testemunhas dando risadas desse ato. Isso poderia ser chamado de operação de infiltração à moda antiga, pois é evidente que os rabanetes gregos alcançavam um tamanho saudável e davam uma boa "ferroada".

Num caso bizarro e possivelmente jocoso, mencionado pelo escritor romano Juvenal, um marido traído em Roma optou por sodomizar o adúltero com um peixe, em vez do seu próprio membro.

O adultério acarretava outras punições. A mulher ou amante infiel podia ser exilada de sua casa e não ser enterrada no túmulo da família. Todas as partes tinham responsabilidades, até o marido traído; se um romano deixasse de denunciar um crime de adultério, seria acusado como proxeneta ou cáften.

Dado o extremo sigilo com que era preciso conduzir esses assuntos, as leis do adultério deviam ser igualmente difíceis de aplicar. Em séculos posteriores e mais indulgentes, quando o tom era dado por imperadores e imperatrizes sexualmente questionáveis, as atitudes se abrandaram. A infidelidade, em alguns casos — pelo menos nas altas rodas dos patrícios —, tornou-se divertida, objeto de murais picantes, poesia lasciva e piadas nas peças teatrais.

DIVÓRCIO: Nada de culpas, honorários nem advogados!

Enquanto o casamento podia ser um desafio naqueles séculos distantes, o divórcio, em comparação, era um passeio. É comum os processos de divórcio atuais se assemelharem a uma arena em que o sangue é derramado e os combatentes saem feridos; em contraste, os romanos restringiam quase todo o seu derramamento de sangue ao anfiteatro gladiatório.

Os romanos tendiam a ser meticulosos e legalistas em muitas questões, mas tratavam o divórcio de maneira displicente, quase informal. Embora os homens — e um punhado reduzido de mulheres — fizessem estudos de direito, não havia advogados (especializados em divórcio ou noutras áreas) trabalhando sob contrato, do modo como pensamos neles. Terapeutas de casal e orientadores familiares? Neca.

Embora as fontes discordem quanto ao ano, o primeiro divórcio registrado na história romana ocorreu, provavelmente, em torno do ano de 230 A.C., quando um certo Spurius Carvilius se divorciou da mulher. Qual a razão dada? Ela não podia ter filhos. A infertilidade (se bem que talvez fosse o velho o estéril) era a única razão legal de divórcio indicada nas Doze Tábuas, o mais antigo código de leis escrito em Roma. As tábuas originais, destruídas pela invasão dos bárbaros e por seu incêndio de Roma em 390 A.C., sobreviveram apenas de forma incompleta e truncada.

Com o tempo, outras três "faltas conjugais graves", além da infertilidade, tornaram-se justificativas para que homens romanos se divorciassem de suas mulheres: adultério, consumo de vinho e, como a mais hedionda de todas, fazer cópias das chaves de casa.

Tempos depois, as mulheres também passaram a pedir divórcio.

A "cerimônia" em si era informal. Depois que o casal declarava diante de testemunhas a sua intenção de viver separado, estava divorciado. Em alguns casos, quando a iniciativa do divórcio era do marido, ele simplesmente tirava da mulher as chaves de casa e a punha na rua.

E qual era o aspecto mais estapafúrdio do divórcio romano? A menos que a mulher conseguisse provar que o marido não valia nada, em geral era ele quem ficava com os filhos.

A partir do século II A.C., maridos e mulheres passaram a manter seus bens separados durante o casamento, de modo que "comunhão de bens" se tornou um oximoro. Além de seu dote, a mulher de posses ou herdeira podia possuir imóveis de aluguel ou uma empresa; em geral, porém, não exercia um papel direto em seus investimentos ou transações comerciais. Quem o fazia era seu guardião masculino (pai, irmão, marido ou outro parente varão trabalhando na sombra).

A mulher e seu dote (exceto em caso de adultério) voltavam para a casa do pai, que, como *pater potestas*, o papai todo-poderoso, tinha a obrigação de lhe arranjar outro marido. Quando se tratava de segundas núpcias, entretanto, a mão dominadora do papai não era a última palavra — a da mulher, sim.

Quanto aos gregos, a separação era uma situação muito mais provável que o divórcio, especialmente quando a causa parecia ser a infertilidade. Nas causas que envolviam maus-tratos, a mulher tinha alguma proteção jurídica — mas, nos casamentos de alto padrão, cuidado! (Ver no verbete sobre Alcibíades uma tentativa malfadada de divórcio.)

Quando uma grega cometia adultério e era descoberta, e quando, nessa descoberta, o marido não a matava nem a seu amante, no chamado homicídio justificável, a lei ateniense proibia o casal de continuar a coabitar. No fundo, portanto, o casal já estava divorciado. E quando o marido grego cometia adultério? Não vinha ao caso, é claro.

TRAVESTISMO: Tudo começou com as sandálias de Calígula

Sério estudioso da torpeza moral, o adolescente Calígula examinou os excessos sexuais na ilha de Capri, sob a orientação de seu tio Tibério, então imperador romano. O rapaz era *voyeur* e alvo da engenhosa depravação do tio. Quando Calígula descobriu que se excitava sexualmente com a crueldade e a tortura infligidas a outras pessoas, experimentou todas as perversões que pôde imaginar.

Durante esses anos formativos da adolescência, era comum Calígula se travestir, dando preferência a perucas louras e túnicas longas. Adorava roupas, especialmente os trajes caros e colantes usados pelas mulheres, feitos de seda da ilha de Kós. Filho de militar, tendo se mudado com frequência com a família, Calígula pegou desde cedo a mania das vestimentas. Quando era pequeno e morava nos acampamentos militares do pai, Germânico, sua mãe o vestia em trajes de soldado, o que incluía um par em tamanho infantil do calçado clássico dos legionários: sandálias com a sola guarnecida de tachões, chamadas *caligae*. Em pouco tempo, os soldados mais que entediados apelidaram o menino de Calígula, que significava "botinhas", ou (para sermos mais exatos) "sandalinhas tacheadas".

Com o passar do tempo, Calígula conseguiu abusar sexualmente de suas três irmãs e de um bom número de outras vítimas inocentes. Quando se tornou imperador, em 37 D.C., seu grande forte era suplantar rivais, não rivais e qualquer um que aparecesse em sua presença.

Com Calígula, o prazer sexual estava inextricavelmente ligado ao castigo — quanto mais cruel, melhor.

Atormentado por uma doença mental que ia de delirante a maníaca, era frequente o imperador não dormir à noite. Também era comum fazer apresentações dramáticas e musicais extemporâneas nessas horas de insônia, ordenando que seus principais assessores e os membros da família constituíssem sua plateia adoradora. As testemunhas que conseguiam sobreviver aos assassinatos e mutilações aleatórios que Calígula distribuía diariamente, como rotina, sem dúvida lembravam-se dos admiráveis trajes femininos que o imperador usava nessas noites memoráveis.

Nero, que, quando pequeno, passara algum tempo sob os ternos cuidados de Calígula, impressionava-se muito com o estilo do tio. De fato, quando se tornou imperador, mais de vinte anos depois, imitou o senso de elegância de Calígula, amiúde também se vestindo de mulher. Seu traje predileto para jantar se chamava *síntese* — a túnica florida que os homens só usavam nas festas saturnais, no mês de dezembro. Afora isso, a síntese era um traje feminino. Nero se esforçou muito para fazer dela uma nova tendência na moda romana, mas em vão, ao que parece.

Sádico dedicado e travesti ocasional, o imperador Calígula aterrorizou familiares, amigos e romanos durante todos os quatro anos de seu reinado.

No entanto, conforme iam e vinham os imperadores, havia entre eles ardorosos travestis, como Heliogábalo, cujas túnicas roxas e olhos pintados chamavam muita atenção. Figura ridícula e alvo da repulsa romana, esse jovem imperador tinha um desejo autêntico de ser mulher, não apenas de parecer uma dama. Como imperador, investigou seriamente com seus médicos a possibilidade de uma cirurgia de mudança de sexo. Homem muito à frente de sua época, pediu-lhes que criassem para ele um protótipo de vagina! — uma grande ousadia, dadas as habilidades cirúrgicas e a escassez de anestesia da época. Os médicos conseguiram recusar o pedido sem incorrerem na ira imperial.

Na Antiguidade, o travestismo ocorria por múltiplas razões — em muitos casos, não era uma afirmação do gênero. Por exemplo, vez por outra, as mulheres tinham fortes motivos para se vestirem de homens. O filósofo grego Platão, apesar de menosprezar a mente feminina como inferior, aceitou como alunas duas jovens, chamadas Axioteia de Fliunte e Lasteneia de Mantineia. Elas vestiam o mesmo que os estudantes do sexo masculino. Não temos maiores informações sobre as duas, que receberam uma menção de passagem nas *Vidas e doutrinas dos filósofos ilustres*, de Diógenes Laércio.

Outras mulheres, como Tecla, a ajudante decidida e assertiva de Paulo de Tarso durante duas perambulações por terra e mar em torno do mundo romano, adotavam roupas masculinas, por uma questão de segurança. Tecla foi a discípula mais incansável de Paulo durante anos.

Outras, ainda, vestiam trajes masculinos para poder participar de atividades declaradas tabus para as mulheres. Foi o caso de Ferenica de Rodes, a mãe que funcionou como treinadora de pugilato do filho nos Jogos Olímpicos de 388 A.C.

De safra ainda mais antiga, Hatchepsut, a rainha-faraó do Egito durante a XVIII dinastia, vestia ritualmente trajes masculinos com todas as insígnias reais, a fim de legitimar seu reinado, muito embora fosse pela linhagem feminina que os faraós se tornavam chefes de Estado.

Na Mesopotâmia do século VII, Assurbanípal, o governante assírio que ganhou fama por ter criado a primeira grande biblioteca mundial, parece ter sido, como Heliogábalo, um autêntico travesti, um homem com desejos de mudança de sexo. Embora casado com uma mulher temível, chamada Assur-sharrat, ele optou por usar trajes e adereços femininos. Usava também grande quantidade de cosméticos e imitava a voz feminina ao falar. Tudo isso irritava imensamente outros homens assírios, inclusive um de seus generais, que por acaso entrou num aposento em que Assurbanípal estava pintando as sobrancelhas. Desembainhando a adaga, o general transpassou seu comandante ali mesmo.

A VIDA SEXUAL DOS GLADIADORES: Até o imperador Cômodo se deu bem

Embora, oficialmente, os gladiadores fossem a escória da terra, era comum terem fãs dispostas a desmaiar em cima deles. Ou embaixo. E não se tratava apenas de profissionais suspeitas ou de garotas plebeias, mas de mulheres de elevada posição social. Algumas rondavam os quartéis em que se alojavam os gladiadores; outras até se faziam passar por lésbicas, exercitando-se com as espadas de madeira que os lutadores usavam para treinar.

Outras fanzocas expressavam seus sentimentos em bilhetes despudorados, afixados em muros, nos banhos públicos e noutros locais. Em Pompeia, Cápua e Óstia foram encontrados grafites como estes: "Celadon, o trácio, três vezes vencedor e três vezes coroado, faz as garotas suspirarem", e "O trácio faz pulsar o coração de todas as mulheres".

Para se aproximarem mais do material, às vezes as matronas das faixas de renda mais altas contratavam gladiadores em horário de folga como guarda-costas. Como observou com uma piscadela Philip Matyszak, autor de *The Gladiator Manual* [O manual do gladiador], "muitas senhoras ricas, das que contratam gladiadores como guarda-costas por uma noite, fazem isso na expectativa de que seu corpo seja realmente guardado muito de perto".

Os gladiadores foram usados pela primeira vez como guerreiros, no período etrusco, nos jogos fúnebres dos figurões. Vieram a formar uma categoria profissional nos séculos seguintes e, no século III D.C., havia mais de 230 arenas gladiatórias permanentes no Império Romano, desde a Britânia e a Espanha até a Albânia e a Tunísia. Como pugilistas campeões, os gladiadores não lutavam com muita frequência, o que mantinha elevado o nível de empolgação dos fãs, bem como o preço dos ingressos.

Por outro lado, os patrícios que patrocinavam os jogos travavam uma competição insana, cada qual tentando suplantar o outro em termos de pompa e dinheiro gastos nos espetáculos. O imperador Marco Aurélio não era um dos fãs, pessoalmente, e criou uma legislação para restringir o valor que qualquer um poderia gastar nos jogos. Filósofo e escritor nas horas vagas, Marco Aurélio foi um dos imperadores mais dignos e esforçados a usar o diadema.

Amava sua esposa, Faustina, talvez em demasia. Num período de vinte e três anos, ela deu à luz catorze filhos, inclusive os gêmeos Antonino e Cômodo, em 161 D.C.

De acordo com os relatos dos historiadores Herodiano e Dião Cássio, Faustina talvez não retribuísse na mesma medida a devoção de Marco Aurélio. Ao assistir a um desfile de gladiadores, foi atingida por uma flecha de Cupido e se apaixonou ardentemente por um daqueles lutadores musculosos. Esse amor impróprio a corroeu até ela adoecer. Por fim, a imperatriz confessou seus sentimentos a Marco Aurélio; sereno e reflexivo, ele se absteve de estrangulá-la e, em vez disso, consultou adivinhos caldeus em busca de orientação. Eles sugeriram que o imperador deixasse a mulher ter relações sexuais com o gladiador em questão, que deveria ser morto enquanto ainda estivesse em cima dela. Feito isto, Faustina deveria se banhar imediatamente no sangue do lutador, arrumar-se um pouco e ter relações com o marido. Supostamente, ela e Marco Aurélio seguiram esse conselho, e o ato parece haver esfriado a paixão dela — ou assim diz a história.

A coletânea *Scriptores Historiae Augustae*, considerada uma fonte pouco fidedigna pelos historiadores modernos, também afirma que Faustina teve amantes gladiadores com regularidade e que seu filho Cômodo foi resultado do seu adultério.

Segundo algumas fontes, a imperatriz Faustina se sentiu ardentemente atraída por um gladiador. Em vez de cometer homicídio, seu compreensivo marido a manteve ocupada, gerando catorze filhos imperiais.

Esse menino, único sobrevivente dos catorze filhos que ela deu à luz, cresceu e se tornou um monstro. Sagrou-se imperador em 180 D.C. e, durante doze anos, efetivamente superou Nero e Calígula em termos de conduta vergonhosa, crueldade e pura esquisitice — até pelos padrões imperiais romanos.

Embora, durante seu reinado, o exército romano tenha travado e vencido combates em toda parte, Cômodo nunca esteve presente num campo de batalha. Em vez disso, figurava como astro principal nos suntuosos desfiles triunfais realizados depois de cada vitória. Descartando a dignidade imperial e a sobriedade romana como coisas do passado, Cômodo animava as cerimônias levando consigo, no carro do desfile, seu garotão mais recente e, de vez em quando, cobrindo-o de beijos ardentes.

A desgraça, entretanto, perseguiu o imperador Marco Aurélio. Seu único filho sobrevivente com a imperatriz Faustina foi Cômodo, um dos mais famigerados governantes de Roma — e gladiador autoproclamado.

No plano sexual, porém, era mais comum o imperador ser *voyeur* do que parceiro ativo; ele mantinha "haréns" de mancebos e donzelas núbeis e gostava de ver até seiscentos corpos copularem simultaneamente. Tinha também fascinação por deformidades e órgãos genitais de proporções exageradas. Um de seus favoritos era um homem que ele chamava de "Asno", cujo pênis se assemelhava muito ao desses animais da família equina.

O público romano, meio indiferente após quase duzentos anos de escandalosas extravagâncias imperiais, ficou perplexo quando Cômodo anunciou que ia seguir suas duas vocações verdadeiras: tornar-se o novo Hércules e também gladiador.

Para ganhar tempo na realização de suas paixões, Cômodo desmanchou o círculo de conselheiros sensatos que o pai lhe havia deixado e, para conduzir o governo, designou um lacaio chamado Perênio. A prioridade máxima de Cômodo era se concentrar em se parecer com seu ídolo, Hércules. Aos dezenove anos, quando iniciou seu reinado, ele já tinha o corpo musculoso e uma farta cabeleira loura encaracolada. Não demorou para que sua barba crescesse e ele vestisse um traje de gala herculano: um enfeite de cabelo feito com uma pele de leão e túnicas ostentosas em púrpura e dourado. E ele segurava um bastão. Um bastão grande.

Por causa de sua política de não intervenção no tocante ao governo efetivo, Cômodo deparava regularmente com complôs e conspirações, os quais conseguia eliminar trucidando seus inimigos reais e imaginários. Com o passar dos anos, ele se tornou ainda mais paranoico, não confiando em ninguém e odiando quase todo o mundo. Exceto os gladiadores, é claro.

Atleta natural, Cômodo tinha talento como espadachim e arqueiro. Depois de aprender com profissionais e treinar muito em sua grande arena particular (no ano 2000, arqueólogos que escavaram sua residência em Roma encontraram vestígios dela), declarou-se pronto para o grande momento. Nos dois anos seguintes, apareceu em público algumas vezes. Lutou diante de multidões compradas, é claro. Ninguém tinha lembrança de ver um imperador se apresentar na arena, embora todos conhecessem imperadores que haviam *condenado* pessoas à arena.

A triste verdade é que o imperador Cômodo trapaceava. Apesar de ser um excelente atirador no lançamento do dardo e com as flechas, raras vezes entrou na competição para valer, na arena de verdade. Em vez disso, mandou construir um terraço que circundava o anfiteatro e onde ele se posicionava para atirar.

Mesmo assim, se você estivesse entre os romanos médios, a princípio talvez fosse muito empolgante vê-lo acabar com uma centena de ursos e uma centena de leões, sucessivamente, além de bandos de outros animais, de touros a avestruzes. Para facilitar ainda mais a tarefa do imperador, a arena era dividida em setores em que as várias espécies ficavam encurraladas.

Para variar um pouco a programação, Cômodo mandou misturar um bando de leopardos com um grupo de criminosos condenados. Quando um leopardo se movia, veloz como um raio, e agarrava um homem, já prestes a lhe arrancar o rosto, o imperador salvava a situação, atirando um dardo na cabeça do animal. Assim resgatado, o homem era então obrigado a morrer de alguma outra forma repugnante.

Em algumas ocasiões excepcionais, Cômodo aparecia na areia da arena, ousado e de peito nu, travando combate com um verdadeiro gladiador. Mas seus adversários não eram grande páreo para ele. É no que dá o sujeito saber que está sendo obrigado a lutar com o governante de todo o mundo conhecido. E o mesmo acontece quando lhe entregam uma espada de madeira. Em um dos casos, o "adversário" de Cômodo era um deficiente, "armado" com uma esponja!

O imperador romano Cômodo ainda teve tempo para escrever mais algumas listas de condenados à morte e renomear todos os meses do ano, de acordo com aspectos divinos dele mesmo, antes que a repulsa geral resultasse em seu assassinato, no dia 31 de dezembro de 192.

NOTAS DE TRADUÇÃO:

1. Mary Renault, *O garoto persa*, trad. Carlos Nayfeld, Rio de Janeiro: Artenova, 1974; também lançado no Brasil com o título *O menino persa*, sem indicação de tradutor, pela Ed. Siciliano, em 1993.
2. As observações da autora se referem à língua inglesa, naturalmente. Em português, das origens latinas de todos esses termos provieram diversos derivados.

PARTE V
Dias memoráveis & noites ardentes

HÍSPALA FECÊNIA: Uma desmancha-prazeres na orgia

Heroínas e vilões aparecem nos lugares mais estranhos. Veja esta história de duas mulheres de carne e osso, chamadas Híspala e Pacula.

Primeiro, alguns dados sobre os antecedentes. Na Trácia, uma região erma e pouco povoada ao norte de Atenas, as seguidoras de Dioniso, o deus do vinho, costumavam se reunir três vezes por ano. Seus ritos, chamados órgia, -íon (origem da nossa palavra *orgia*), eram secretos. E eram reuniões exclusivas de mulheres. Uma vez iniciadas, tanto as matronas quanto as jovens solteiras relaxavam, passando o dia e a noite juntas. Todas também adoravam o traje das mênades: grinalda de hera, túnica de pele de corça, cajado de funcho e, opcionalmente, uma ou duas cobras vivas.

Enquanto o sol estava no céu, as mulheres se limitavam a pequenas travessuras: grande consumo de bebidas, ingestão de alucinógenos e cantoria estridente. À medida que ia entardecendo, as mênades corriam descalças, carregando tochas, numa alegria frenética pelas encostas dos morros, vez por outra abatendo uma ou duas vítimas (em geral, mamíferos e, de vez em quando, um pobre primata superior) para servirem de *carpaccio*, como aperitivo. E assim se deu durante séculos.

E então, uma sacerdotisa palpiteira, chamada Pacula, então encarregada de dirigir as atividades dionisíacas, introduziu grandes mudanças. Primeiro choque: arrastou seus dois filhos varões adultos para a celebração. Depois, autoritária, decretou que elas deveriam permitir a participação de mais homens. Por fim, insistiu em que o grupo se reunisse mensalmente, por cinco noites consecutivas de "iniciação". Quando as participantes reclamaram, ela as silenciou com um grito: "O próprio deus Dioniso me disse para fazer assim!"

No século III A.C., o culto se popularizou, à medida que mais e mais iniciados masculinos se infiltraram na mistura. E se espalhou da sonolenta e bucólica Trácia para a Grécia e, mais tarde, a península itálica. Já então popularmente conhecidas como bacanálias, em homenagem a Baco, nome latino do deus do vinho, as festividades do culto tomaram de assalto os etruscos — sempre dispostos para festas que varassem a madrugada. Em seguida, captaram a imaginação dos romanos da cidade grande, que se regalavam na sequência exultante da vitória na guerra contra Aníbal e os cartagineses. Em 186 A.C., as iniciações desenfreadas e as práticas orgiásticas haviam atingido um clima febril — o culto tinha mais de sete mil ávidos adeptos, somente na península itálica.

Vivia em Roma, nessa época, uma jovem cortesã de alta classe, chamada Híspala Fecênia — uma ex-escrava que ansiava por encontrar um homem decente, estabelecer-se e levar uma vida honrada. Sucede que ela se mudou para um bairro em que um sujeito bem-apessoado, de nome Públio Ebúcio, morava com a mãe e o padrasto. Veio a afinidade e voaram fagulhas.

Embora continuasse a receber alguns clientes, Híspala deu a seu novo amor o desconto da intimidade, "por conta da casa". Generosa, também contribuiu para ajudar Ebúcio em suas finanças, já que os pais o mantinham na rédea curta. Por fim, convencida de que seu relacionamento era sério de verdade, Fecênia redigiu seu testamento e designou o namorado como seu único herdeiro.

Entrementes, a trama se adensou, como sói acontecer com as tramas. Tito, o padrasto de Ebúcio, que controlava a herança recebida pelo rapaz de seu falecido pai, era um crápula. Havia pintado e bordado com o dinheiro. Com medo de ser apanhado, pressionou sua mulher para que ela fizesse o filho assumir algum tipo de compromisso. "Temos de mantê-lo de boca fechada", ameaçou.

Depois de alguma insistência, a mãe disse ao filho que, na última vez que ele estivera doente, sofrendo de hidropisia, ela havia prometido aos deuses que, se o rapaz se recuperasse, ela o iniciaria no culto de Baco.

Perplexo, Ebúcio concordou em cumprir a promessa, embora a preparação para essa cerimônia — um jejum de dez dias de castidade — lhe parecesse um horror. A essa altura, ele e Híspala não tinham segredos um para o outro. À noite, ele lhe disse que não iria vê-la nas duas semanas seguintes, por causa da promessa religiosa feita por sua mãe quando ele estivera doente.

Ao saber que se tratava das bacanálias, Híspala teve um chilique, xingando e se lamentando:

— Não vou deixá-lo fazer isso, de jeito nenhum! — gritou. — É uma abominação e vai destruir a sua vida. Eu sei, porque, quando era escrava, a minha ama me obrigou a participar daqueles ritos hediondos. Ah, o vinho, o banquete, a música alta, a devassidão... levei semanas para me recuperar.

Embora aquilo tivesse um ar muito suspeito de diversão para Ebúcio, ele jurou solenemente à namorada que enfrentaria os pais e apenas diria não. Ao falar com eles, os dois gritaram:

— As carícias daquela víbora o fizeram desrespeitar seus pais e os deuses!

E, com a ajuda de quatro escravos, jogaram Públio Ebúcio fora de casa.

Depois de muito se angustiarem, Híspala e Ebúcio, apavorados, levaram sua história a uma alta autoridade, o cônsul romano. Com relutância, Híspala concordou em fazer um depoimento completo, apontando nomes e revelando o que se passava nas orgias das bacanálias, mas insistiu em ser incluída num programa de proteção às testemunhas. Uma enxurrada de detalhes começou a vir à tona. As orgias se passavam na gruta de Stimula, e a programação incluía uma mescla de atividades homossexuais e heterossexuais, com ênfase especial na violação dos novos membros, todos os quais tinham que ter menos de vinte anos. Os iniciados que se recusavam a cooperar eram deflorados, assim mesmo, e depois torturados e/ou mortos.

Depois que desandou a falar, Híspala soltou tudo:

— Todos aqueles gritos que vocês ouvem, cinco noites por mês? Aquela música enlouquecidamente alta, com tambores e címbalos? São as bacanálias. Vocês podem pensar que é um concerto ao vivo, mas o barulho é para encobrir os sons do assassinato e do estupro — acrescentou a jovem informante.

Graças ao corajoso depoimento de Híspala e Ebúcio, todo o senado romano pôde julgar o processo contra o culto de Baco e aprovou um decreto para recompensar os dois. Os senadores concederam ao rapaz isenção do serviço militar e cem mil moedas. Híspala, a testemunha principal, recebeu a mesma quantia — e também a liberdade legal para se casar com qualquer homem de origem honrada. Ah, e proteção em todos os horários do relógio de sol, para guardar sua segurança.

As orgias entre os devotos do deus do vinho, Dioniso ou Baco, muitas vezes tinham ritos de iniciação violentos, e seus segredos sórdidos eram revelados apenas aos membros.

Será que os dois se casaram e viveram felizes para sempre? O historiador romano Lívio, aquele velho desmancha-prazeres, não disse, embora houvesse coberto a história com vívidos detalhes. Num pós-escrito, porém, ele assinalou que os devotos de Baco ficaram imediatamente restritos a realizar seus ritos sagrados em grupos não maiores que três mulheres e dois homens — o que tirou o entusiasmo das cerimônias de violação.

Àquela altura, a empolgação com as festanças de Baco foi esmorecendo rapidamente, visto que as autoridades haviam detido todo o mundo, desde os orgiastas das altas rodas até a arraia-miúda que integrava a "conspiração das bacanais", prendendo e/ou executando mais de cinco mil homens e mulheres.

Mesmo assim, como uma fênix ressurgindo das cinzas, as agitadas bacantes se reergueram. Séculos depois, durante o reinado do imperador Tito, na época da erupção do Vesúvio, em 79 D.C., já não era crime explorar os mistérios do culto dionisíaco. Na verdade, a residência mais impressionante encontrada em Pompeia, apelidada de Vila dos Mistérios, contém imensos murais em que devotos masculinos e femininos de Baco praticam seus ritos solenes (possivelmente delituosos).

O ESCÂNDALO SEXUAL DE ÍSIS: **Anúbis te ama, benzinho!**
Na Roma do século I A.C., o culto egípcio da deusa Ísis se enraizou depressa, especialmente entre as pessoas mais humildes e mulheres de todas as classes sociais. Deusa compassiva e amorosa da fertilidade e da maternidade, Ísis era comumente retratada amamentando seu filho pequeno, Hórus, numa composição que logo seria ecoada pelos cristãos e sua Virgem Maria com o menino Jesus.

Como outros cultos de mistérios, o de Ísis requeria iniciação e batismo e contava com uma equipe de sacerdotes profissionais. O templo de Ísis em Roma, construído em 43 A.C., ficava junto ao de Serápis, no Campo de Marte. Embora a deusa assumisse a forma humana, era frequentemente cultuada com outras divindades egípcias, inclusive Anúbis, o deus dos mortos, com sua cabeça de chacal.

Na Roma de 19 D.C. vivia uma ilustre seguidora de Ísis, chamada Paulina — uma matrona romana descrita como virtuosa, abastada e um deleite para os olhos segundo o historiador judaico-romano Josefo, que contou a história dela em seu livro *Antiguidades judaicas*.

Ao que parece, Paulina tinha um admirador indesejado, um romano chamado Décio Mundo, que a assediava incomodamente com inúmeros presentes, todos os quais ela recusava. Em seu desespero de amor por Paulina, o homem acabou por lhe oferecer 200 mil dracmas gregos, se ela dormisse com ele. (O historiador Josefo chamou essa oferta, discretamente, de pedido de "hospedagem por uma noite".)

Quando Paulina, indignada, rejeitou a oferta, Mundo entrou em parafuso. Sem ver amor em seu futuro, resolveu deixar-se morrer de fome. Ide, uma liberta que morava em sua casa, horrorizou-se. Propensa a maquinações e, possivelmente, tendo sua própria queda por Mundo, ofereceu-se para ajudar. Não tardou a convencer o doente de amor de que seria capaz de persuadir o alvo de sua obsessão a ir para a cama com ele. "É claro que vou precisar de dinheiro para fazer os arranjos", disse, e acrescentou: "Cinquenta mil dracmas devem dar."

Muito animado, Mundo recomeçou a fazer as refeições, enquanto Ide cuidava de sua trama perversa. Ciente de que Paulina não se deixaria levar por dinheiro, e sim por sua fé, Ide abordou uma dupla dos indivíduos mais suspeitos entre os sacerdotes de Ísis. Os três chegaram enfim a um acordo mutuamente conveniente. Os sacerdotes receberiam metade da grana, se ajudassem a montar uma armadilha que levasse a paroquiana apetitosa para Décio Mundo.

A deusa egípcia Ísis se tornou muito popular em Roma. Mãe amorosa, era comumente retratada com seu filho pequeno ou com um sistrum, um chocalho musical.

O mais velho desses sacerdotes de Ísis então solicitou uma audiência privada a Paulina e lhe disse:

— Fui enviado pelo deus Anúbis, que admira sua fé e se apaixonou pela senhora. Ele a convida a encontrá-lo para uma sessão particular de orações.

Paulina, cujo cociente de credulidade faria dela um alvo perfeito para os tele-evangelistas de hoje, caiu na cilada. Sorrindo de orgulho por ser considerada especial, contou ao marido que fora distinguida pelo deus Anúbis. Talvez ele possa ter se intrigado um pouco quando a esposa chegou à parte referente ao jantar no templo e à noite a ser passada com o deus de cabeça de chacal, mas tinha absoluta confiança nela.

Por conseguinte, Paulina vestiu seu melhor traje, "virtuoso, mas sensual", e partiu para o templo de Ísis. Durante o jantar, Anúbis permaneceu invisível e inaudível, o que a obrigou a conversar consigo mesma. Em seguida, ela foi conduzida a um aposento privado. Os sacerdotes se foram, diminuindo a luz e fechando as portas ao saírem.

Não demorou para "Anúbis" aparecer. Com grande animação, Mundo se acercou de Paulina e começou a fazer amor com ela, que pareceu igualmente empenhada. Nem sequer questionou a falta da cabeça de chacal no deus. Antes do alvorecer, ele saiu de fininho, e uma Paulina desalinhada, mas serena, dirigiu-se para casa.

Mal podia esperar para contar ao marido e às amigas sobre sua nova situação de intimidade com o deus. Todos ficaram perplexos, mas, conhecendo a pudicícia inata de Paulina, foram obrigados a acreditar em sua história. Durante três dias, ela ficou exultante com o que pensava ter sido sua aventura espiritual.

No quarto dia, Décio Mundo apareceu à sua porta:

— A senhora me fez economizar duzentos mil dracmas — disse-lhe. — Embora tenha rejeitado minhas dádivas de amor e me censurado, a senhora gostou muito de mim quando me dei o nome de Anúbis.

Paulina se sentiu arrasada. E furiosa. Em prantos e rasgando as roupas, na mesma hora ficou histérica com o truque sujo de que fora vítima.

— Foi horrível! — soluçou, dirigindo-se ao marido. — Ele me agrediu repetidas vezes! Quero que leves às mais altas esferas o engodo cruel que me foi imposto! Ao imperador Tibério, na verdade!

O marido extremoso aceitou a palavra de Paulina e chateou repetidamente o imperador, pedindo-lhe que investigasse o assunto. Para espanto de todos, Tibério assim fez. E o resultado? Os sacerdotes acusados e Ide, a facilitadorazinha perversa, foram crucificados, e um

O deus egípcio Anúbis acompanhava com frequência a deusa Ísis. Anúbis tinha corpo de homem e a cabeça escura do chacal.

grande número de devotos de Ísis foi deportado para a ilha insalubre da Sardenha. Tibério também ordenou que o templo de Ísis fosse inteiramente demolido e que a estátua da deusa, atirada no rio Tibre.

Mas, e quanto a Décio Mundo, o adúltero secreto cuja arguta encenação de Anúbis obviamente acertou na mosca? Tibério apenas o baniu de Roma. Como explicou o imperador, o crime cometido por Mundo fora praticado por paixão.

RAPTO, SEDUÇÃO, ESTUPRO: Parceiros a contragosto

O nosso termo "*rape*" [forma inglesa de "estupro"] parece provir do latim *raptus*, mas, em tempos remotos, a palavra significava sequestro, abdução ou até fuga. A mitologia greco-romana é repleta de episódios de *raptus*, a começar pelos praticados pelo rei dos deuses, eternamente excitado — Zeus, também conhecido como Júpiter. Além disso, as lendas sobre os primórdios da história romana, como a do rapto das Sabinas, em geral significavam a dominação forçada de um grupo cultural por outro, através do casamento intergrupal em massa. (Noutros pontos deste livro, verifique os verbetes sobre as amazonas e sobre o casamento, para obter outras visões do rapto.)

Em certas ocasiões, o ataque a uma mulher, a violação de sua integridade sexual, tornava-se um catalisador simbólico da mudança social ou política. Quer um exemplo clássico? A história frequentemente narrada da heroica Lucrécia. Ela e o marido viviam em Roma, na época uma cidadezinha governada por um rei e cheia de recém-chegados romanos que batalhavam para eliminar os habitantes etruscos originais.

Mulher de Lúcio Tarquínio Colatino, Lucrécia era um modelo de esposa e mãe. Uma tarde, o marido dela e seus amigos, inclusive um etrusco de nome Sexto, filho do último rei de Roma, faziam uma refeição juntos (sem esposas convidadas, é claro). Começaram a se vangloriar, em termos de "Minha espada é maior que a sua!" "Bem, a minha é mais afiada que a sua!" etc. Quando essa discussão se tornou cansativa, puseram-se a se gabar da virtude de suas esposas, e Lúcio sustentou que nenhuma seria comparável a sua mulher.

Antes que a discussão se tornasse física, os homens concordaram em ir juntos, sem aviso prévio, verificar o que suas esposas estavam fazendo. E lá se foram a galope, fazendo a ronda. Em todas as casas encontraram as mulheres batendo papo, quem sabe bebericando um vinhozinho, enquanto os maridos estavam fora.

Acabaram na casa de Lúcio, onde encontraram Lucrécia dedicada a fiar lã, enquanto dava ordens a seus escravos domésticos. Por aclamação, ela foi declarada vencedora do concurso de matronas virtuosas. Lúcio ficou radiante.

Sem que ninguém soubesse, a visão provocante de Lucrécia acariciando o fuso deixou um dos homens extremamente excitado: o canalha chamado Sexto. Dias depois, quando sabia que o marido de Lucrécia estaria fora de casa, a serviço, ele foi até lá. Passou-lhe uma cantada e, quando ela o rechaçou, atacou-a sexualmente.

— Se você contar a alguém quem fez isto — avisou —, eu a mato na sua cama e ponho o corpo nu de um escravo morto a seu lado.

Essa ameaça e o estupro que acabara de sofrer deixaram Lucrécia em choque. Depois que Sexto se retirou, ela tomou uma decisão rápida. Pedindo uma reunião urgente da família, convocou o marido, o pai e o tio.

— Tenho uma notícia boa e uma ruim — disse. — Meu coração continua puro, mas meu corpo foi violado por aquele canalha do Sexto. Quero que todos vocês jurem que me vingarão!

Dito isso, sacou de um punhal, cravou-o com precisão no coração e morreu.

Eletrizados pela agressão a Lucrécia e pelos atos dela, o marido e o tio organizaram prontamente uma revolta, capturaram o canalha do Sexto, derrubaram o rei e fundaram a república romana, em 509 A.C.

Somente em 184 A.C., entretanto, os romanos reconheceram oficialmente o estupro como crime sexual, dando-lhe o nome de *raptus ad stuprum*. Romanos e gregos criaram leis contra o estupro e outras agressões, mas os atos sobre os quais legislaram abrangiam um conjunto estreito de situações. A falta de consentimento da vítima era secundária. Estupro podia significar, em diferentes momentos, sexo por meio de sedução, coação ou ameaças, ou por meio da violência física.

Tornava-se um crime punível com a pena de morte quando a vítima era um cidadão de posição elevada, uma virgem ou uma criança nascida livre. Os predadores sexuais de crianças recebiam a pena de morte, e o estupro de meninos era considerado especialmente hediondo. Por outro lado, a agressão sexual ou até o estupro coletivo não eram crimes, caso a vítima fosse prostituta ou prostituto, gladiador, artista, ator ou qualquer pessoa que exercesse uma atividade definida como "infame" pelos romanos.

O estupro de Lucrécia e seu método suicida de incitar os homens da família a vingarem sua honra era uma das histórias favoritas das casas romanas.

A agressão sexual contra escravos era crime — mas por danos à propriedade, não por danos à pessoa. E, acredite ou não, a parte lesada era o dono do(a) escravo(a), que podia processar o estuprador!

Talvez os homens e mulheres do mundo greco-romano se preocupassem mais com a possibilidade da agressão sexual em tempos de guerra. O estupro em massa era uma prática regular quando forças inimigas saqueavam uma cidade rebelada, ou invadiam uma nação insular. Igualmente terrível era o tratamento dado aos prisioneiros de guerra: a violência sexual praticada contra eles não era considerada crime.

Examinando-os em termos modernos, poderíamos até concluir que não apenas o estupro, mas grande percentagem das atividades sexuais, durante o milênio greco-romano, era não consensual. Os senhores usavam e abusavam dos escravos de ambos os sexos, conforme seus caprichos; as esposas (e os filhos, às vezes), sofriam usos e abusos dos maridos ou pais, quando estes bem entendiam. Estes são lembretes inquietantes do quanto nos distanciamos daqueles tempos, nos quais os indivíduos — mais especialmente as mulheres, os escravos e as pessoas consideradas de *status* inferior — podiam ser sexualmente agredidos, amiúde com impunidade.

A JÚLIA IMPERIAL: "Bebê a bordo" era o seu sinal de que a barra estava limpa

O imperador Otávio Augusto fez umas boas estrepolias sexuais dissimuladas nos anos da juventude; durante suas cinco décadas de casamento com Lívia, a de olhos de lince, conseguiu até uma ou outra indulgência com uma concubina.

Ao envelhecer, entretanto, Augusto passou a se ofender com a tibieza moral dos patrícios romanos e com sua recusa crescente a gerar uma prole abundante, dentro dos laços do matrimônio. Com o conveniente lapso de memória que é comum aos humanos, ele se refestelou nas lembranças dos "bons tempos de outrora" e do que via como os padrões éticos e a fidelidade conjugal daquela época.

E qual foi um de seus lapsos mais convenientes? Sua própria prole, que consistia numa única filha, Júlia, gerada com sua primeira mulher, Semprônia. Otávio e Lívia não tiveram filhos. Júlia, que era gentil, maternal, bem educada e muito mais sagaz do que o pai, também tinha o forte ímpeto sexual dele. Mas não tinha um modo de sublimá-lo, como Augusto, com as prerrogativas do poder.

Apesar de voluntariosa, ela se casou obedientemente com Marcelo, seu primo em primeiro grau, apenas para perdê-lo para a morte em dois anos. Viúva aos dezoito, casou-se em segundas núpcias, a pedido do pai, com o braço direito dele, o general Marcos Agripa, de quarenta e dois anos. No clássico estilo romano da "dança das cadeiras", Agripa, por sua vez, teve que abandonar sua esposa de então.

Quando não estava viajando com Agripa, seu marido, nas diversas missões que ele cumpria fora da península itálica, nem recebendo convidados na gloriosa residência do casal, perto de Pompeia, Júlia tinha filhos, e foram cinco em nove anos: três meninos e duas meninas, todos os quais sobreviveram à infância.

Júlia era perita em multitarefas. Enquanto ainda casada com Agripa, começou a receber uma sucessão de patrícios jovens e espirituosos, mais adequados a sua personalidade vibrante e a suas necessidades sexuais. Quando uma amiga lhe perguntou como conseguia evitar os riscos e produzir filhos que eram todos parecidos com o marido, ela brincou:

— Os passageiros nunca podem subir a bordo enquanto o porão do navio não está cheio.

No entanto, Júlia e o pai estavam numa rota de colisão. Em 18 A.C., animadíssimo com seu projeto legislativo de corrigir os hábitos conjugais e procriativos relapsos da classe alta, Augusto introduziu um conjunto complexo de novas leis — umas de incentivo, outras bastante punitivas. Denominado (ironicamente, como se revelou) *Lexes Iuliae*, em homenagem a seu próprio exemplo de boa conduta — sua filha Júlia —, o código oferecia incentivos fiscais às pessoas da classe senatorial que se casassem e tratassem de procriar.

Os homens e mulheres entre vinte e sessenta anos que permanecessem solteiros e sem filhos abririam mão de seus direitos de herança. Outras leis augustanas puniram o adultério como um delito penal. Também permitiram que o pai matasse as filhas casadas que tivessem aventuras fora do casamento.

Por outro lado, as mulheres libertas que dessem à luz três filhos saudáveis ganhariam uma bonificação: "três filhos e você fica livre da escravidão a guardiães masculinos!"

Em 12 A.C., morreu Agripa, o marido de Júlia, que foi prontamente empurrada para o casamento com Tibério, de trinta anos, filho taciturno de um casamento anterior de Lívia. (Mais uma vez, na roda de divórcios dos patrícios, Tibério foi obrigado a se divorciar de Vipsânia, a mulher a quem realmente adorava, à sua maneira macambúzia, para desposar a já mal-afamada Júlia.)

O seu casamento de fachada não tardou a desmoronar. Cinco anos depois das núpcias, Tibério anunciou que ia "recolher-se" à ilha de Rodes — sem Júlia —, supostamente se afastando para permitir aos filhos varões de Júlia com Agripa a assunção de cargos públicos. Augusto se irritou enormemente com essa atitude, que viu como uma deserção. Os "valores perfeitos" da família imperial estavam sendo achincalhados pela hipocrisia dos acontecimentos da vida real.

Quando o imperador soube do simples número de vezes em que sua própria filha havia infringido suas novas leis da moral, ficou louco de raiva. No ano 2 A.C., na esteira de uma pomposa comemoração, em toda a cidade, pelos vinte e cinco anos do imperador como o "homem número um de Roma", Augusto anunciou em tom severo ao senado romano que estava deserdando sua filha traiçoeira, por ela haver cometido adultério com uma longa lista de homens. As afirmações mais picantes feitas pelos senadores alegaram que ela chegara até a manter relações sexuais na Rostra, a plataforma do fórum em que, originalmente, seu pai havia proclamado as novas leis sobre a reforma conjugal.

Uma vez que havia criado as novas regras, Augusto tinha de cumpri-las: também anunciou que Júlia seria exilada na ilhota de Pandateria, onde ficaria proibida de beber vinho e de receber visitas masculinas.

Otávio Augusto, o primeiro imperador de Roma, ditava as regras conjugais de seus familiares. Sua única filha, Júlia, casou-se obedientemente com uma série de homens escolhidos pelo papai, entre eles Marcos Agripa, o braço direito de Otávio.

Passados alguns anos, Augusto permitiu que Júlia trocasse de local de exílio, banindo-a então para a cidade de Regium, na ponta da bota italiana. Nunca mais falou com ela. Júlia foi deserdada e proibida de ser sepultada no mausoléu da família. Quando Tibério, sempre dado a guardar rancor, tornou-se imperador, no ano de 14 D.C., por ocasião da morte de Augusto, continuou a punir Júlia, cortando toda a ajuda financeira que lhe era concedida. Ela morreu de desnutrição no mesmo ano.

Nos últimos anos, os historiadores clássicos que estudaram o assunto estavam convictos de que havia mais do que extravagâncias sexuais no exílio de Júlia. Segundo sua teoria, as acusações de adultério contra ela encobriram uma questão mais grave: um complô político, possivelmente um golpe de Estado contra seu pai. Vários dos homens denunciados (e exilados) como seus parceiros de adultério vinham de famílias de posição elevada. Um deles, filho de Marco Antônio, o maior inimigo do jovem Otávio, fora executado.

CATULO, O POETA: O amor infausto era uma paixão para o poeta proibido

Caio Valério Catulo vinha de uma família abastada de Verona, na península itálica, e era dono de sua própria vila, perto da sofisticada Tívoli, mas se instalou ainda jovem numa vida decadente em Roma. Poeta em formação, vagabundeava com outros escribas sujos de tinta e com alguns marginais, no esforço de integrar em sua obra o clima desregrado da malandragem de rua.

Conseguiu. Seu livrinho, preservado numa antologia de 116 *carmina*, ainda está por aí, cativando novas gerações de jovens universitários com seus versos sensuais. O incrível é como a pornografia lasciva soa mais elevada em latim. A leitura de Catulo amplia o vocabulário do leitor, sendo especialmente útil para conjugar formas verbais difíceis para atividades inomináveis. E o bônus consiste em que a pornografia em latim permite ao leitor se sentir estudioso, até virtuoso, por lê-la numa língua morta.

Catulo retirou grande parte de sua matéria-prima (em estado realmente bruto) do seu torturante romance com Clódia Pulcra, provavelmente iniciado quando ela ainda era mulher de Quinto Metelo Célere. Clódia tinha uns trinta e cinco anos, Catulo uns vinte e cinco, talvez. Ele a chamava de Lésbia em seus poemas.

Ela era inteligente e rebelde, uma mulher sem pudor, que gostava de misturar as coisas em termos políticos, sociais e eróticos, de preferência ao mesmo tempo. Espírito muito livre — o que era parte dos seus atrativos —, recusava-se a ficar restrita a um só marido, um só amante, ou até à sua própria classe social. Escandalizava Roma com insistência, optando abertamente pela intimidade com seu irmão, em certas ocasiões. Quinto, seu marido, também não era do tipo tolerante: os dois tinham brigas sórdidas em público, aos gritos. Clódia abusava do vinho e se viciou no jogo para aliviar as mágoas. Em suma, uma figurinha de encomenda.

Embora Catulo nutrisse por ela uma paixão desenfreada, talvez a amada não tivesse sentimentos tão profundos. Em certas ocasiões, preferia ser a musa dele, ou sua parceira em disputas intelectuais.

Em 59 A.C., o marido dela morreu, em circunstâncias descritas como estranhas. Houve rumores desagradáveis de que Clódia o teria envenenado, mas nunca houve acusação formal contra ela. Ao enviuvar, ela promoveu Catulo a amante em tempo integral. Mas a alegria dele desapareceu rapidamente. Clódia o fez cortar um dobrado, por transar ao mesmo tempo com o melhor amigo do rapaz, Marco Célio Rufo. Fidelidade? É claro que não lhe convinha. E Clódia também não era avessa a se dar com homens de nível inferior. Corria o boato de que até escravos a haviam conhecido na intimidade.

Catulo canalizou sua tristeza com essa mulher infiel para sua poesia. Seu verso 70, por exemplo, declara: "Diz a mulher que amo que a mim não preferiria ninguém para desposar, nem se a cortejasse o próprio Júpiter. Ela o diz; mas o que diz a mulher a seu ardoroso amante deve escrever-se com vento e água corrente."

Deixando de lado o amor desditoso, resta o fato agridoce de que o próprio Catulo tinha outros amantes, inclusive um mancebo de tenra idade, chamado Juvêncio, para quem ele também escreveu poemas passionais e angustiados: "Um beijo mais doce que a melíflua ambrosia, meigo Juvêncio, roubei de ti quando brincavas." Hoje em dia, o provável é que ele fosse processado por abuso sexual de menores.

Além de seus poemas curtos, Catulo escreveu uma longa e amorosa epopeia para Mânio, seu irmão falecido, e alguns versos tradicionais de cerimônias de casamento, os *hymenaios*. Noutro poema, insultou Júlio César — e teve de se desculpar. Era admirador de Safo, que em sua época estava imensamente fora de moda. Em três poemas, ele a imitou, talvez numa tradução direta de obras dela (hoje perdidas). Num poema a sua Lésbia, ele tentou reescrever em latim um dos mais famosos poemas gregos de Safo. E nisso, talvez tenha se sagrado vencedor.

Mas persiste o desagradável fato de que Catulo lamentava sua perda amorosa como um roubo, como se algo valioso lhe tivesse sido furtado. Suas invectivas ou seus versos sexuais eram extremamente brutos. Tal como o deus Príapo, cujo falo gigantesco guardava as terras e jardins de Roma, ele ameaçava os ladrões do amor de estupro, ou coisa pior. Sua opinião taciturna sobre as mulheres, inclusive Lésbia, oscilava entre dois extremos: criatura amada ou puta imunda.

Como convinha a um poeta do que era então a escola moderna, Catulo morreu tragicamente jovem, por volta dos trinta anos.

CLÓDIO PULCRO: O adorável e indescritível patife de Roma

Oficial amotinado do exército, vira-casacas na política, chefe de quadrilha, travesti, refém de piratas e entusiástico aficionado do incesto: Públio Clódio Pulcro juntou tudo isso e muito mais em seus quarenta e um anos de vida. E o público romano adorava esse mau caráter.

De uma das mais antigas e aristocráticas famílias de Roma, os Claudii, ele, a mãe e as três irmãs (todas chamadas Clódia) ficaram praticamente na miséria com a morte do pai.

Quando se agravou a terceira Guerra Mitridática, na Ásia Menor, o jovem de vinte e cinco anos se alistou nas forças armadas, tornando-se oficial subalterno sob as ordens de seu cunhado, o general Lúculo. Meteu-se imediatamente numa enrascada, ao incitar os legionários ao motim. Expulso do exército, adulou outro cunhado para que ele o deixasse assumir o comando de sua frota naval.

Na viagem, Clódio foi capturado por piratas. Eles exigiram um resgate do governante de uma ilha próxima, e receberam dele uma soma irrisória. Isso os divertiu tanto que libertaram o sequestrado.

De volta a Roma, Clódio enfrentou uma acusação de traição no exército, movida por Lúculo. Para piorar ainda mais as coisas, também andara fazendo estrepolias com sua própria irmã caçula, a Clódia que era mulher de Lúculo. Quando este descobriu o adultério, divorciou-se dela à velocidade da luz.

Na expectativa de uma ameaça de morte a qualquer momento, Clódio se apressou a buscar proteção, casando-se com Fúlvia, uma integrante ferozmente ativa do influente clã dos Tuditani. O casal tratou prontamente de ter filhos. Em 62 A.C., entediado com a respeitabilidade, Clódio buscou diversões extracurriculares e esperou encontrá-las com Pompeia, esposa de Júlio César, na época.

As coisas pareceram se definir em dezembro, quando os ritos dos mistérios da deusa Bona Dea deveriam se realizar durante a noite, na casa de César. Deusa da castidade e da fertilidade, Bona Dea tinha ritos extremamente rigorosos. Não era permitida a participação de um único varão. Até os gatos machos e os meninos de colo eram retirados do recinto.

Clódio gostava de romances complicados e de um pouco de diversão com o travestismo, e essa se afigurou uma ocasião perfeita para experimentá-los. As mulheres da casa de César haviam acabado de sacrificar uma porca e estavam tomando coquetéis com as virgens vestais, que dirigiam as cerimônias, quando houve uma comoção. Uma criada atenta ouviu uma voz estranhamente grave sair de uma pessoa que usava roupas femininas — e Clódio, travestido, foi descoberto. A cerimônia de Bona Dea ficou destruída, cancelada em decorrência do sacrilégio masculino.

No tumulto que se seguiu, César se divorciou rapidamente de Pompeia, dizendo que "A esposa de César deve estar acima de qualquer suspeita". Tão logo Pompeia ficou livre das complicações conjugais, Clódio perdeu o interesse.

Achou melhor se esconder na casa de sua irmã do meio. O incesto fraterno era sumamente cômodo, sobretudo com a belíssima Clódia. Seu cunhado Lúculo ainda estava aborrecido por causa do incesto com a irmã caçula, outra Clódia, e tinha movido um processo contra Clódio por três acusações de imoralidade sexual.

No julgamento, as provas se acumularam solidamente contra o réu. Na última hora, porém, um amigo rico, Crasso, subornou todos os jurados e fez com que o inocentassem. Até Fúlvia, a mulher de Clódio, deu-lhe apoio.

Enquanto o patife se divertia com essas reviravoltas, lá veio Cícero, seu pior inimigo político. O homem não só era um alpinista social, como se tornara um vizinho intratável, por causa de um litígio envolvendo as terras. Como se isso não fosse arrogância suficiente, Cícero havia perseguido os conspiradores de Catilina que tinham tramado a derrubada do governo, e levara alguns deles a serem executados. E sem o devido procedimento judicial.

Bem, ele, Clódio, era agora um tribuno recém-eleito e líder do partido dos plebeus. E (com o apoio da força física de sua quadrilha pessoal de bandidos) não havia de suportar uma coisa dessas. Usou de imediato seus novos e reluzentes poderes legislativos para pressionar pela aprovação de uma lei que ordenava o exílio de quem executasse um cidadão romano sem julgamento — o que significava Cícero, seu inimigo jurado. Em 58 A.C., ele acenou um adeus sorridente para Cícero, que partiu para o exílio no norte da Grécia. Clódio e Fúlvia deram boas risadas com isso. Com a rapidez do raio, ele obteve a aprovação de outra lei, esta proibindo Cícero de chegar a uma distância inferior a quatrocentas milhas [640 km] da península itálica. Mais diversão!

Infelizmente, daí em diante, foi tudo ladeira abaixo para o mais popular dos políticos velhacos de Roma. Em dois anos, Clódio e sua gangue estavam batalhando com as quadrilhas rivais de outro violento aspirante político, chamado Milão.

Em dezembro de 53 A.C., esgotou-se a sequência de golpes de sorte de Clódio, que foi assassinado pelo bando de Milão. Mesmo depois da morte, ele teve fãs com uma devoção maníaca. Para chorar sua perda, a turba ergueu sua pira fúnebre dentro do senado romano, o qual incendiou completamente!

Se esta história de Clódio *et alia* parece um romance de faroeste, é apropriado que seja assim. Esse século da história romana foi atormentado pela ilegalidade, por guerras civis, pela transição de uma república nominal para uma monarquia de fato, e por longas disputas pelo poder entre homens como César, Pompeu, Marco Antônio, Otávio e muitos mais. O pitoresco Clódio, melhor amante que combatente, foi um mero coadjuvante no panorama geral.

MENSTRUAÇÃO: Flor, maldição e removedor de betume

Até os últimos séculos antes da era cristã, muitas culturas ao redor do Mediterrâneo usavam o ano lunar como o usa o corpo das mulheres, mais ou menos correlacionado com as fases da Lua. Os romanos tinham um nome especial para o cálculo do tempo: chamavam-no de mensuração, que significava "conhecimento das regras menstruais [*menses*] femininas".

É provável que as mulheres daquela época recebessem de bom grado a menstruação, pois ela significava que tinham conseguido atravessar outro mês sem engravidar. O parto, embora amiúde desejado, era uma atividade de alto risco e alto índice de mortalidade.

Os homens costumavam respeitar e, em muitos casos, temer a menstruação feminina. Do ponto de vista da mulher da Antiguidade, "a maldição"[1] também podia ser uma bênção. Podia representar um modo bem-vindo, salvador das aparências, de rechaçar investidas sexuais indesejadas de maridos e amantes. Se a mulher fosse escrava, menstruar seria especialmente útil para desestimular seu senhor.

Vez por outra, as mulheres ficavam sem seus períodos menstruais por outras razões que não a gravidez. Assim como, em alguns casos, as atletas que praticam esportes de resistência (e as anoréxicas) de hoje param de menstruar, o mesmo acontecia com as mulheres de outrora. Na época, entretanto, isso se devia sobretudo à falta de alimentos de alta qualidade, e não às dietas. O ciclo da fertilidade menstrual precisa de certo nível de gordura corporal para funcionar. As moças e mulheres de classe baixa, nas culturas que iam do Egito à Grécia, à Roma e à Assíria, tinham menos o que comer.

No Levítico, a Bíblia se refere ao sangue menstrual como a flor que surge antes do fruto do ventre, aludindo ao filho. No capítulo 31 do Gênesis, porém, Raquel consegue furtar as estatuetas dos deuses da casa de seu pai, colocá-las embaixo de uma sela de camelo, sentar-se sobre ela e dizer ao pai: "Estou me sentindo mal mesmo, são aqueles dias do mês." No Talmude, os homens eram alertados a não se aproximarem de mulheres menstruadas; se uma delas caminhasse entre dois varões, um deles morreria.

Os persas também faziam parte do clube do "evite-as como se fossem veneno". Suas mulheres recebiam ordens de não falar com os homens ou sequer se sentar na água durante a menstruação. Os gregos tinham uma fobia similar. Hesíodo, um poeta do século VI, avisava que os homens nunca deviam se banhar em água que as mulheres já tivessem usado, para prevenir o contato com qualquer gota de sangue, de algum modo. Os gregos evitavam inteiramente a discussão da mecânica dos ciclos mensais. A mais antiga referência conhecida ao ciclo menstrual ocorreu numa peça do irreverente Aristófanes, que chamou de "chiqueiro" o pano que as mulheres usavam como absorvente.

O enciclopedista romano Plínio, o Velho, produziu todo um rol de roupa suja dos mitos e tabus menstruais: as mulheres de toalhinha podiam fazer o vinho azedar, as facas perderem o gume e as abelhas se afastarem da colmeia. Aristóteles acrescentou: "Quando a mulher que está menstruando se olha num espelho, a superfície dele se torna escura como o sangue, como se fora uma nuvem." Outra sólida convicção da época: os romanos que quisessem morrer eram incentivados a manter relações sexuais com uma mulher menstruada durante um eclipse. A doença e a morte seriam uma consequência inevitável.

Mas havia um serviço inestimável que os eflúvios mensais das mulheres podiam prestar. No Mar Morto — que, no século I D.C., era conhecido como Lago de Asfalto —, grandes pedaços de um produto solidificado de petróleo, chamado betume, flutuavam rotineiramente na superfície. Essa substância alcatroada era usada para impermeabilizar madeira, calafetar barcos e até embalsamar corpos, mas extraí-la do lago era uma trabalheira.

Num de seus livros, o autor judaico-romano que conhecemos como Josefo revelou o segredo: "Depois que eles enchem os barcos de betume, não é tarefa simples soltar a carga, a qual, por seu caráter tenaz e viscoso, agarra-se ao barco — até ser solta pelas secreções mensais das mulheres, única substância a que ela cede."

Além dessa aplicação prática como removedor de betume, o fluxo menstrual tinha outra finalidade, de acordo com uma ideia amplamente difundida na época. Vez por outra, quando a menstruação cessava, o sangue parecia permanecer no ventre feminino e, em questão de meses, "coagular-se" num bebê!

AS LUPERCAIS: **Acerte uma chicotada em mim, lobinho!**

As lupercais, festas da purificação vindas do passado de Roma, eram perenemente populares entre as mulheres, desde as donzelas apetitosas, transbordando de hormônios, até as moças prontas para o casamento e as matronas ansiosas por engravidar.

Por quê? Porque as lupercais, que se realizavam no dia 15 de fevereiro desde quando só Vênus sabia, consistiam num purificar-se que não visava a abstinência sexual, mas a preparação para o sexo.

Nem os romanos concordavam quanto à divindade principal que era celebrada. Embora os candidatos a essa honraria incluíssem Luperco, Pã e Fauno, o principal concorrente parecia ser um deus do qual não ouvimos falar muito, mas que se encaixaria perfeitamente no século XXI. Seu nome? Ínuo, o deus do ato sexual.

Com a aproximação do 15 de fevereiro, o nível de estrogênio dava um salto em Roma. As mulheres levantavam cedo, para ocupar as melhores esquinas, de onde podiam devorar com os olhos os diversos rapazes espetaculares que corriam descalços pelas ruas, com o corpo reluzindo de óleo e pouca coisa mais. Ao contrário dos homens gregos, que se despiam em público pelo menor motivo, os varões romanos, especialmente os de posição elevada, costumavam guardar sua dignidade bem escondida.

As lupercais, que se iniciaram como uma festa de pastores, também homenageavam os lendários gêmeos Rômulo e Remo, que tinham sido pastores, bem como os primeiros reis da cidade. Nos primeiros cinco séculos dessa festa, somente os varões patrícios podiam participar do culto dos lupercos, palavra que talvez significasse *lobo*, ou, possivelmente, *bode*. (Nos tempos cristãos posteriores, o padrão de exigência baixou, permitindo a participação de rapazes de origem mais humilde, o que causou muitos risinhos desdenhosos e suspiros sobre "antigamente, nos bons tempos...")

Para esse evento, os rapazes se reuniam nos arredores de Roma, na gruta escura chamada Lupercal,[2] onde começavam por sacrificar um bode e um cão à divindade. Depois, dois garotos molhavam a testa com o sangue dos animais e o limpavam com leite e lã, o que era seguido por risadas obrigatórias. Cumprido o ritual, todos mergulhavam num banquete bem regado a vinho.

Em seguida, como se as coisas já não estivessem numa bagunça suficiente, os rapazes tiravam a pele do bode e a cortavam em tiras, prendendo essas peças ensanguentadas a partes do corpo. Cada um pegava tiras suficientes para fazer um bom chicote, que seria usado para açoitar ritualmente qualquer mulher e qualquer homem desgarrado por quem eles passassem.

Uma festa memorável das lupercais ocorreu em 44 A.C. No auge de seus poderes, Júlio César se sentou num trono de ouro na plataforma dos oradores, no fórum romano, assistindo às macaquices dos homens descalços e de nádegas à mostra que corriam para o espaço aberto em que o público os aguardava. O principal luperco era Marco Antônio, que estava bem lubrificado, em todos os sentidos da expressão.

Durante as lupercais, homens seminus corriam por Roma, açoitando as mulheres com tiras de pele de bode, para garantir sua fertilidade. Um dos celebrantes era Marco Antônio, que um dia tentou "coroar" Júlio César na festa.

Subindo na plataforma, ele foi até César e tentou "coroá-lo" com uma coroa de louros. O gesto provocou uma mescla de apupos e vivas, que se transformaram em aplausos quando César empurrou a coroa. Marco Antônio tentou de novo — e César a rejeitou de modo mais enérgico. Teria sido uma homenagem ébria de Marco Antônio a seu comandante, ou uma experiência para ver se os romanos voltariam a tolerar um rei? O incidente terminou quando alguém pôs a coroa numa das estátuas de César e, em seguida, outras pessoas a rasgaram, ao som de grandes vivas.

Noutros pontos do fórum e nas cercanias de Roma, a festa seguia embalada, com as tiras de pele de bode produzindo um som sibilante ao atingirem a pele. As mulheres casadas e as moças em idade de casar se aglomeravam, ansiosas por receber uma chibatada ritualística. Ser açoitada nas mãos, nas costas ou no bumbum com tiras de pele de bode não apenas afastava os espíritos maléficos, como tornava a mulher receptiva, no sentido mais básico, ao homem de sua vida. O ritual das lupercais também prometia gravidez e parto serenos e sem incidentes, o que era o sonho de toda mulher fértil naqueles tempos de medicina traiçoeira.

Ao fazerem o circuito em volta das fronteiras da cidade, os corredores das lupercais também executavam uma lustração ou purificação. Esse ritual mágico, que se julgava repelir os poderes do mal e liberar as forças do bem, promovia a fertilidade dos seres humanos, bem como a de seus animais e sua lavoura.

Canções picantes, olhadelas para o equipamento masculino, que não costumava ser exibido, e outras brincadeiras divertidas ocorriam nas lupercais, mas não se tratava, em absoluto, de um cenário de orgia. Ainda assim, os líderes cristãos posteriores esbravejaram contra seu caráter "licencioso".

AS TESMOFÓRIAS: **Partilhando segredos com as amigas**

Não havia nada que as gregas apreciassem mais do que as festas só para mulheres, daquelas que viravam a noite. Em geral, elas eram do tipo TSRB e SOC — "traga sua roupa de bacante" e "solte o cabelo". Naquela época, era impossível fazer uma mulher casada se empolgar com sapatos, já que se usavam sandálias todos os dias, a semana inteira. Ou com convites para jantares românticos, visto que não havia nenhum. Ou com os maridos, já que eles não eram receptivos a listas de tarefas para fazer em casa e, com frequência, sua maneira de tratá-las na cama era um horror.

Mas, ah, a glória das tesmofórias, um acampamento de vários dias só para mulheres, com rituais, diversões e segredos, realizado em toda a Grécia a cada outono. O de Atenas era o mais badalado, porém passeios similares aconteceram durante séculos em cinquenta lugares diferentes, desde Esparta, na região continental, até a ilha de Delos, ou de Tebas a Éfeso, na Ásia Menor. Alguns desses festejos duravam quatro ou cinco dias, e o patrocinado pela cidade-Estado grega de Siracusa rolava por dez.

Em Atenas, toda mulher casada comparecia — e o marido era obrigado a pagar as despesas, para que ela pudesse ir. Algumas narrativas também dizem que as mães podiam levar suas filhas, o que parece razoável, já que a festa homenageava Deméter e sua filha Perséfone. (Ver noutro ponto do livro o verbete sobre "cultos dos mistérios", para maiores informações sobre outra festa para Deméter.)

A festa era mais que uma reunião social e uma bendita chance de deixar de lado as funções de dona de casa. As tesmofórias, que significavam "portadoras das leis", eram, antes de mais nada, uma celebração religiosa muito comovente. Nela se narrava o mito desolador de Deméter chorando a perda da filha, que tinha de passar seis meses por ano no Hades. Era com esse mito poético que os gregos optavam por explicar a progressão natural das estações do ano. Como deusa do crescimento vegetativo e da colheita, Deméter parecia abandonar as fazendas e vinhedos durante os verões quentes e sem chuva da Grécia. Ao celebrarem as tesmofórias, as mulheres homenageavam a deusa e garantiam seu regresso, quando chegasse o outono.

As tesmofórias eram a gloriosa ocasião anual em que as gregas soltavam os cabelos, para usufruir da amizade e praticar rituais — e os homens não entravam. Sua festa de vários dias homenageava a deusa da colheita, Deméter.

A comemoração exigia sérios rituais preparatórios de purificação. As devotas tinham de se manter castas por até um mês (dependendo do local), o que, provavelmente, constituía a maior suspensão que tinham, durante o ano inteiro, do sexo exigido a todo tempo pelos maridos. De acordo com Plínio e outros historiadores, antes dos festejos, as mulheres férteis tomavam uma dose de uma bebida feita de ágnos, a árvore-da-castidade — na verdade, um pequeno arbusto com flores violáceas de aroma adocicado. Esse agnocasto tinha poderes anticoncepcionais, fato hoje confirmado pelos químicos modernos. É provável que a maioria das mulheres guardasse uma porção dele em casa. Além disso, na dose certa, a planta também agia como abortífero.

O componente de castidade das tesmofórias, aliás, remontava aos tempos mais primitivos da Grécia, quando esse tipo de informação era transmitido pelas mulheres entre mulheres — muito antes de existirem escritos médicos sobre o assunto.

Como os ritos das tesmofórias eram "mistérios", ou seja, cerimônias e rituais que as iniciadas juravam manter em segredo, são pouquíssimas as comprovações escritas desse evento anual, mas alguns fatos são conhecidos.

Na noite anterior ao início da agenda oficial, as participantes elegiam mulheres mais velhas para presidir os festejos. Concluída essa função, elas relaxavam com vinho, durante uma noitada de palavrões e insultos vis, em meio a gargalhadas. (Além de ser catártico, esse linguajar era apotropaico, mantendo os espíritos malignos afastados. Também comemorava a parte do mito de Deméter em que ela era animada a deixar sua tristeza pelas piadas rudes de sua amiga Jambe.)

O primeiro dia começava com uma peregrinação, uma subida ao espaço aberto e sagrado do Tesmofórion, situado nos arredores de Atenas, perto do monte Pnix. As mulheres, que deviam contar-se aos milhares, dormiam em cabanas de folhas, duas em cada abrigo.

No segundo dia, as celebrantes tiravam suas grinaldas festivas e choravam a perda de Deméter. Todas jejuavam e não se acendia nenhuma fogueira. Em alguns locais das tesmofórias, comiam-se apenas sementes de romã, atributo de Perséfone — mas não as que houvessem caído no chão, consideradas alimento para os mortos. Noutros lugares que não Atenas, as participantes consumiam um lanchinho composto de bolos de gergelim.

O terceiro dia, chamado "Bela Prole", fazia eco à busca da filha Perséfone pela deusa com uma cerimônia à luz de tochas. Nesse ponto, as mulheres sacrificavam uma porca a Deméter.

Outro ritual curioso envolvia a reciclagem e um rito de fertilidade. Meses antes das tesmofórias, atiravam-se algumas coisas num poço chamado *megaron*, para que ali elas apodrecessem numa compostagem ritualística. O que havia entre essas coisas? Pinhas, leitões sacrificados e bolos especiais no formato da genitália masculina. Durante os festejos, uma dupla de mulheres ousadas, chamadas "baldeadoras", tinha que retirar a compostagem pronta. Sua tarefa era um desafio maior porque o poço era propositalmente cheio de cobras! Depois das tesmofórias, esse adubo de cheiro penetrante era colocado num altar público, para que os agricultores locais o misturassem a suas sementes. Dessa maneira, os gregos davam um sentido inteiramente novo à expressão "produtos orgânicos".

Os atenienses faziam todo o possível para "proteger" do mundo externo as suas esposas, irmãs e filhas, e para impedi-las de participarem da vida pública. Saíam-se muito bem nessa tarefa. Por isso, a melhor parte das tesmofórias devia consistir na camaradagem, no riso e na tristeza compartilhados e na oportunidade de trocar informações, compartilhar histórias e renovar amizades, naquelas memoráveis noites estreladas.

NOTAS DE TRADUÇÃO:

1. O termo inglês correspondente, *curse*, significa também "período menstrual", mas o jogo de palavras se perde na tradução.

2. A gruta mítica em que a loba teria amamentado os gêmeos Rômulo e Remo.

PARTE VI
O amor é uma coisa esplendorosa

PREFERÊNCIA SEXUAL: Um arco-íris de escolhas

Visto que palavras como *homossexual* e *heterossexual* nem sequer existiam na Antiguidade, a ideia de definir as preferências sexuais como opções de vida, ou como práticas antinaturais, teria soado absurda na Grécia ou em Roma.

É claro que havia um volume prodigioso de atividade sexual, desde aventuras passageiras entre homens adultos e mancebos até relações eróticas duradouras entre varões adultos — sendo que estas, às vezes, eram censuradas. Os homens saboreavam essas alternativas e muitas

O amor e a atração sexual não eram escolhas do tipo isto ou aquilo entre os gregos de outrora; muitos desfrutavam de relações heterossexuais e, ao mesmo tempo, de ligações com alguém do mesmo sexo.

mais. A questão era que não tinham de escolher isto ou aquilo. Podiam provar de tudo, ou quase tudo.

Em séculos mais puritanos que o atual, historiadores clássicos e pesquisadores tenderam a ver o leque desnorteante da polissexualidade grega e romana como escandalizante, orgiástico e até abusivo. Desde o século XX, entretanto, os especialistas desse campo, sobretudo à luz das ideias que vão evoluindo, começaram a encarar o paradigma sexual dessas culturas de outrora como ativo *versus* passivo.

E isso se resumiu em duas perguntas: Quem fazia a penetração? Quem era penetrado? Atualmente, essa ideia também é rejeitada como excessivamente rígida.

Portanto, ao examinarmos os gregos e romanos da Antiguidade, voltamos ao começo, com o filósofo Sócrates, que simplesmente dizia: "Sei apenas que não sei." (Pelo menos, estamos em boa companhia.)

Cecil Adams, um dos colunistas semanais mais lidos dos Estados Unidos, famoso por sua coluna The Straight Dope, escreveu em 2006 um texto que resume a questão. Disse ele: "A verdade é que realmente não sabemos o que se passava com os antigos gregos. Até hoje, há muitas coisas que não sabemos e, provavelmente, nunca saibamos. [...] O verdadeiro problema, porém, é que pouco do que hoje pensamos saber sobre a sexualidade nos prepara para compreender o que os gregos pensavam dela, antigamente. Hoje em dia, tendemos a ver a orientação sexual como uma proposta binária — a maioria das pessoas se sente atraída por homens ou por mulheres; relativamente poucos sentem uma atração sistemática por ambos. E mais, pensamos na identidade sexual como inata e mais ou menos imutável. Talvez demore um pouco [...] para o indivíduo descobrir se é *gay* ou hétero, mas, feita a descoberta, ele permanece assim pelo resto da vida. Nada disso poderia ser dito com confiança sobre os gregos."

Para complicar mais as coisas, as tradições da intimidade entre pares de homens e a situação desses casais variavam enormemente da Grécia para Roma, e mais ainda dentro do próprio mundo grego. Por exemplo, os casais masculinos da cidade-Estado de Atenas eram invariavelmente cidadãos livres — tipicamente, um adulto que formava um par com um adolescente não pertencente a sua família imediata. Isso não era visto como pedofilia, mas como pederastia — uma relação de união que podia ter aspectos não sexuais e eróticos. Quando o adolescente atingia a plena idade adulta, o relacionamento acabava; mais tarde, ele, por sua vez, tornava-se mentor (*erastés*) de um *erómenos*, um jovem amado de doze a dezessete anos. Os relacionamentos de longo prazo entre homens eram desestimulados, mas assim mesmo ocorriam, como você verá no verbete sobre os dramaturgos bissexuais Sófocles e Eurípides.

Outras cidades-Estado gregas seguiam tradições diferentes nas relações entre homens. Em Creta, por exemplo, onde se encontrou a prova mais antiga da pederastia, havia um rapto quando o jovem atingia a maioridade e, depois dele, o *erastés* e seu amante passavam vários meses juntos, caçando e participando de banquetes ou simpósios.

Na região continental da Grécia, a cidade de Tebas e a região da Beócia eram famosas pela franca aceitação de casais masculinos na vida civil e militar, e a esse respeito você poderá ler mais no verbete deste livro sobre o Batalhão Sagrado.

Embora os indícios literários e arqueológicos sejam irregulares e, às vezes, contraditórios, a pederastia, em suas várias formas, estava claramente inserida nos centros populacionais gregos, da Jônia à Sicília e de Corinto à Macedônia.

Em nítido contraste com os gregos, quando um romano da classe dos cavaleiros ou patrícios mantinha relações de intimidade com um mancebo ou um homem, este era escravo, prostituto, estrangeiro ou de baixa condição social — como dançarinos, atores e gladiadores. Nos tempos da Roma imperial, os homens da elite lutavam com grande empenho para superar uns aos outros em termos de poder, influência e nível de consumo conspícuo. Uma das formas de ostentação era adorar (e usar sexualmente) um *puer delicatus*, um menino delicado, escolhido por sua beleza e sua graça e, às vezes, retirado das fileiras dos escravos domésticos desse homem.

O que fazia um romano, exatamente, com seu menino delicado? Ou um grego com seu *erómenos* adolescente? Uma das opções era uma técnica não penetrativa, mas satisfatória, também empregada por casais de ambos os sexos hoje em dia. Chamada de coito intercrural ou interfemural, os gregos se referiam a ela como "botar entre as coxas". Essa prática aparece em vasos gregos atenienses e em outros objetos. A posição mostra um homem mais velho com um adolescente, ora de pé e um de frente para o outro, ora deitados, um de costas para o outro. Uma técnica diferente, hoje chamada roçadura, ou sexo de genitália com genitália, envolvia a esfregação sexual, em geral cara a cara. Afora estas, é claro, existiam outras opções, desde o sexo anal até o oral, exploradas noutros pontos deste livro.

Atualmente, alguns livros valiosos sobre o tema das práticas e costumes sexuais antigos, no cotejo com os nossos, lançam mais luz sobre o que os gregos e romanos realmente faziam, e o que queriam realmente dizer com sua terminologia.

Os seguintes títulos (que representam um espectro de visões) são especialmente úteis: *Looking at Lovemaking*, de John R. Clarke; *Sexuality in Greek and Roman Society and Literature*, de Marguerite Johnson e Terry Ryan; *The Reign of the Phallus*, de Eva Keuls; *Love Between Women*, de Bernadette Brooten; *Pompeii: the Living City*, de

Alex Butterworth e Ray Laurence; *Pederasty and Pedagogy in Archaic Greece*, de William A. Percy; e dois livros de James Davison: *Courtesans and Fishcakes* e *The Greeks and Greek Love*.[1]

A edição atualizada de *A homossexualidade na Grécia antiga*, de K. J. Dover,[2] também contém ricas provas visuais das técnicas e posições usadas nos contextos de homem com homem e homem com mulher. O velho adágio que diz que "uma imagem vale mais que mil palavras" certamente se aplica à arte greco-romana. O estudo das imagens eróticas e românticas encontradas em tigelas, copos, espelhos e outros artefatos, inclusive de dimensões ínfimas, como sinetes em forma de anel, é revelador. Como observou John Clarke, autor de *Examinando a prática amorosa*, "os restos artísticos são muito mais democráticos e universais do que os textos que chegaram até nós". E também mais francos, já que os pintores de outrora se sentiam mais livres para retratar a sensualidade e a ternura autênticas dos casais, bem como seu complexo repertório de posições sexuais; além disso, faziam-no tanto com pares homem/homem quanto homem/mulher.

Clarke também destacou a popularidade desses objetos. Uma grande variedade de consumidores encomendava ou comprava peças com temas eróticos. Os objetos iam de candeeiros e acessórios modestos, ao alcance de praticamente todo o mundo, até peças de luxo, como a Taça de Warren, cujas cenas primorosamente detalhadas foram criadas em prata por um esplêndido artesão. Como essas culturas tinham uma franca apreciação da forma física humana, eram muito mais receptivas à nudez e às imagens sexuais.

Dito em outros termos, os gregos e romanos, qualquer que fosse sua orientação ou seu gênero, gostavam de contemplar imagens sexuais — bem como de participar delas.

Ah, sim, e a sexualidade feminina? Como a mente masculina (fosse qual fosse o gênero ou gêneros que a excitavam) costumava se concentrar na dimensão introduzir/acolher do sexo, era-lhe extremamente difícil acreditar que as mulheres — que, muito convenientemente, tinham sido projetadas de um modo que convidava à penetração — ansiassem por qualquer outra coisa que não uma boa cutucada. E cutucadas eram o que recebiam, já que o coito heterossexual (por diversão ou para procriar) ocorria com enorme frequência. O mesmo se dava com a sodomia ou sexo anal, o qual, do ponto de vista da mulher, tinha valor contraceptivo, naqueles tempos longínquos.

Por fim, os homens gregos e romanos tinham um grande ponto cego, quando se tratava do feminino. Uma vez que tendiam a ver as mulheres como versões inferiores dos homens, também acreditavam que elas eram recipientes vazios que precisavam ser periodicamente enchidos — apenas num sentido. E apenas por homens. Poderiam as mulheres conhecer a realização erótica com seu próprio gênero? Impossível, bastava olhar para o sistema de encanamento feminino.

No próximo verbete, você lerá mais sobre o erotismo feminino e as mulheres que provaram que os homens estavam errados: as garotas que optavam por ser tríbades, um dos primeiros termos (nenhum deles muito cordial) usados para designar as lésbicas.

TRÍBADES: Fricção entre mulheres? Nem sempre é má ideia.
Antes mesmo que Safo e suas discípulas poéticas dessem ao termo "lésbica" um significado inteiramente novo, além da acepção de "natural da ilha de Lesbos", havia mulheres que se sentiam eroticamente atraídas por outras. Embora Safo tenha vivido e amado no século VI A.C., "lésbica" só entrou no linguajar comum muito depois, quando o autor

cristão Clemente de Alexandria o usou pela primeira vez, num texto escrito no século II D.C.

Nos tempos arcaicos, as amantes tendiam a ser chamadas de *tríbades* (cujo singular era *tribas*), termo derivado do verbo grego correspondente a "esfregar". Como já foi assinalado a propósito dos homens gregos e romanos, é preciso lembrar que as ligações eróticas, naquela época, não eram uma escolha limitada a apenas duas opções. Uma mulher como Safo podia preferir seu próprio sexo como objeto de amor, mas também podia ter relações heterossexuais, algumas igualmente amorosas.

No século II D.C., um escritor e orador chamado Máximo, de Tiro, afirmou que Safo e suas apreciadoras e seguidoras em Lesbos estabeleciam laços filosóficos e espirituais, e não sexuais. Em suas palavras, "o que mais se poderia chamar de amor da lésbica senão a arte de amar socrática? É que um e outro parecem haver praticado o amor à sua maneira; ela, o amor das mulheres, ele [Sócrates], o amor dos homens."

Ainda assim, a maioria dos varões gregos achava mais fácil acreditar em feras místicas que na vida amorosa das lésbicas. Um número substancial de autores do sexo masculino zombou por escrito de toda essa ideia; simplesmente não conseguia acreditar que nada de valioso, em termos românticos (muito menos satisfatório em termos sexuais), pudesse ocorrer entre mulheres.

Em fases romanas posteriores, apenas um punhado de autores mencionou de passagem as tríbades: os dois Sênecas, o Moço e o Velho, Luciano e Marcial, em um ou dois epigramas. Eles também expressaram raiva da presunção de tais mulheres, por acharem a ideia da intimidade feminina ameaçadora, repulsiva, ilegal, ou tudo isso ao mesmo tempo. Mais tarde, o autor cristão Tertuliano as chamou de *fricatrices* — uma variação ainda mais reprovadora do roça-roça feminino.

Praticamente o único homem lúcido a comentar as tendências femininas viveu muito antes de Tertuliano. No século V A.C., o dramaturgo cômico Aristófanes fez uma paródia de Platão e sua fantasia sobre os três gêneros originais da humanidade. Aristófanes afirmou que existiam amantes femininas de mulheres e as chamou por vários nomes, inclusive *hetairistriai*. Como qualquer palavra com tantas vogais estava fadada ao fracasso, o termo não vingou, ainda que Aristófanes tenha vingado.

Qual a parte mais curiosa das visões masculinas do lesbianismo de outrora? Tal como faziam em todos os assuntos sexuais, os homens o definiam em termos da penetração. No entanto, já que as duas parceiras eram femininas, eles presumiam que o sexo era praticado com o uso de um pênis artificial, ou com um clitóris anormalmente grande! Em outras palavras, se é que existiam amantes mulheres, elas deviam ser capazes de penetração. Porque, afora isso, nada era sexo.

Embora Lesbos, a ilha natal de Safo, tenha acabado por dar seu nome ao termo lésbica, as mulheres da época da poetisa que sentiam atração por outras eram comumente conhecidas como tríbades.

Os poetas gregos e romanos que se especializaram em invectivas sexuais e epigramas obscenos, como Juvenal e Marcial, espumavam de raiva à simples contemplação da ideia de mulheres "usurpando" o papel masculino. Também eles insistiam em que uma das parceiras do sexo tribádico devia fazer o papel do macho ativo, fosse usando um consolo, seu clitóris aumentado ou outro instrumento de formato apropriado. (Pelo amor de Safo, onde foi que eu pus aquele pepino?)

Embora os homens gregos e romanos houvessem praticado ou tivessem conhecimento do sexo intercrural, não penetrativo, também zombavam da ideia de que as mulheres encontrassem prazer dessa maneira. Todo o espectro das relações sexuais não penetrativas entre mulheres lhes escapava. Apesar disso, historiadores da arte e arqueólogos encontraram uma quantidade crescente de provas pictóricas. Imagens do ato amoroso entre lésbicas adornavam numerosos objetos domésticos, desde a arte mural até os espelhos, desde caixas de joias até tigelas.

Alguns autores contemporâneos que escrevem sobre os antigos costumes sexuais, como Bernadette Brooten, autora de *Amor entre mulheres*, assinalam que "o conceito do homoerotismo feminino como antinatural corre como um fio que perpassa especialmente as fontes gregas, tanto cristãs quanto não cristãs. [As fontes] contrastam implicitamente o sexo antinatural entre mulheres com os papéis naturais: os homens 'fazem' ou 'agem', enquanto as mulheres 'sofrem' ou são 'passivas'".

Então, o que faziam de fato as mulheres apaixonadas daqueles tempos, e como levavam sua vida? Não temos como saber ao certo, mas o que podemos vislumbrar, a partir de fragmentos de textos, observações literárias de passagem, cartas e grafitos, bem como do leque mais rico oferecido pela pintura e artefatos que sobreviveram ao tempo, vindos de fontes variadas como as paredes de Óstia e Pompeia, os mosaicos da Sicília e os montes de entulho do Egito greco-romano, é que, provavelmente, as amantes do sexo feminino de dois mil anos atrás faziam as mesmas coisas que as de agora, desde beijar-se até esfregar as vulvas em movimentos de tesoura, desde o contato com o corpo inteiro até o prazer oral.

Entretanto, dadas as reações intensas e amiúde cruéis dos homens à assunção do papel "masculino" por mulheres, na prática sexual de outrora, parece razoavelmente certo que as tríbades e lésbicas da Antiguidade — tal como os unicórnios — tomavam o cuidado de se manter invisíveis.

Quer saber de uma exceção impudente? As pornógrafas. Acredite ou não, mulheres talentosas, que possuíam o dom de usar uma linguagem obscena e criar ilustrações sensuais, produziram várias publicações pornográficas em tempos antigos; delas restaram apenas alguns fragmentos, mas fica claro que todo o prazeroso espectro da prática sexual era representado nesses precursores de *O Prazer do Sexo*. (Para alguns detalhes divertidos, ver o verbete sobre pornógrafos de ambos os sexos num ponto anterior deste livro.)

CONSOLOS: Ecologicamente corretos — e comestíveis, às vezes! Diz a piada que duas mulheres foram fazer compras na feira. Ao avistarem uma barraca que exibia pepinos de aparência firme e saborosa, pararam. A placa dizia "Três por um dólar!" Depois de debaterem um pouco, uma disse à outra, com uma piscadela: "Bem, acho que poderíamos comer um deles."

Embora pepinos, objetos de plástico e o lubrificante íntimo K-Y® não estivessem disponíveis nos tempos remotos, os gregos imaginativos, tanto homens quanto mulheres, saíam-se muito bem no departamento da alcova com a ajuda de azeite, aveia e couro fino.

Intensamente falocêntricos, os homens gregos faziam a confiante suposição de que, quando não tinham parceiros masculinos, as mulheres usavam consolos ou outros objetos fálicos — porque o sexo concernia sobretudo à penetração. Algumas peças cômicas, como *Lisístrata*, de Aristófanes, extraíam a maior parte de suas risadas de piadas sobre pênis artificiais. Inúmeros recipientes, como copos e taças, também retratavam escravos e prostitutas fazendo bom uso de falos de couro.

Os homens gregos tinham razão, em parte.

As donas de casa solitárias de Atenas, as cortesãs de folga em Corinto, as viúvas das ermas regiões da Arcádia, os casais de lésbicas em toda parte, as mulheres em busca de reuniões sentimentais entre pessoas do mesmo sexo, os dramaturgos que produziam sátiras em que havia cômicos órgãos genitais, e até os organizadores de procissões que exibiam falos gigantescos, todos se serviam de objetos que hoje seriam chamados de brinquedinhos sexuais. Os gregos se referiam aos pênis artificiais, na gíria, como "deslizantes" ou "malhos".

Para onde quer que se olhasse, na Grécia arcaica e noutros locais em torno do Mediterrâneo, havia símbolos fálicos em orgulhosa exibição. Os templos eram repletos de monumentos à testosterona em forma de foguete. Em toda encruzilhada ou esquina de rua em Atenas havia marcos chamados hermas, todos exibindo a cabeça do deus Hermes (Mercúrio, entre os romanos) e seu falo empertigado, mas se tratava de marcadores de limites, não de uma incitação à luxúria. Erguidas em jardins, templos e outros locais, em toda a península itálica havia imagens ferozes de Príapo, cuja ereção vermelha e enorme era uma advertência aos ladrões. Esses e muitos outros símbolos fálicos eram medidas de rechaço, objetos apotropaicos para afastar o mau-olhado e proteger os seres humanos contra as forças malignas.

Em matéria de adjuvantes pessoais da vida amorosa, os consumidores da Grécia arcaica recorriam aos especialistas da indústria do curtume, que, para atendê-los, pegavam o couro mais macio, davam-lhe um formato de salsicha, enchiam-no de lã e lhe davam polimento, até obterem o máximo de maciez. Os consolos gregos, chamados *olisboi*, não vibravam nem possuíam qualquer sineta ou apito. Mas o couro estofado no formato do órgão masculino, generosamente untado com azeite de boa qualidade, dava realmente uma animada sensação humanoide (ou assim se dizia).

Os compradores perspicazes sabiam que os melhores *olisboi* eram feitos em Mileto, uma próspera cidade-Estado da Jônia, no litoral da Ásia Menor (atual Turquia). Entre os artigos especiais incluíam-se os entalhados em marfim, madeira e mármore.

Pelo material abundante que chegou até nós, inclusive sátiras e comédias de Herodas, ao lado de milhares de imagens pintadas em potes, vasos e copos gregos, fica claro que havia consolos de todos os tamanhos. Havia modelos duplos, uns enfileirados, outros amarrados com fios de lã. Os falos artificiais também podiam ser presos a alças de couro macio, para satisfação pessoal ou do parceiro. Um modelo mais caro, chamado *baubon*, era feito de couro vermelho, como a maioria dos pênis artificiais usados nas comédias. Além de festivo e sumamente visível, ele imitava a excitação sexual.

Num dos mimos populares de Herodas, uma cortesã de Mileto pergunta a uma amiga onde ela mandara fazer seu consolo vermelho vivo, o que leva à fúria a outra moça, porque seu novo falo artificial tinha sido emprestado a alguém antes mesmo que ela chegasse a usá-lo. O objetivo da trama era exagerar a excessiva lascívia feminina, mas ela também revela detalhes interessantes sobre esses artefatos e o modo como eram usados. Ou emprestados. E mostra até como os fabricantes de brinquedos sexuais de outrora mantinham suas empresas em segredo, para evitar os impostos.

Os inventivos gregos tinham ideias surpreendentemente modernas sobre reciclagem. Por volta do século V A.C., uma padeira grega inventou o primeiro brinquedinho sexual biodegradável: a baguete-consolo.

Em algum ponto do século V A.C., houve um avanço histórico na indústria de pênis artificiais — um avanço que também poderia ter grande repercussão hoje em dia.

Não havia grande movimento na padaria. Uma grega desconhecida, um gênio do fabrico de pães que também vinha a ser uma pensadora original, começou a mexer numas sobras de massa. Pôs-se a trabalhá-las, e trabalhar a massa trouxe à lembrança o termo grego correspondente a "masturbação", *dephesthai*, que tinha evoluído de uma palavra que significava "moldar", ou "amaciar trabalhando". Ou seja, ela já estava com o pensamento voltado para "aquilo", e uma coisa levou a outra.

Passado algum tempo, ela viu o que havia moldado. E era bom.

Assim nasceu o *olisbo-kollix*: a baguete-consolo.

Tendo em mente essa imagem vívida, é fácil fantasiar outras situações. Por exemplo, uma matrona grega servindo o almoço ao marido quase sempre ausente. Ela lhe traz uma salada e uma cesta de pães e comenta, com um brilho nos olhos: "Nada mostra melhor o amor do que o que sai do meu forno!"

Embora este verbete possa parecer fantasioso, a descoberta em questão veio de uma cuidadosa pesquisa de um professor grego chamado Alexandre Oikonomides. Em 1986, ele redescobriu essa invenção antiquíssima, admirável, comestível e fácil de descartar, depois de ver numa inscrição uma referência jocosa a *kollix* ("bisnaga" ou "baguete") e *olisbos*, o termo grego correspondente a consolo. Mais tarde, encontrou a palavra *olisbokollix* num léxico de grego clássico datado do século V D.C.

Uma confirmação adicional veio de dados pictóricos. Alguns vasos gregos exibiam trabalhos artísticos até então intrigantes, que retratavam mulheres com cestos cheios de bisnagas em formato de falo. Uma ilustração famosa mostra uma mulher nua que participa de uma procissão religiosa, carregando com orgulho um falo gigantesco (cerimonial, esperamos!), claramente feito de massa de pão.

SEXO SEM PENETRAÇÃO ANTES DA ERA CRISTÃ: Carícias preliminares & estocadas pelas costas

Em tempos distantes, perto do mar Morto, várias cidadezinhas devassas competiam entre si para ver qual delas levaria o título de cidade mais vil do mundo. Já eram as mais baixas, considerando-se que estavam 423 metros abaixo do nível do mar, porém o baixo que buscavam era a depravação. Embora sua localização original possa agora estar coberta pelo mar Morto, sua má fama persiste. Uma delas era Gomorra. Outra, chamada Sodoma, deu nome a um tipo de delito grave. Os habitantes locais gostavam da abordagem sexual pela porta dos fundos, quanto mais rude, melhor. Com o tempo, sua predileção tornou-se conhecida como sodomia.

Os sodomitas faziam outras coisas horripilantes. Em Gênesis 19:5-8, quando um Deus irado quer destruir Sodoma e as cidades vizinhas, por seus terríveis pecados, o profeta Abraão se oferece para encontrar um punhado de pessoas decentes, dignas de serem salvas — como seu sobrinho Lot e a família dele. Assim, dois anjos disfarçados de homens aparecem na casa de Lot, cuja mulher e filhas preparam um jantar para todos, e as coisas parecem correr bem. Logo, porém, uma chusma assustadora de homens do lugar cerca a casa, aos gritos: "Onde estão os homens que entraram esta noite em tua casa? Conduze-os a nós para que os conheçamos." "Conhecer" no sentido bíblico — agredi-los sexualmente.

E o que faz Lot? Para proteger seus convidados, atira as filhas donzelas aos lobos! Diz ele: "Vede: tenho duas filhas ainda virgens; eu vos rogo que me deixeis trazê-las, [...] mas não façais nada a estes homens [os anjos]."

Não admira que Deus tenha se enojado e destruído Sodoma, Gomorra e duas cidades vizinhas com fogo e enxofre. Como observa São Judas, no versículo 1:7, "Sodoma, Gomorra e as cidades circunvizinhas, que se entregaram à fornicação e praticaram vícios estranhos à natureza, jazem lá como exemplo". Os estudiosos travaram debates sobre o epíteto "estranhos à natureza"; uns o interpretaram como sexo ilícito com estrangeiros, ou sexo com anjos, porém a maioria o rotulou como relações homossexuais entre homens.

Ocorre que, na Grécia ou na Roma antigas, quase ninguém lia o Velho Testamento. Ou sequer desejava lê-lo. Assim, a sodomia, ou *pedico*, como a chamavam os romanos, voltou a se popularizar. O sexo anal tinha alguns adeptos fiéis entre as mulheres: esposas que não queriam engravidar (de novo), prostitutas e profissionais do sexo que não queriam engravidar (jamais), escravas (idem), e muitas mulheres de governantes, que preferiam que os maridos enfiassem o pênis onde o sol não brilhava — só que não no delas. Quando as espartanas chegavam aos dezoito anos de idade e estabeleciam relações de intimidade, era rotineiro praticarem o sexo anal, para conservar a virgindade e prevenir a gravidez.

De acordo com o Velho Testamento, Sodoma deu seu nome à sodomia, uma prática sexual que enfureceu Deus a tal ponto, que ele destruiu a cidade, enquanto Lot, o sobrinho de Abraão, fugia com sua família.

A sodomia também se tornou uma prática comum entre as jovens noivas gregas e romanas; para "poupá-las" de serem defloradas na noite de núpcias, os maridinhos punham o pênis no bumbum delas. Pode-se mostrar maior consideração?

Como ilustra a arte greco-romana, a posição sexual chamada de "a leoa" era uma postura clássica para a penetração por trás; para se posicionar, a mulher se agachava e, ao mesmo tempo, levantava as nádegas.

Numa variedade de relacionamentos, os varões representavam outro componente demográfico que, rotineiramente, apreciava ou preferia a ação traseira — casais de *gays*, prostitutos e outros homens com vínculos homoeróticos. Às vezes, a coisa era ritualística, como para aqueles noivos na noite de núpcias. Noutras, tinha caráter punitivo — por exemplo, para os homens flagrados em adultério. Na Grécia, os adúlteros e os homens que se sabia serem eroticamente passivos costumavam ser objeto de troça por parte de Aristófanes; em suas comédias, ele os chamava de "enrabados" e gostava de "fritar" certos indivíduos do lugar, como o político ateniense Clístenes. No Império Romano, porém, às vezes o adúltero era cerimonialmente sodomizado pelo marido ofendido.

Muitos escravos serviam de objeto de sodomia — e assumiam também papéis ativos. O mesmo faziam muitos imperadores romanos, assim como suas mulheres, namoradas e namorados. Imperadores viciados em sexo, como Nero, Calígula, Tibério, Heliogábalo e Cômodo, tinham profundo envolvimento com o dar e receber sodomíticos. Outros casais revelados como aficionados da sodomia incluíram o orador grego Demóstenes com Cnosion; Pompeu, o Grande, com sua mulher, Júlia; e Brutus, o assassino de César, com sua mulher, Pórcia.

Embora a literatura seja contraditória (assim como os grafitos), realmente parece que os homens que preferiam o sexo anal, com exclusão de outras práticas sexuais, eram chamados de *cinaedus* em latim, o que era um empréstimo do vocábulo grego *kinaidos*, termo grosseiro que implicava afeminação.

Curiosamente, nos tempos antigos, a sodomia era mais bem acolhida pela crítica do que o sexo oral. O leque de atos em que hoje é comum pensarmos como preliminares prazerosas e sem discriminação de gênero (ou até considerados "não sexuais" por muitos participantes mais jovens) recebia o nome de abominações. Ou coisa pior. Por quê? Talvez isso se ligasse a um costume muito difundido nas altas classes do mundo greco-romano: o de homens e mulheres se cumprimentarem, rotineiramente, com um beijo nos lábios, qualquer que fosse seu gênero.

Para os romanos, em especial, a *os impurum*, ou "boca imunda, impura", era uma ideia repulsiva — e um termo ofensivo. Os homens e mulheres sobre os quais corria o boato de gostarem de felação ou de cunilíngua nunca eram convidados para jantar — dizia-se que sua conduta pervertida lhes dava um mau hálito terrível.

Havia também um lado mais cruel da felação. Às vezes os homens forçavam outros homens (escravos ou libertos) a praticá-la, num ato chamado *irrumatio*. Na cabeça de um romano, nada podia ser mais degradante do que servir de receptáculo no sexo oral. Os versos virulentos de Marcial, Catulo e outros poetas da invectiva sexual deixaram muito clara essa questão. Para ilustrar sua depravação, às vezes a *irrumatio* era o castigo infligido ao adúltero, ou ao homem julgado culpado de outros crimes.

Mesmo assim, as duas práticas eram animadamente correntes, como ofertas comerciais fáceis de achar ("anúncios" rabiscados desses dois serviços ainda cobrem paredes de Pompeia e outros locais) e como parte do repertório erótico pessoal de inúmeras pessoas sexualmente ativas.

BEIJOS: Lábios amorosos *versus* bocas sujas

Os gregos e romanos de outrora realmente sabiam ser negativos quanto a prazeres inocentes. Beijar, por exemplo. Como observou em tom severo o historiador grego Plutarco, em seu ensaio intitulado *Preceitos da vida conjugal*, "É uma vergonha abraçar, beijar e acariciar um ao outro na presença de terceiros".

O velho e rabugento senador Cato, de Roma, aquele que esbravejava continuamente que "Cartago deve ser destruída!", também era de uma tremenda insensibilidade em matéria de relações conjugais. Um dia, no senado romano, expulsou o homem que deveria se tornar o cônsul seguinte da cidade, simplesmente por ter o sujeito beijado sua mulher em plena luz do dia.

Nem todos os homens ou mulheres eram tão reservados ou frios. Depois que Péricles, um famoso governante de Atenas, divorciou-se, ele e sua namorada Aspásia, que vivia filosofando, foram morar juntos, e a conduta do casal escandalizou a cidade. O escândalo não estava no sexo que eles supostamente estariam praticando. Para extremo horror dos vizinhos, Péricles dava um beijo ardente na boca de Aspásia, toda manhã, antes de sair para cuidar de negócios. Ao voltar, lascava-lhe outro beijo caloroso. E os dois se mantiveram nessa má conduta revoltante, ano após ano! Vinte, para sermos exatos.

E qual seria outra razão para a fobia dos beijos? Uma velha crendice popular que dizia que as viúvas gregas idosas (e as jovens, possivelmente) bebiam demais. Vários teatrólogos, de Eurípides a Aristófanes, deploraram a propensão feminina para o copo: "Ó mulheres febris, sempre dispostas a um trago, inventoras de toda sorte de subterfúgios para chegar à garrafa! Ó grande bênção dos mercadores de vinho, e maldição para nós!"

Talvez as matronas tivessem bons motivos. Era comum seus maridos atenienses passarem dias cansativos, interagindo socialmente no mercado da ágora, e depois, noitadas alegres em simpósios só para homens, com muita birita e estimulação por parte das animadoras e artistas. Invariavelmente, eles beijavam a mulher quando enfim voltavam para casa. Mas, em vez de afeição, esse beijo era um teste do bafômetro.

Em séculos posteriores, é possível que as restrições sociais ao beijo (mas não ao consumo de vinho pelas esposas) tenham se abrandado. Por sorte, ainda possuímos um romance maravilhosamente obsceno de Aquiles Tácio, *Os amores de Leucipe e Clitofonte*, que descreve os beijos de antigamente com detalhes vívidos e saborosos. Seu romance, escrito no século II D.C., foi muito popular.

No seguinte excerto, um personagem defende as delícias do beijo entre homem e mulher: "O corpo da mulher umedece no abraço e seus lábios ficam macios em resposta aos beijos. Por isso, ela estreita o corpo do homem em seus braços, colando-o inteiramente ao seu, e se sente cercada de prazer quando o amante pratica o coito com ela. Imprime-lhe beijos na boca como sinetes na cera [...] e, quando tem experiência, sabe tornar seus beijos mais doces, no desejo de usar não apenas os lábios, mas também os dentes, mordiscando em volta da boca do amante e mordendo seus beijos [...] No auge do orgasmo, ela enlouquece de prazer e abre a boca com paixão. Nesse momento, as línguas se tocam e, até onde é possível, também fazem amor uma com a outra; podes aumentar teu prazer abrindo tua boca aos beijos dela."

Nos tempos greco-romanos, beijar nem sempre era um cumprimento inocente. As pessoas da alta sociedade tinham pavor das "bocas impuras", pois o sexo oral era visto com repugnância.

O famoso escritor Ovídio, fervoroso amante das mulheres, empregou uma osculação abundante em sua *Arte de amar* e noutros poemas, como neste verso: "Que sábio não mesclaria beijos com sedutoras palavras de ternura?"

Poetas e escritores também cantaram louvores aos beijos entre homens e, mais raramente, entre mulheres. Eis um trecho do *Diálogo das cortesãs*, de Luciano, em que duas delas conversam sobre a festa da noite anterior:

"[Clonário]: Tu dormiste? Que aconteceu?

[Leena]: Primeiro, elas [duas mulheres] se puseram a me beijar como se fossem homens, não só pressionando os lábios nos meus, mas entreabrindo a boca, enquanto me abraçavam e me apalpavam os seios. Demonassa também me mordeu ao me beijar. Fiquei sem saber o que pensar daquilo tudo."

Como observamos no verbete anterior, os romanos tendiam a se cumprimentar, tanto homens quanto mulheres, com um leve beijo nos lábios. Talvez fosse por isso que eram tão paranoicos no tocante ao mau hálito — exigentes quanto a onde tinham estado as bocas, e fazendo o que com quem. Por exemplo, depois de 201 A.C., quando a península hispânica se tornou uma província romana, o mundo em geral tomou conhecimento do dentifrício e antisséptico bucal favorito de muitos espanhóis: urina humana. Essa prática provocou um *Eeeeeeeeeeeca!* que se fez ouvir em todo o perímetro do mar Mediterrâneo.

Faz muito que os antropólogos sugeriram que o beijo evoluiu de um comportamento anterior dos primatas — fosse porque os lábios humanos se assemelham e se portam um pouco como os grandes lábios femininos, quando excitados, fosse porque as mães humanas costumavam mastigar previamente o alimento dos filhos pequenos, para depois alimentar os bebês boca a boca (como ainda fazem as aves e muitos outros animais).

DIRETO DA FONTE: Instantâneos de amor

Apesar dos obstáculos do baixo índice de alfabetização, do serviço postal tipo faça você mesmo e da chocante falta de *sites* de encontros da Internet, a turma antiga de todas as idades, posições sociais e gêneros encontrava, sim, o verdadeiro amor. Conseguia encontrar sua “outra metade”, como a chamava o filósofo Platão. Ou, como alternativa, encontrava profunda felicidade no amor de irmãos, filhos, avós ou amigos da vida inteira.

Eis o epitáfio de uma moça de dezoito anos, escrito por seu marido, um humilde operário da construção civil na França romana, onde o casal havia morado perto do rio Sena: “À memória eterna de Blandinia Martiola, jovem impecável que viveu dezoito anos, nove meses e cinco dias. Pompeius Catussa, cidadão, estucador, dedica [isto] a sua esposa, que foi incomparável e muito gentil com ele, e viveu em sua companhia por cinco anos, seis meses e dezoito dias, sem a menor sombra de um defeito. Tu que leres isto, vai banhar-te nas termas de Apolo, como eu fazia com minha mulher. Quisera ainda poder fazê-lo.”

Vejamos um trecho de uma carta mais longa a um amigo, escrita por Plínio, o Moço, um rico aristocrata romano. Ele (aos cerca de quarenta anos) descreve Calpúrnia, sua terceira mulher, que devia ter uns dezoito a vinte anos: “E ela me ama, o que decerto é uma indicação de sua virtude. Por sua afeição por mim, veio até a se interessar pela literatura. Tem cópias dos meus livros, que lê repetidas vezes, e até os aprende de cor [...] Chega mesmo a musicar meus poemas e cantá-los, fazendo-se acompanhar pela lira. Nenhum músico lhe ensinou a tocá-la senão o próprio amor, o melhor dos mestres.”

E aqui está um grafito encontrado nos muros externos do que era uma hospedaria, muito provavelmente, na cidade romana de Pompeia: “Vibius Restitutus aqui dormiu, sozinho, e ansiou por sua Urbana.”

Vejamos uma carta escrita por um irmão a outro. O autor viveu no Egito greco-romano, no século II da era cristã, e seu irmão era tribuno no exército romano. A mãe tinha enviuvado em data recente: “De Semprônio para seu irmão Máximo, muitas saudações. Antes de mais

Era comum os homens e mulheres de outrora colocarem no papel seus sentimentos amorosos, às vezes com a ajuda de escribas. Existem muitos exemplos comoventes.

nada, rezo para que estejas bem. Fui informado de que tens servido com má vontade à nossa mãe e senhora. Rogo-te, querido irmão, que não lhe causes nenhum aborrecimento. E, se algum de nossos irmãos a contrariar, deves dar-lhe uma palmada, pois tens agora que assumir o nome de pai. Sei que, sem que eu te escreva, és capaz de fazer as vontades dela, mas não te ofendas com minha carta de advertência; é que devemos reverenciar nossa mãe como a uma deusa, especialmente sendo ela bondosa como é. Escrevo-te isto, irmão, por saber o bem precioso que são nossos reverenciados pais. Adeus, irmão."

Do mesmo período, eis um excerto de uma carta escrita por um homem de posição humilde, um grego residente no Egito, a sua mulher ou, possivelmente, sua amada — mas não necessariamente sua irmã: "De Sereno para Isadora, sua irmã e senhora, muitas saudações. Antes de tudo, rezo por tua saúde, e todo dia e toda noite faço orações por ti diante de Taueret [a deusa-hipopótamo] que te ama. Quero que saibas que estou de luto desde que me deixaste, chorando de noite e lamentando de dia. Desde que tomei banho contigo no dia 12 de *phaophi*, não me banhei nem untei meu corpo até 12 de *hathur*. Tu me mandaste cartas capazes de mover uma pedra, de tanto que tuas palavras me comoveram."

SÓCRATES DE ATENAS: **Espirituoso e sensual até o fim**

Graças ao palavreado altivo e embevecido de Platão e Xenofonte, discípulos filosóficos de Sócrates, talvez você não ache que seu famoso mestre pertenceu à lista dos "homens mais sensuais de 450 A.C.". No entanto, o rechonchudo e caseiro Sócrates atraiu as ardorosas atenções de vários homens e mulheres do século V A.C. Para começar, esse filho de uma parteira e um talhador de pedras parece ter se casado duas vezes, embora ninguém saiba ao certo em que ordem. Ou teriam sido casamentos simultâneos? Diversos biógrafos afirmam que Sócrates teve as duas esposas ao mesmo tempo, o que faria dele o primeiro bígamo filosófico da história. É possível que isso tenha sido permitido por um decreto especial, em função da escassez de atenienses na época. Teria sido depois de uma epidemia, talvez? Simplesmente não sabemos.

Mirto, filha de Aristides, o Justo, foi a "boa esposa", sobre quem não se escreveu quase nada — exceto a notícia chocante, para os habitantes locais, de que ela chegou nua ao casamento. Nua, bem entendido, em matéria de dote. A maioria dos gregos teria fugido correndo, mas Sócrates não o fez e o casal teve dois filhos varões.

A outra mulher de Sócrates, Xantipa, compensou a reputação insossa de Mirto, por ser a mulher de língua mais ferina de Atenas. Sua lendária irascibilidade levou a algumas das melhores tiradas curtas de Sócrates. Por exemplo, quando um estudante lhe perguntou como ele lidava com o mau gênio de sua mulher, ele respondeu: "Quando os homens que gostam de cavalos fogosos dominam esses animais, passam a achar fácil lidar com o resto. Pois eu, na companhia de Xantipa, também aprendo a me adaptar ao resto do mundo."

O estudante em questão foi outra das ligações eróticas de Sócrates. Brilhante, belo, inquieto e irresistível para homens e mulheres, Alcibíades tentou em vão seduzir o filósofo. Sócrates se sentia igualmente atraído por ele, mas sublimou seus desejos, ensinando ao candidato a amante uma forma superior e não carnal de amor.

Esse filósofo, chamado "o mais sábio dos homens" pelo oráculo pítio de Delfos, atraía o que havia de melhor e mais brilhante na sociedade ateniense. Entre seus discípulos, admiradores e fãs havia escritores e pensadores aristocráticos, como Aristipo. Mas Sócrates era receptivo às boas cabeças, onde quer que as encontrasse; Esquino, o filho do salsicheiro, era dono de uma delas. Fédon era outro. Nascido em família nobre, Fédon fora capturado como escravo quando Élis, sua cidade, capitulou diante de forças inimigas. Vendido a um bordel de prostitutos em Atenas, conseguiu fazer parte do círculo filosófico. Instado por Sócrates, um par de seus pupilos abastados pagou o resgate de Fédon. Daí em diante, o rapaz estudou aos pés do mestre como liberto. É possível que os dois tenham sido íntimos.

Quando não estava trocando ditos espirituosos nem abraços (ou devaneando sobre transas com seu círculo filosófico), Sócrates filosofava e flertava descaradamente com um sem-número de mulheres altivas, entre elas a amante de Péricles, Aspásia, a livre-pensadora classuda de Mileto, e com outras intelectuais que buscavam o saber.

Sua disposição de tratar homens e mulheres de reputação duvidosa do mesmo modo caloroso que usava com seus equivalentes aristocráticos lhe rendeu benefícios dúbios: o aplauso de alguns, a condenação de muitos e uma vasta porção de ressentimento por parte dos homens que ele criticava — inclusive oradores, poetas e políticos.

Foi um trio de homens assim, espicaçado pelas chacotas socráticas e profundamente ofendido com o estilo de vida e os ensinamentos morais do filósofo como crítico social, que levou Sócrates a ser indiciado em 399 A.C. Sob quais acusações? Impiedade e corrupção de menores. Grande ironia, considerando-se a conduta relativamente abstêmia de Sócrates e a falta dela em seus acusadores.

Anito, Lícon e Meleto realizaram seu desejo mortífero. Aos cerca de setenta anos, ainda atrevido e cheio de brio, Sócrates foi para a prisão e bebeu sua mistura de cicuta entre amigos. Embora, nas últimas horas de vida, tenha exibido seu mais profundo amor pelos amigos e discípulos do sexo masculino, ele convidou sua mulher, Xantipa, a visitá-lo no leito de morte. Ao sentir que a paralisia do veneno começava e se apoderar de seu corpo, mandou-a de volta para casa, já em prantos.

Em seguida, disse a seu amigo Críton que pagasse uma última dívida por ele — que oferecesse um galo a Esculápio, o deus da cura. Muitos procuraram interpretar este último pedido. Alguns creem que ele teria enviado esse agradecimento ao deus curandeiro porque a morte é a "cura" que liberta a alma do corpo. Outros acham que a oferenda a Esculápio significava que a morte de Sócrates ajudaria a "curar" o mal-estar político de Atenas. Mas há uma outra possibilidade.

Sócrates era peitudo o bastante para uma última réplica. Quando disse a Críton "Devemos um galo a Esculápio; cuida disso por mim e não te esqueças, sim?", seu humor negro não escapou aos companheiros. Uma reação bastante comum no homem agonizante é ter uma ereção. E todos, não só os antigos gregos, conhecem o sinônimo vulgar de galo.[3]

Bem-humorado e irreverente até o fim, o filósofo Sócrates deixou seus entristecidos seguidores com uma tirada picante, enquanto engolia seu coquetel de cicuta.

SÓFOCLES E EURÍPIDES: Dramaturgos descaradamente bissexuais

Que dupla! Ambos dramaturgos de primeira, brindados como sucessos pelos atenienses do século V, ridicularizados por Aristófanes em suas comédias e casados duas vezes. Além disso, os dois tiveram vida longa como bissexuais, ainda que esse termo não fosse reconhecível e muito menos usado naquela época.

Em seu livro *Bisexuality in the Ancient World* [A bissexualidade no mundo antigo], Eva Canterella menciona, entre outros, esses dois extraordinários realizadores, Eurípides e Sófocles. Eles não apenas desfrutaram de amores juvenis com homens, em sua adolescência, como também, quando maduros, tornaram-se homens de família, enquanto buscavam aventuras sexuais com outros varões. Nas palavras de Canterella, "diante dessas provas, como podemos deixar de pensar que os homens gregos adultos gozavam de uma liberdade quase irres-

Este teatro ao ar livre, em Atenas, era um dos muitos em que as plateias se emocionavam com as tragédias de grandes dramaturgos, como Eurípides e Sófocles.

trita, tendo permissão para dedicar tempo a relacionamentos pederásticos que eram muito mais do que uma variação ocasional?"

Vinte anos mais velho que Eurípides, Sófocles veio de uma família rica que vivia fora de Atenas. Aos vinte e nove anos, teve seu primeiro triunfo, ao conquistar o primeiro lugar no concurso de peças teatrais das Grandes Dionisíacas. Derrotou Ésquilo, o homem que havia imperado por anos como o rei dos dramaturgos trágicos.

Sófocles ficou famoso por acrescentar um terceiro ator às peças e por sua elaboração dos personagens. Seus ditos curtos se tornaram exemplos proverbiais, entre eles: "O tempo tudo ameniza, mas não cura"; "As maiores tristezas são as que causamos a nós mesmos" (ambas de *Édipo Rei*); e, de sua peça *Antígona*, "Não mates o mensageiro!"

Talentoso e afortunado, Sófocles foi vencedor mais dezoito vezes nas Dionisíacas e seis vezes nas competições anuais das Lenaias. Aristóteles tinha enorme admiração por ele, havendo citado seu *Édipo Rei* como a mais alta realização da tragédia. De governantes estrangeiros chegaram convites para que Sófocles os visitasse como dramaturgo honorário, mas ele era um moço caseiro. Recusou todos.

Como outros atenienses dotados de espírito cívico, Sófocles teve um papel muito ativo na vida de sua cidade; na adolescência, foi escolhido para conduzir o canto coral, celebrando a vitória ateniense sobre os persas. Serviu por um mandato como um dos tesoureiros da cidade e também como *strategos*, ou general, trabalhando com seu amigo Péricles.

Nos banquetes, Sófocles era conhecido por flertar, roubar beijos dos rapazes mais bonitos, e muitas outras coisas. Certa vez, seu amigo Péricles lhe passou um carão por ele ficar admirando um garoto bonito, em vez de manter a cabeça na estratégia militar.

A melhor história que nos chegou de sua vida amorosa envolveu um assistente seu que usou de intimidades com Nico, uma mulher mais madura cujas belas nádegas eram muito admiradas. Em tom de brincadeira, o assistente pediu a Nico que lhe emprestasse suas nádegas. Ao que ela retrucou: "É claro, benzinho — vá em frente e tire de mim o que você dá a Sófocles."

O grande homem, apesar de sua carga de trabalho e suas muitas distrações eróticas, cuidou de duas famílias sucessivas. Primeiro se casou com Nicóstrata, com quem teve um filho, que se tornou poeta trágico. Com a segunda mulher, Teoris, teve outro filho, Ariston. Bem-humorado, alegre e benquisto, Sófocles viveu até os noventa e dois anos, e só em idade avançada perdeu seu vigor sexual. Teria confidenciado a Platão: "Alegra-me ficar livre daquela besta selvagem e violenta."

Eurípides era mais taciturno, um sujeito reservado que nascera na ilha de Salamina e havia passado grande parte da vida em Atenas. Quando jovem, seu pai ouviu a previsão oracular de que Eurípides ganharia coroas de louros. Assim, pôs o filho prontamente em treinamento para se tornar atleta profissional. As previsões se confirmaram — só que os lauréis seriam por cinco produções teatrais, entre elas *Medeia* e *As bacantes*.

Seu talento também se estendia à pintura, e ele foi pioneiro de muitas inovações no teatro. Seu texto, ora ironicamente cômico, ora profundamente trágico, retratava pessoas comuns em situações extraordinárias. Ele chocou as plateias atenienses com retratos empáticos de mulheres e outras vítimas da sociedade. Infelizmente, a verdadeira tragédia é que mais de 80% de suas peças se perderam.

Eurípides descreveu seus dois casamentos, com Melito e Quérine, como "desastrosos", embora tenha colaborado com esta última esposa na produção de três filhos varões. Teve outra relação prolongada, porém mais feliz, com outro poeta trágico: um homem muito mais moço, chamado Ágaton, cuja obra oscilou entre o floreado e o improvável.

No fim da vida, acompanhado por Ágaton, Eurípides foi para a corte macedônia de Arquelau, onde passou seus últimos anos de vida, falecendo pouco antes dos setenta e cinco. Acredita-se que tenha sido na Macedônia que escreveu *As bacantes*, seu estudo psicológico sobre o lado primitivo da religião grega.

MANDRÁGORAS: Cultive seu próprio homenzinho!

De acordo com o Velho Testamento, as mulheres em geral se encantavam com uma planta que era uma verdadeira usina geradora de erotismo e "curava" magicamente a infertilidade. Em Gênesis 30:14-17, duas irmãs casadas com um mesmo homem brigam pela planta — Raquel a deseja porque ainda não engravidou; Lia, por querer mais filhos além dos quatro que já tem. Elas chegam a um acordo e, até que finalmente, as duas se encontraram com a cegonha. Essa fabulosa planta geradora de filhos talvez fosse a mandrágora. (O livro bíblico do Cântico dos Cânticos também se desmancha em poesia ao falar do doce aroma da maçã do amor.)

Dada a sua antiga fama medicinal e de afrodisíaco, a mandrágora era vista como um símbolo do amor também pelos egípcios, que faziam um vinho temperado com uma pitada da planta. Mais tarde, os gregos a reconheceram como o alimento favorito dos sátiros, loucos por sexo.

Considerada por muito tempo um auxiliar erótico, a raiz da mandrágora era capaz de matar. Sua forma humanoide levou os alquimistas a fantasiar que, com uma ajuda sobrenatural, um "homenzinho" podia sair da raiz e ganhar vida.

Ao longo dos milênios, entretanto, é provável que a *Mandragora officinarum* tenha causado mais estragos e azia do que trazido boas notícias. Membro da família da erva-moura, ela tem estreita relação com o meimendro-negro, o estramônio e a beladona — todos repletos de alcaloides de alta potência, como a escopolamina, a atropina e a hiosciamina. Na dosagem apropriada, a planta pode ser um anestésico eficaz, de valor inestimável na cirurgia; a escopolamina da mandrágora foi empregada até a era moderna, antes do advento do éter. Usada por seus efeitos alucinógenos, a mandrágora pode produzir, na dose certa, uma onírica experiência fora do corpo — ou o delírio e o coma.

Com o tempo, a planta ganhou uma aura de magia ainda maior. Possuía um espírito maléfico, nos moldes de *A pequena loja dos horrores*, e os antigos acreditavam que, se ele fosse despertado, o grito estrídulo da mandrágora poderia matar. Assim, no século I da era romana, o escritor judeu romano Josefo aconselhou os que desejassem colhê-la a cavar um fosso em volta da raiz, deixar exposta a parte inferior, amarrar nela um cão e sair depressa de junto da planta. O cão tentaria seguir a pessoa, arrancando a raiz nesse processo — e o vira-lata (em vez do colhedor humano) pereceria. Daí em diante, a raiz da mandrágora poderia ser manipulada sem perigo.

A raiz em si, com frequência, tinha formato humanoide — o que levou a mais crenças fantasiosas e advertências. Por volta do século III D.C., um alquimista grego chamado Zózimo combinou algumas crenças antigas sobre a reprodução com as lendas da mandrágora. Os primeiros cientistas naturais da antiga Grécia a ponderar sobre a reprodução humana haviam sugerido que, assim como o corpo das galinhas guardava miniaturas de ovos, talvez houvesse no interior do corpo humano um indivíduo pré-formado, chamado homúnculo.

A ideia de um "homenzinho" (dentro dos seres humanos ou não) era reconhecidamente sedutora. Assim, Zózimo e outros alquimistas começaram a desenvolver mais esse conceito. De acordo com eles, para possuir seu próprio homenzinho, primeiro a pessoa teria de encontrar uma mandrágora. Isso não era tarefa simples, já que, àquela altura, a planta tinha a fama de só crescer com a ajuda do sêmen ejaculado nos espasmos finais de um homem que estivesse sendo enforcado! Cumprida essa missão trabalhosa, a pessoa tinha de localizar um cão preto, treiná-lo para cavar a terra em busca de raízes, manter distância até que os gritos hediondos da planta silenciassem etc. etc.

Uma vez arrancada, a figurinha humanoide da raiz da mandrágora precisava ser lavada e alimentada com coisas como mel, leite e sangue. Se tudo corresse bem, a raiz se desenvolveria sob a forma de um homúnculo. Além disso, o homúnculo agiria para proteger seu proprietário humano, à maneira dos duendes.

Um homenzinho a quem amar e dar ordens. Esta era e ainda é uma ideia cativante, muito repetida nos escritos místicos dos manuais da Cabala das feiticeiras medievais. As mandrágoras ainda existem, com suas folhas grandes e estriadas e seus frutos pequeninos, chamados "maçãs do amor", e continuam venenosas como sempre. Será que preciso acrescentar que você não deve experimentar isto em casa?

GESTOS, IMAGENS E LINGUAGEM SUJOS:
O que realmente significava a obscenidade

Quase todas as antigas culturas em torno do Mediterrâneo tinham a intensa convicção de que as palavras sujas, os gestos maliciosos e o que consideraríamos imagens impróprias ou obscenas, como falos eretos, eram necessários e eficientes para afastar o azar, o mau agouro, fantasmas, vampiros, espíritos malignos e o assustador mau olhado.

Apesar de seu gosto pela vida e seu jeito extrovertido, os romanos e gregos de outrora tinham numerosos temores, muitos deles perfeitamente reais: guerras, ferimentos, cães raivosos, perda da colheita, pestes, pirataria e as taxas de mortalidade obscenamente altas de mães e bebês no parto.

Por isso, muito do que hoje vemos nos sítios arqueológicos como artefatos de museu e obras de arte antigas devem ser examinados pelo prisma do sistema de valores de sua própria época. Os objetos, palavras e gestos que tinham poderes apotropaicos de afastar a má sorte e o mau olhado eram valorizados. E eram produzidos em quantidades gloriosas. Só as obras de arte existentes, desde pinturas, murais e mosaicos até bronzes, esculturas de mármore e amuletos protetores, enchem vitrines de museus e abarrotam depósitos no mundo inteiro.

Os egípcios tinham crenças similares, especialmente em épocas de grande vulnerabilidade. Um dos objetos que eles produziam rotineiramente, para proteger mães e bebês recém-nascidos, era um bumerangue feito de marfim de hipopótamo, no qual eram entalhadas as imagens de Bés e Taueret, os deuses associados ao parto.

Era comum as joias e cintos femininos incluírem o nó decorativo de Hércules, outro símbolo apotropaico. As noivas gregas e romanas usavam esse nó no dia do casamento, e os noivos o desatavam na noite de núpcias. Nas duas culturas, as piadas obscenas, as canções escatológicas e a linguagem sexual humorística também eram partes protetoras das celebrações matrimoniais.

Durante a infância, as meninas e meninos romanos não iam a parte alguma sem suas *bulas* — pequenos pingentes redondos ou em forma de meia lua, feitos de ouro ou de couro e usados para proteger contra feitiços ou olhares malignos. Os jovens eram tidos como particularmente vulneráveis a essas coisas; os bebês, por exemplo, carregavam amuletos desde o nascimento, e usavam mordedores para a primeira dentição feitos de coral cor de rosa, entalhado em forma de falo.

Além disso, quando as crianças (ou também as noivas, por falar nisto) eram elogiadas, os comentários eram prontamente descartados com um gesto protetor, que às vezes envolvia uma cusparada. Na vida cotidiana e ao longo das horas de vigília, era rotina homens e mulheres usarem palavras obscenas, fazendo gestos de rechaço. Entre os gestos típicos estavam a *mano fico* (a "figa", que imita a genitália feminina), os *corna* ou chifres, e o ainda eterno favorito, o *digitus impudicus* — o dedo médio espichado.

Um grande número de festivais anuais, na atual Itália, na Grécia e noutros lugares, reforçava esses métodos pessoais caseiros de proteção contra a maldade, o mau olhado e o azar. Um desses festivais celebrava o deus Líber, que se gabava de um número importante de seguidores de seu culto em Roma. Durante sua festa, em março, havia uma exposição de falos protetores em toda parte — fincados em cruzamentos, transportados em carroças por todo o interior e na própria cidade. Em algumas partes da península itálica, observava-se seu culto durante um mês, no qual falos artificiais grandes e pequenos eram desfilados em público, enquanto se proferiam obscenidades de forma ritualística. Em todo mês de março, celebrava-se também a festa de Ana Perena, a deusa que personificava o ano. Enquanto se faziam sacrifícios para ela, era tradicional as mocinhas cantarem animadamente canções picantes.

Ao que parece, a quantidade, a variedade, a ubiquidade e a extensão geográfica desses festivais apotropaicos de franca sexualidade, sob a forma da exibição de falos e de muitas piadas e obscenidades sexuais, ajudavam muito a aplacar os antigos medos desses perigos.

Como em algumas das maiores empresas atuais dos Estados Unidos, a filosofia greco-romana era: é impossível ter seguros demais. Para uma proteção adicional contra o mau olhado e outros males, os símbolos fálicos eram pintados em paredes, colocados acima da entrada de casas comerciais e similares, erigidos nas esquinas de ruas, fincados nas estradas, estampados nas portas, plantados nos jardins, usados como joias e carregados como amuletos. Essas providências antiquíssimas ainda têm poder em algumas populações do Mediterrâneo. Se você passar algum tempo na Grécia ou na Turquia, talvez descubra que as estudantes ainda prendem no sutiã minúsculos breves azuis contra o mau olhado, e que a farmácia da esquina vende amuletos similares, bem ao lado dos remédios para resfriado.

NOTAS DE TRADUÇÃO:

1. O livro de Butterworth e Laurence foi publicado no Brasil com o título *Pompeia – a Cidade Viva*, trad. Marcelo Mende e Gabriela Máximo, Rio de Janeiro: Record, 2007. Os demais títulos, não lançados aqui, seriam, em tradução livre: "Examinando a prática amorosa" (Clarke); "Sexualidade na sociedade e na literatura greco-romanas" (Johnson e Ryan); "O império do falo" (Keuls); "Amor entre mulheres" (Brooten); Pederastia e pedagogia na Grécia arcaica (Percy); e "Cortesãs e bolinhos de peixe" e "Os gregos e o amor grego", de Davison.
2. K. J. Dover, *A homossexualidade na Grécia antiga*, trad. Luis Krausz, São Paulo: Nova Alexandria, 1994.
3. Na língua inglesa, trata-se do termo *cock*, gíria equivalente a pênis e que se aproxima de pinto, passarinho, peru, pipiu e outros vocábulos coloquiais em português.

PARTE VII
Por amor — paixões puras

O CULTO DE VÊNUS CALIPÍGIA: **A fixação no traseiro**

Ah, viver na Grécia antiga e nunca ter que dizer: você acha que meu traseiro está parecendo muito grande com esta túnica?

Os homens gregos, especialmente os atenienses, adoravam as beldades bundudas. Os gregos tinham até uma palavra especial para elas: calipígias, "as de belas nádegas". Para as moças amaldiçoadas com bumbuns muito magrinhos, eles inventaram o realçador traseiro — aparentemente, um enchimento que levantava e firmava a visão posterior.

Os gregos de outrora tinham padrões rigorosos, mas eram liberais em suas preferências. As nádegas em questão podiam ser femininas. Ou masculinas. Podiam pertencer a um adolescente que malhasse num ginásio exclusivamente masculino, ou a uma primorosa estátua nua de Afrodite, a deusa do amor.

Na verdade, parte do grande agito artístico ocorrido no século III A.C. pode ser atribuída a um momento de avanço estilístico na escultura. Foi quando um mestre desconhecido criou um bronze da deusa do amor, usando uma profusão de drapeados sensuais e, por cima do ombro, olhando para seu bumbum bem formado e nu. O original desapareceu, mas uma ótima cópia romana em mármore, datada do século I A.C. e denominada Vênus Calipígia, pode ser vista no maravilhoso Museu de Nápoles.

Por falar em traseiros fantásticos, a cidade grega de Siracusa, na ilha da Sicília, parece ter tido cidadãos bem dotados. Uma história famosa de *O banquete dos sábios*, de Ateneu de Náucratis, fala de um ilhéu agricultor que tinha duas filhas. Um dia, elas começaram a discutir sobre quem tinha o bumbum mais bonito — e levaram a briga para a rua. Por acaso, ia passando um rapaz (do tipo que tem um pai idoso e rico), e elas o convenceram a votar. Naquela época, as pessoas podiam fazer essas coisas sem serem presas.

Ele escolheu as nádegas da irmã mais velha, ao mesmo tempo que se apaixonava pelo resto da moça. Naturalmente, havia um irmão mais novo, e este, ao ouvir o outro se desmanchar em elogios aos belos *derrières*, teve de ver por si. Apaixonou-se no ato pelas partes do corpo da irmã mais nova. O papai, sendo rico, tentou fazer os filhos se casarem com damas da alta classe, alegando que devia haver uns traseiros bonitos naquele grupo. Mas os irmãos enamorados se mantiveram inflexíveis, e o pai acabou cedendo, casando os filhos com seus verdadeiros amores calipígios.

Para criar estátuas da deusa do amor, os escultores gregos usavam modelos vivos, como a hetera Frina. Marilyn Monroe da época, sua figura viçosa incluía belas nádegas — traço que sempre agradava em cheio aos gregos.

E as irmãs? Dotadas de cérebro, além dos belos traseiros, elas encomendaram prontamente um templo para a Afrodite de belas nádegas, no qual se ergueu uma estátua para o culto — possivelmente, o original da que ainda pode ser vista no Museu de Nápoles. O culto religioso da Calipígia em Siracusa também demonstrou capacidade de resistência: séculos depois, o autor cristão Clemente de Alexandria o incluiu em sua lista de "exemplos vergonhosamente eróticos da arte religiosa pagã".

Por volta de 350 A.C., um famoso escultor ateniense, Praxíteles, criou uma Afrodite inteiramente nua, de beleza estonteante — a primeira que já se vira. Esculpiu-a por encomenda dos ilhéus gregos de Kós, mas eles se irritaram com a nudez e a rejeitaram. Sem se alterar, Praxíteles a levou de volta e a vendeu aos ávidos cidadãos de Cnidos. Também tinha feito uma Afrodite vestida — que o pessoal de Kós aceitou. O modelo das duas estátuas foi Frina, uma hetera atrevida cujas curvas generosas faziam dela a Marilyn Monroe da época.

Em Cnidos, os habitantes construíram um templo especial para abrigar a escultura; em pouco tempo, a beleza inédita de uma deusa do amor desnuda se transformou em atração turística. E em atração sexual, de acordo com um relato. Um jovem admirador ficou tão extasiado que, uma noite, escondeu-se no templo e, mais tarde, tentou com muita virilidade fazer amor com a Afrodite nua. É evidente que também tinha uma fixação em nádegas, já que dizem ter aparecido uma mancha na sedutora parte posterior da coxa da estátua, na qual ela permaneceu para sempre.

AMORES ETRUSCOS: Afeição desinibida, no estilo etrusco

Em 590 A.C., ou coisa assim, um casal etrusco de cônjuges chamados Tanaquil e Tarquínio entrou na cidadezinha ordinária que era a Roma da época. Ao contemplarem sua nova morada, uma águia fez um voo rasante, tirou o chapéu de Tarquínio e o devolveu à sua cabeça. Tanaquil, a esposa, beijou-o e disse: "É um sinal dos deuses! Você vai governar esta espelunca, benzinho!" Podem não ter sido exatamente estas as palavras dela, mas seu amor efusivo e sua capacidade de interpretar presságios e sinais das aves, chamados augúrios, eram traços e habilidades típicos das mulheres etruscas. Apesar de ser um homem de origem humilde, Tarquínio se tornou realmente o quinto rei de Roma e governou com sua rainha por trinta e sete anos.

Os estudiosos ainda discutem as origens dos etruscos e de sua língua enigmática. O que já não constitui enigma, entretanto, é a posição das mulheres em sua cultura, bem como a natureza maravilhosamente calorosa das relações pessoais entre homem e mulher. As provas visuais disso brilham nos assombrosos murais encontrados em túmulos etruscos, bem como em objetos tumulares, esculturas de bronze, espelhos, joias e outros artefatos.

Os homens e mulheres etruscos de todas as camadas sociais, não apenas da elite, desfrutavam da mistura dos sexos no convívio social e tinham a expectativa de realizar casamentos entre iguais. Tinham também ideias desinibidas sobre a nudez e franca apreciação da ternura e do amor.

Como contrastavam os dados pictóricos e as ideias dos etruscos com os dos gregos e romanos! Embora estas duas últimas culturas nutrissem agudo interesse pelos prazeres eróticos, buscassem o amor e o vivenciassem, era raríssimo ver em imagens ou por escrito a velha e corriqueira ternura.

Como não é de surpreender, tais culturas expressavam horror às práticas "decadentes" dos etruscos. O escritor latino Teopompo se mostrou sumamente exaltado com o estilo de vida etrusco. Sua vociferação, baseada em rumores, ora é histérica, ora francamente invejosa. Inclusão de mulheres em banquetes! Danças desenfreadas! Nudez! Promiscuidade! Muito do que ele disse era pura ficção, provavelmente, mas seu pavor da autonomia das etruscas era real. Vejamos um excerto: "Compartilhar esposas é um costume etrusco. As mulheres tomam especial cuidado com o corpo e se exercitam com frequência, às vezes junto com homens [...] Para elas, não é vergonha serem vistas nuas.

Embora gregos, romanos e outras culturas praticassem um leque espantoso de atividades sexuais, os etruscos da Itália foram quase os únicos a demonstrar também ternura e afeição.

Elas não compartilham seus divãs [nos banquetes] com os maridos, mas com outros homens que possam estar presentes, e propõem brindes a quem bem entendem. São peritas no consumo de bebidas e muito atraentes."

Outros autores acrescentaram suas próprias afirmações espúrias. Em suas comédias do século II A.C., o dramaturgo romano Plauto afirmou que, antes do casamento, as etruscas vendiam o corpo para angariar o dote.

Aproximadamente no ano 40 D.C., o imperador romano Cláudio se casou com sua primeira esposa, uma mulher de antecedentes etruscos; tempos depois, escreveu uma longa história dos etruscos, que não chegou até nós. Se algum dia aparecer, talvez a obra de Cláudio se revele uma visão equilibrada de uma antiga cultura que tanto era passional quanto desapaixonada.

Talvez as etruscas tenham sido as primeiras mulheres verdadeiramente emancipadas na história antiga. Era rotineiro entre elas jantar com o marido (e com convidados), conviver socialmente com amigos, circular em público e oferecer livremente suas opiniões (e, às vezes, seus favores). Em esculturas de bronze e outras peças artísticas, casais são retratados trocando afagos gentis e tocando o rosto de entes queridos. Além disso, as etruscas parecem ter sido genitoras muito carinhosas, a julgar pela multiplicidade de objetos de arte que retratam mães amamentando ternamente os filhos.

A autonomia e a liberdade de movimento das etruscas eram extraordinárias, como o era o costume local de dar e receber afeição ativamente. É difícil conciliar esses gestos de amor e afeição, lindamente retratados, com a dura realidade de outras tradições etruscas — como os jogos de gladiadores, originários dos jogos fúnebres realizados em homenagem aos nobres etruscos.

PERPÉTUA, MÁRTIR CRISTÃ: Sangue derramado por amor

Antes a mais temida inimiga de Roma, a cidade de Cartago, no litoral norte da África, tinha uma força combativa e um amor à violência que não perdiam para ninguém. Mas o exército romano enfim derrotou esses fenícios poderosos. Para se certificar de que Cartago nunca mais voltaria a criar problemas, as tropas arrasaram completamente a cidade em 146 A.C., salgando a terra para que nada viesse a crescer ali.

Três séculos depois, entretanto, o imperador romano Adriano reconstituiu a cidade e, no ano 200 da era cristã, Cartago era novamente uma metrópole pujante. Além disso, tornou-se o cenário de uma história inusitada de amor, coragem e martírio.

Quando menina, Perpétua recebeu uma boa educação e foi criada com ternura por seus amorosos pais cartagineses. Eles viviam com extremo conforto, desfrutando das amenidades de uma típica cidade romana, como então era Cartago, e jurando fidelidade ao imperador, como agora faziam todos os cidadãos do império.

Depois de se casar, Perpétua se tornou parte do círculo das jovens matronas. Em algum ponto do caminho, contudo, apaixonou-se pelo movimento cristão. Não apenas isso, mas também convenceu sua serva africana, Felicidade, a se converter. Seu marido e seus pais poderiam ter tolerado essa aberração, não fosse por um detalhe: os cristãos convictos se recusavam a render homenagens ao imperador, até mesmo da boca para fora. (Eis um exemplo excelente de como as palavras mudam de sentido com o tempo: essa recusa era chamada de "ateísmo", que, naquela época, significava "negar os deuses".)

Nesse período, era imperador Sétimo Severo, nascido em Leptis Magna, no litoral norte da África. Ao contrário de alguns césares que poderíamos citar, Severo não era mau sujeito. Amava sua mulher, Júlia Domna, e era dedicado aos dois filhos, contando com eles para sucedê-lo no trono. Geta, o primogênito, um ano mais velho que o irmão, era seu xodó especial.

Como já havia ocorrido com imperadores anteriores, Severo se preocupava com o crescente movimento cristão e com o comportamento audacioso de alguns de seus seguidores. Para reprimi-lo, promulgou em 202 uma lei que proibia os cristãos de promoverem abertamente sua religião.

Àquela altura, Perpétua era uma ativista muito eloquente, que fazia sua catequese pelas ruas de Cartago. O conflito com as autoridades era inevitável. Quando essa jovem de vinte e dois anos foi presa por agitação religiosa, era mãe de um recém-nascido a quem estava amamentando. As autoridades também prenderam quatro ativistas do sexo masculino e a criada de Perpétua, Felicidade, então em estado avançado de gestação.

Algumas mulheres se tornaram mártires cristãs primitivas, mas somente Perpétua documentou sua provação. Enquanto presa, durante oito meses, manteve um diário; no dia de sua execução, entregou-o a um companheiro cristão, que registrou os detalhes macabros de seu martírio.

O significado original da palavra *mártir* é "testemunha", e era isso que Perpétua e outros semelhantes a ela se dispunham a fazer: sofrer e, possivelmente, morrer, para não abrir mão de sua fé. E fazê-lo em público, para que outras pessoas, por seu turno, pudessem ser testemunhas. Os ativistas cristãos eram rotineiramente sentenciados a serem atirados às feras na arena dos gladiadores. Sua disposição de suportar essa tortura mostrava a força de sua fé.

Na prisão escura e superlotada de Cartago, Perpétua e seus companheiros cristãos receberam a notícia da data da execução de sua sentença. Alegraram-se, mas ficaram tensos por causa de Felicidade, que não poderia aparecer em público (e, portanto, perderia o martírio), caso ainda estivesse grávida. Após uma intensa sessão de orações em grupo, Felicidade entrou finalmente em trabalho de parto e deu à luz uma menina na cela comum, três dias antes da data da ida para a arena.

Numa clara manhã de março, esse pequeno grupo de cristãos marchou para o anfiteatro de Cartago. Todos exibiam sorrisos corajosos, e Perpétua ia cantando. (Nenhum dos bebês estava presente, tendo sido levados por parentes ou amigos.)

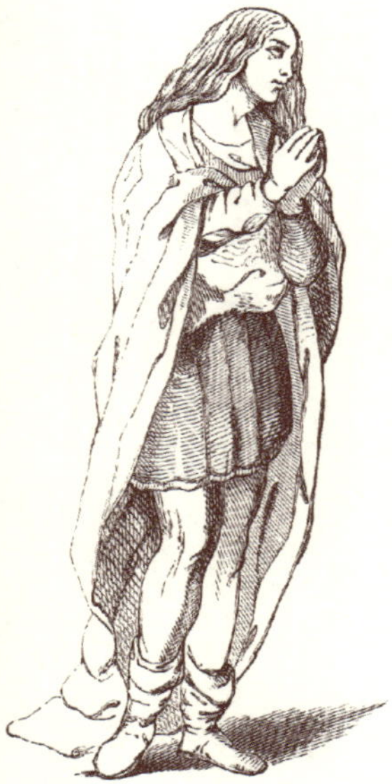

Cidadã romana, Perpétua amava o cristianismo e ansiava pelo martírio. Deixou um diário documentando seu ativismo e sua morte, na arena dos gladiadores de Cartago.

O verdadeiro horror da morte causada por feras selvagens é que a maioria dos carnívoros não ataca os seres humanos quando solicitada; assim, os romanos recorriam a deixar os animais com fome e/ou a maltratá-los. Vez por outra, simplesmente amarravam a vítima no animal selvagem — também ele uma vítima, já que nenhum deixava a arena com vida.

Primeiro, vários homens do grupo de Perpétua foram despachados por um leopardo feroz e um urso agressivo. Mas, quando Perpétua e Felicidade, recém-parida, chegaram ao centro da arena, membros da plateia ficaram enojados à visão do leite que escorria dos seios das mulheres lactantes, ambas nuas. Depois dos protestos da turba, as duas jovens mães foram retiradas da arena, vestidas com túnicas e mandadas de volta.

Uma novilha selvagem entrou na arena e jogou Perpétua para o alto. Ela não se machucou. Em seguida, a novilha atacou Felicidade e a derrubou selvagemente. Outros animais foram soltos, mas não conseguiram matar as duas mulheres e o homem que restava.

Por fim, os três foram obrigados a subir numa plataforma, onde um gladiador esperava para liquidá-los. Sua espada errou o primeiro golpe. Perpétua gritou e, em seguida, posicionou a espada no próprio pescoço para o golpe final.

Morreu com extraordinária coragem, expressando seu amor a seu Deus e sua alegria por ir ao encontro de outros mártires no céu.

Enquanto se desenrolava esse evento sanguinário, o imperador que o havia desencadeado estava ocupado numa comemoração. Era o aniversário de catorze anos de seu querido filho Geta. Como era costume, as execuções dos animais e dos mártires representavam um sacrifício feito no dia do aniversário do menino, para garantir sua saúde e prosperidade. Não adiantou. O imperador Sétimo Severo viria a falecer dali a seis anos. E, no mesmo ano, Geta perderia a vida nas mãos do próprio irmão.

OTÁVIA & MARCO ANTÔNIO: O amor materno supera o resto

O que acontece quando a mãe do século se encontra com o amante e lutador mais notório e cheio de testosterona do mundo? Se estivermos falando de Roma no século I A.C., eles se casam. Mas, primeiro, vamos a alguns antecedentes.

Haja virilidade e fertilidade! No curso de seus cinquenta e três vigorosos anos, Marco Antônio se casou (e/ou estabeleceu relações firmes) com cinco mulheres, algumas simultaneamente. Não podia ser fácil agradá-las ou manter uma tabela de visitas regulares, dados os tempos de navegação e as distâncias terrestres entre Roma, Grécia e o Egito. Não sendo de se furtar a suas responsabilidades, o imperador multitarefas também fazia negócios em trânsito (teria adorado os telefones celulares) e cuidava da mamãe idosa, arrastando-a consigo.

E essas cinco mulheres foram simplesmente as esposas legais e as principais amantes! Na juventude, Marco Antônio teve relações sexuais com uma variedade impressionante de damas. Um caso muito especial foi uma cantora/dançarina/mímica/atriz chamada Licoris. Com ela, o imperador viajou de liteira por toda a península itálica, numa procissão de personagens de má fama que farreavam juntos, enchendo a cara de vinho e tocando música.

Para fazer o aquecimento nupcial, ele se casou com uma liberta chamada Fábia, sobre quem pouco sabemos, exceto por uma única menção nas cartas de Cícero. Marco Antônio também deu umas voltinhas com Fúlvia Flaca Bambula (sim, era esse mesmo o nome dela), então casada com um patrício escandaloso, chamado Clódio Pulcro.

Aos trinta e nove anos, casou-se com uma prima em primeiro grau, Antônia, o que durou apenas dois anos, até ele flagrá-la numa aventura com seu melhor amigo e pô-la no olho da rua. Os dois tiveram uma filha.

Um ano depois, ele entrou no seu casamento número três, com Fúlvia, já então viúva e mãe de três filhos. A família conjunta do casal incluía quatro crianças. Foi uma relação tempestuosa; Fúlvia possuía talento político, desejo sexual e riqueza abundantes; Marco Antônio também, embora torrasse seu dinheiro muito mais depressa que ela. Em pouco tempo, o casal gerou dois filhos. Depois que o assassinato de César sacudiu a península itálica, Marco e Fúlvia se tornaram ainda mais poderosos, graças, em grande parte, aos termos generosos do testamento de Júlio César.

Ao mesmo tempo, a rainha Cleópatra VII, que estivera em Roma como convidada de Júlio César, andava ansiosa por voltar para casa. Antes de retornar correndo ao Egito, porém, resolveu cair nas boas graças de Marco Antônio, emprestando-lhe dinheiro. Em parte, foi uma propina para respaldar sua posição como rainha de um Egito independente, e em parte, pareceu-lhe sensato financiar um dos contendores com maior probabilidade de vir a governar Roma no futuro.

Três anos depois, ela e Marco Antônio voltaram a se encontrar, dessa vez na Ásia Menor, aparentemente para discutir a situação das terras dela como Estado cliente. A química entrou em ação e Antônio se apaixonou por Cleópatra. Deitou-se com ela e o resultado foi o nascimento de gêmeos, no devido tempo.

Ao tomar conhecimento disso tudo, Fúlvia explodiu de raiva. Enquanto ela travava uma pequena guerra frenética contra Otávio, em benefício do marido, lá estava ele dormindo com uma vadia! Irada, ela adoeceu e morreu em maio de 40 A.C., ocasião em que Marco Antônio

Otávia, a irmã do imperador, teve cinco filhos e dois maridos, dos quais Marco Antônio foi o segundo. Após o desastre com Cleópatra, essa mulher compassiva também adotou todos os filhos dos casamentos anteriores de Antônio.

e Otávio se sentaram para uma discussão informal, para ver se conseguiriam chegar a um acordo antes de uma guerra completa.

Sem a menor cortesia, Marco Antônio culpou a esposa recém-falecida pelas hostilidades recentes, mas teve dificuldade de desconsiderar sua ligação sexual com a rainha do Egito. (Em segredo, é provável que Otávio tenha ficado radiante, visto que a maior parte de Roma já odiava Cleópatra, e ela seria um pretexto perfeito para ir à guerra.).

Otávio, por sua vez, tinha seus próprios e pesados problemas familiares, os quais Marco Antônio, sempre solícito, concordou em solucionar. Otávio tinha uma irmã, Otávia, que andava abatida, recém-viúva e em estado avançado de gestação, chorando a perda do marido de uma união de quinze anos. O prestativo Antônio desposou-a no outono do mesmo ano. Com os três filhos dela, a família passou a contar com pelo menos nove rebentos de uma variedade de eventos matrimoniais.

Tudo correu bem durante três anos, pelo menos do ponto de vista de Otávia. Ela adorava crianças, tendo gerado mais duas, e amava Marco Antônio, embora ele estivesse beirando os cinquenta.

Só que Antônio sofria de uma comichão crônica. E agora, só Cleópatra conseguia acalmá-la. Ele começou a fazer viagens frequentes ao Egito, o que resultou em mais um filhote a caminho para Cleópatra — e em demandas da rainha egípcia de uma relação mais permanente.

Depois de um doloroso divórcio de Otávia, em 36 A.C., Marco Antônio se instalou com sua quinta mulher (não reconhecida como tal pelos romanos, é claro) no Egito. O fatídico desafio que os dois fizeram a Roma encontrou o fracasso e uma derrota humilhante em 31 A.C. Os dois amantes (Marco Antônio com cinquenta e três anos, Cleópatra com trinta e nove) cometeram suicídio e foram enterrados juntos.

Após os suicídios, em 30 A.C., Otávia mostrou seu lado mais compassivo. Embora seu irmão Otávio (já então o primeiro imperador de

Roma) se opusesse a ela nessa questão, Otávia tomou a si a responsabilidade de ser a única a cuidar de seus filhos com os maridos um e dois e de todos os filhos de Marco Antônio com Fúlvia. E não foi só: profundamente clemente e maternal, essa mulher se ofereceu para ficar com a guarda dos três filhos sobreviventes de seu ex-marido com Cleópatra: Ptolomeu Filadelfo, que estava aprendendo a andar, e os gêmeos de dez anos, Cleópatra Selene II e Alexandre Hélio.

Otávia tomou enorme cuidado para que todos os seus filhos, fossem eles adotivos ou consanguíneos, fizessem bons casamentos. Eles se tornaram a espinha dorsal dos patrícios, uma espécie de dinastia imperial para a geração seguinte de júlio-claudianos.

Um destaque notável foi Cleópatra Selene, que desabrochou sob os cuidados de Otávia, crescendo inteligente e emocionalmente estável. Seu casamento com Juba II, rei da Mauritânia, foi um sucesso prolongado para ambas as partes.

E qual foi a pior tragédia que sucedeu à maternal Otávia? A morte inesperada e dolorosamente lamentada de seu filho mais velho, Marcelo, que na época era o queridinho e herdeiro provável de seu irmão, Otávio Augusto.

VIRGENS VESTAIS: Direto à castidade

As virgens vestais de Roma, que tinham seis a dez anos de idade ao assumirem a obrigação do cargo por trinta anos, sempre estiveram em grande evidência. Conduziam limpezas rituais da cidade, abriam cerimônias solenes e enfeitavam os banquetes de Estado e as festas religiosas. Também tinham tarefas laicas. Sua vida se dividia nitidamente em três partes: a primeira década, na qual aprendiam a ser vestais; a segunda, em que cumpriam os deveres destas; e a terceira e última, na qual davam ensinamentos às jovens vestais recém-selecionadas.

Ao lado de outras obrigações sagradas secretas, elas tinham a tarefa crucial de manter aceso, noite e dia, o fogo sagrado de Vesta, a deusa padroeira virginal de Roma. Essa ordem de sacerdotisas talvez soe estranha aos ouvidos modernos, porém a moral e a estabilidade que elas representavam eram o pé de coelho de Roma, cidade de um milhão de habitantes. Como resultado, elas eram benquistas. Durante os mil anos em que sua instituição prevaleceu, quase todas as vestais levaram vidas exemplares e contribuíram muito para a cidade.

Sob vários aspectos, ser vestal era uma rara oportunidade para que a mulher, uma vez madura, usasse seu intelecto e tomasse decisões importantes, livre da interferência masculina. O cargo era, em síntese, o melhor emprego que uma mulher podia ter nos tempos romanos. E elas o conservaram por um milênio inteiro.

Occia, por exemplo, começou quando menina, em 38 A.C., e trabalhou como vestal durante cinquenta e sete anos, embora só lhe fosse exigido servir por trinta. Ganhou fama por sua dedicação, inclusive durante as décadas de guerra civil na Itália.

As virgens vestais eram o pé de coelho de Roma, guardando a segurança e a estabilidade moral da cidade através de seus deveres sagrados e sua conduta exemplar.

Outro destaque foi Júnia Torquata, que depois se tornou a superiora da ordem, ocupando um cargo chamado de *Virgo Maximo* — a Virgem Suprema. As vestais tinham poderes que se estendiam a apelos especiais ao senado e ao imperador romanos. Possuíam também o poder de interceder para levar clemência a qualquer condenado que porventura cruzasse seu caminho. Durante o período em que chefiou a ordem, Júnia teve amplas oportunidades de testar seus poderes, visto que dois de seus irmãos tiveram problemas com a justiça. Um deles, acusado de extorsão e traição, foi exilado numa ilha miserável e desabitada da costa da península itálica. Depois que Júnia defendeu o caso dele perante o imperador Tibério, seu irmão não foi libertado, mas transferido para uma ilha melhor. O outro irmão se metera realmente em maus lençóis: seu crime fora o adultério com Júlia, a neta sexualmente voraz de ninguém menos que o imperador Otávio Augusto. O rapaz fugiu prontamente para um exílio voluntário, mas foram necessários catorze anos e todos os dons de persuasão de Júnia junto ao imperador para que ele regressasse a Roma. Àquela altura, Júnia já era uma senhora idosa, tendo servido à deusa Vesta por sessenta e quatro anos.

As virgens vestais não apenas tinham o respeito da sociedade, influência política e independência de guardiães masculinos, como também alcançavam a independência financeira ao se aposentarem. Os pais das novas vestais tinham de entregar os dotes das filhas quando de sua admissão, como se elas estivessem se casando. Após trinta anos de serviço, a vestal podia se aposentar com uma pensão generosa. (Ou, como faziam muitas, permanecer na residência das vestais, semiaposentada pelo resto da vida.) Os registros mostram que uma vestal de nome Cornélia se saiu extremamente bem no departamento de investimentos. Ao assumir seu posto, em 23 d.C., ela recebeu um dote de dois milhões de sestércios. Ao se aposentar, ainda bem jovem, era uma mulher riquíssima.

A MARCA IMPERIAL: **Não há como não amar esse imperador — ele está em toda parte**

Já se derramou tanta tinta (para não falar em sangue) a respeito de Otávio Augusto, o primeiro verdadeiro imperador real e governante supremo de Roma, que pareceria restar pouco a dizer. Mas esse jovem — general aos dezoito anos, governante de Roma e "restaurador da república" aos dezenove — era astuto em mais do que a guerra e a política. Anteviu o poder da marca imperial e até o valor da produção em massa, ideias que parecem fantasiosas e "modernas" demais para o século I a.C.

Em 44 A.C., pouco depois do assassinato de Júlio César, pai adotivo de Otaviano, um grande cometa apareceu passando sobre Roma. Os sacerdotes o identificaram imediatamente com a alma de César no céu e lhe deram o nome de *sidus Iulium*, a "estrela juliana".

Uns dezoito meses depois, com pleno consentimento do senado e do povo de Roma, Otávio preparou uma apoteose solene e extravagante para César, transformando-o oficialmente num deus — *divus Iulius*. E qual foi o brilhante gesto seguinte de Otávio? Bem no local da cremação de César, ele dedicou um templo ao deus Julius. Em consequência disso, passou a poder se chamar *divi filius*, "filho do divino". Que modéstia esperta! E que linhagem para exibir!

Ao derrotar Antônio e Cleópatra em 31 A.C., bem como agora que era o único no comando, Otávio iniciou sua transformação diplomática e discreta da "república" romana. Em vez de dar a si mesmo o nome de ditador e/ou imperador (como fizera seu pai adotivo, Júlio César), ele insistiu em ser chamado de *princeps*, termo vago e ameno que significava "primeiro homem" ou "homem principal".

Após as sangrentas décadas de lutas pelo poder que se seguiram ao assassinato de César, Otávio queria o retorno à lei e uma estrutura senatorial para exercer sua influência. Em consonância com isso, tomava as grandes decisões, mas as submetia quase humildemente ao senado romano, para que ele as aprovasse. Esse órgão adorador não tardou a aprovar um novo título para ele: Augusto, o majestoso, o imponente. (Mais tarde, as imperatrizes bem comportadas receberiam o nome de Augustas.)

Em outras partes do Império Romano, em lugares onde era tradicional conferir aos reis atributos divinos, o povo clamou por deificar o homem que ainda se recusava a chamar a si mesmo de imperador. Embora Otávio e Lívia, sua mulher e assessora política, protestassem e rejeitassem resolutamente, em público, todos os esforços feitos para endeusá-los, aos poucos permitiram que províncias da Grécia à Ásia Menor se divertissem com a realização de cerimônias de apoteose.

Isso combinou muito bem com os planos a longo prazo de Otaviano, que pretendia uma marca imperial que se estendesse a sua família inteira. Ele queria que todos passassem a ser benquistos, adorados. Numa época em que não havia prensas tipográficas, fotografia nem fotocópias, ele arquitetou várias maneiras de fazer reproduções e mais reproduções de sua imagem e das de seus familiares.

As moedas com o nome e o rosto de Otávio eram o instrumento perfeito de propaganda. Durante seu reinado de quarenta e um anos, foram cunhadas dezenas de milhões de moedas com sua efígie. E não simplesmente em Roma, porém numa variedade de casas da moeda estabelecidas por todo o crescente império. Cada novo lote contava mais uma história: de Roma reconstruída em mármore; de novas terras conquistadas; de veteranos do exército que haviam recebido terras e de famintos que tinham sido alimentados. Todas essas boas ações e qualidades foram imortalizadas em moedas, o mais importante veículo de propaganda da época.

Alguns diriam que um plano ainda mais engenhoso de *marketing* alimentou o culto de amor imperial criado por Otávio. Durante sua longa vida, mais de vinte mil estátuas de bronze do "filho do divino" jorraram de oficinas de todo o império. Além disso, havia réplicas baratas de gesso, assim como estátuas de mármore maiores que o tamanho natural, exibindo Augusto em poses heroicas.

A criação de imagens elegantes e visualmente exatas, em números tão grandes, era uma tarefa difícil. Como solucioná-la?

Os historiadores da arte e os arqueólogos sabiam que isso devia ter sido feito por meio de técnicas de produção em massa que

Durante seus quarenta e um anos de reinado, o imperador Otávio Augusto distribuiu milhares de estátuas suas e milhões de moedas com seu retrato por todo o seu vasto império.

preservassem a qualidade e padronizassem a semelhança com os originais. E finalmente decifraram o mistério, ao descobrirem algumas estátuas de mármore inacabadas. Na cabeça de cada peça, encontraram vinte e quatro ou mais protuberâncias parecidas com verrugas. Após consultas a escultores em atividade, perceberam que se tratava de *puntelli*, ou pontos de verificação. Usando compassos e os *puntelli*, o escultor de dois mil anos atrás era capaz de atingir uma precisão espantosa na cópia de bustos ou estátuas originais.

E assim, as estátuas, bustos e outras imagens do imperador Otávio Augusto mantiveram-se uniformes e prontamente identificáveis por todo o império. Os objetos artísticos que o retratavam, assim como a seus familiares, estavam em toda parte — perto de teatros, no fórum de cada vilarejo e cidade e, com o passar dos anos, num número crescente de templos em que se praticava o culto da adoração imperial. Os bustos e estátuas eram também uma presença permanente em todas as instalações do exército romano, onde os legionários podiam contemplar diariamente o seu comandante-em-chefe, mesmo quando estavam acampados ou em guerra.

Mesmo sem a fotografia, o primeiro imperador de Roma tornou seu rosto instantaneamente reconhecível. Como? Pela inteligente produção em massa de sua imagem.

Além de suas outras realizações assombrosas, Otávio sabia desempenhar o papel de modesto homem do povo, ao mesmo tempo que impunha sua marca no mercado. Tornar-se literalmente o objeto de amor de milhões de pessoas deve ter contribuído para seu reinado longo e predominantemente pacífico. Ele decerto deu a partida no culto de adoração do imperador, o qual, depois de Augusto, assumiu proporções obscenas. Mas isso tinha um bom propósito. Talvez os romanos, sempre dispostos a aumentar a pletora de deuses e deusas, também precisassem de uma figura como essa, de carne e osso, para admirar e amar, e na qual pudessem se apoiar como seu protetor divino.

LÍVIA, A DIVA AUGUSTA, & AS JÚLIAS: Não é fácil virar deusa
Há uma tendência moderna em relação às cantoras populares. Mesmo que não sejam estrelas da ópera, aquelas que despertam o amor de milhões de pessoas costumam ser chamadas de divas. Termo italiano que significa prima-dona (literalmente, a primeira ou principal cantora), *diva* se relaciona de perto com as palavras divino e divindade.

Milhares de anos atrás, no entanto, se você quisesse se tornar uma verdadeira diva — uma deusa cultuada e amada por todos —, em geral teria de morrer. Ainda valia a pena, argumentaria a maioria das garotas, já que a apoteose de mulheres não acontecia com toda essa frequência.

No século I A.C., uma mulher extraordinária, régia na conduta, aguda no intelecto e perita na manipulação, conseguiu chegar em vida à apoteose — à divinização. Seu nome? Lívia. Como muitas celebridades modernas, era conhecida por um nome só. Foi mulher do primeiro imperador de Roma, Otávio Augusto, e o acompanhou até ele deixar sua longa vida.

Uma cena especialmente memorável do clássico seriado de televisão da BBC intitulado *Eu, Cláudio*, alguns anos atrás, mostrou a imperatriz Lívia como uma senhora idosa, rogando a seu jovem e repulsivo neto Calígula: "Quero ser deusa. Prometa-me que, quando eu morrer, você fará de mim uma deusa!"

Calígula respondeu como seria esperado, em tom venenoso: "Você é uma bruxa velha nojenta, malcheirosa e perversa! Por que eu faria isso? Sua bruaca assassina, o seu lugar é no Hades!"

Apesar da zombaria de Calígula, Lívia realizou seu desejo. E nem teve de morrer para isso. Teve uma sorte extraordinária: em 14 D.C., tinha se tornado uma deusa cultuada em cidades de todo o império — em Lesbos, na ilha de Chipre, na cidade de Pérgamo, na Ásia Menor, e até em Atenas. Não só era cultuada nesses locais, como foram cunhadas moedas de várias casas da moeda com a inscrição *Thea Livia* — Deusa Lívia — em torno de sua efígie, vista de perfil. O que poderia ser mais divino? Quando ela morreu, dez anos depois, em 29 d.C., também foi deificada pelo imperador Cláudio e pelo senado romano. A situação das divas modernas simplesmente não se compara a isso.

Lívia foi a primeira, mas não a última patrícia de Roma a ser divinizada.

Quando Júlia Drusila, a irmã favorita de Calígula, morreu aos vinte e dois anos, ele a deificou, acrescentando a seu título a palavra *panthea*, ou "deusa de tudo", e chorando sua perda de forma sumamente dramática. Seria amor ou culpa? Provavelmente as duas coisas, já que se acreditava que Calígula havia abusado de suas três irmãs desde que eram pequenas.

Outra Júlia, esta da família dos Flávios, filha do imperador Tito, era casada com um homem e dormia abertamente com outro — aquele perturbado mental conhecido como imperador Domiciano. É possível que ela, morta aos vinte e três anos, tenha expirado por causa de um aborto que lhe foi imposto pelo imperador. Domiciano a deificou; tempos depois, pelo tratamento que deu a Júlia e por outros crimes e crueldades, ele foi assassinado.

O quarteto mais extravagante de Júlias adoradoras de divas veio da Síria romana. Depois que elas baixaram em Roma, por volta de 218 d.C., a cidade nunca mais foi a mesma. Júlia Domna e Júlia Mesa eram irmãs, vindas de uma família rica e importante da Síria; a primeira se casou com Sétimo Severo e se tornou imperatriz. Quando seu filho "ovelha negra", Caracala, assassinou o irmão, o amável Geta — e nos braços dela, ainda por cima —, Júlia teve de aguentar firme. Para sobreviver, tornou-se corregente e passou a cuidar dos papéis de Caracala, inclusive de toda a correspondência agressiva sobre o homicídio fraterno. Quando ele, por sua vez, foi assassinado enquanto tirava as calças, Júlia se sentiu duramente atingida e, poucas semanas depois, acompanhou o filho na morte.

A irmã dela, Júlia Mesa, tinha planos grandiosos de recuperar o lustro da dinastia — e quem melhor para fazê-lo do que seu querido neto de catorze anos, Heliogábalo? Depois de pagar uma quantia absurda para subornar as legiões romanas, ela e as filhas, Júlia Soêmia e Júlia Mamea, deixaram a Síria e tomaram o caminho de Roma, levando consigo o adolescente. No princípio, ele não criou problemas, muito ocupado com suas túnicas floridas, seus sapatos de pedrarias e o retoque da pintura dos olhos. O grupo entrou em Roma sob vivas da multidão, que logo se pôs a coçar a cabeça diante daquele garoto apalermado, que corria à frente de uma quadriga que puxava uma grande pedra negra, símbolo do deus Sol da Síria.

Soêmia, sua mãe, cansou-se depressa das atividades bizarras do filho: levantar-se ao alvorecer para sacrificar um rebanho de gado ao deus Sol. A insistência dele em se casar com uma das virgens vestais gerou um protesto clamoroso. E o mesmo se deu com suas saídas noturnas, ora travestido, ora se fazendo de prostituta. Soêmia e sua mãe, Júlia Mesa, tentaram ponderar com o adolescente, mas foi inútil. Aliás, ela nunca sabia se o filho estava saindo com uma garota, um rapaz ou um orangotango. Certa vez, Heliogábalo ficou caído por um escravo cário e se fez de mulher — chegou até a incentivar o sujeito a maltratá-lo fisicamente.

Por sorte, Júlia Soêmia e sua mãe haviam recebido algumas belas honrarias em Roma: tinham sido consagradas com o título honorário de Augusta. Foram até convidadas a comparecer a sessões do senado romano. Antes de se sentarem no senado, certa vez, não faziam ideia de como era maçante esse negócio de governar. Só por diversão, ela e a mãe montaram um Senado de Mulheres, mas os romanos conservadores também não viram isso com bons olhos.

Não demorou muito para que os romanos, de senadores a plebeus, espumassem de raiva diante dos disparates do adolescente Heliogábalo. As Júlias, mãe e filha, concordaram em que ele andava perturbado, mas tinham certeza de que superaria isso. Pelo sim, pelo não, forçaram Heliogábalo a "adotar" seu primo de doze anos, Severo Alexandre, e a nomeá-lo seu herdeiro.

E foi bom que o fizessem, porque, em menos de dois anos, Heliogábalo e sua mãe, Júlia Soêmia, foram brutalmente liquidados por soldados romanos enfurecidos. O jovem Alexandre, tendo como corregentes a mãe, Júlia Mamea, e a avó, Júlia Mesa, não foi nem de longe tão ultrajante quanto os falecidos e não lamentados Júlia Soêmia e seu filho. Os romanos deram um agradecido suspiro coletivo de alívio. Assim, em 223 D.C., quando morreu a matriarca Mesa, foi-lhe concedido o título de deusa ou diva. Ela se juntou à irmã mais velha, Júlia Domna, que fora deificada por Heliogábalo — no único "ato" quase normal praticado por ele em seu curto reinado.

Heliogábalo, o transexual ambicioso que se tornou imperador de Roma, pouco realizou, mas deificou sua tia Júlia Domna — uma das várias Júlias a obter o status de diva ou deusa.

A última Júlia restante, Júlia Mamea, propôs então restabelecer a ordem e a moderação no regime. Visto que trabalhar como regente para o jovem Severo Alexandre não consumia tempo algum, ela dispôs de amplas oportunidades para fantasiar e assumir os mais grandiosos títulos já concedidos a uma romana. Começou por "mãe do imperador, do exército, do senado e da pátria", mas acabou optando por um título conciso e menos pesadão: "mãe do universo do gênero humano". (Soa ainda melhor em latim: *mater universi generi humani*.)

Pensando no destino das outras Júlias que eram suas parentas, Mamea escolheu conselheiros sensatos, acumulou um volume escandaloso de dinheiro, manteve a vida sexual do filho Alexandre sob rédea curta e — mais sábia de todas as providências —, sem qualquer tipo de fanfarra, mandou de volta para a Síria o detestado deus Sol de Heliogábalo e sua reluzente pedra negra. Mesmo assim, ela e o filho Alexandre não estavam destinados a uma vida longa e próspera: o assassinato por soldados também os esperava, em 235 D.C.

ADORAÇÃO DE ANIMAIS: Histórias de amor por peixes & felinos
Vivemos num mundo que venera animais e cultua bichos de estimação, a julgar pela assombrosa metragem quadrada de corredores de supermercado dedicados a alimentos para cães e gatos, bem como pelos programas de televisão que enaltecem a caríssima sabedoria dos adestradores de cavalos e periquitos. Apoiamos causas ambientais de salvação das baleias e das aves canoras. Os EUA têm até uma ave nacional que conseguimos não extirpar.

Mas não somos os primeiros, em matéria da fervorosa adoração de animais.

Pense na loba de Roma, a lendária mãe da cidade que amamentou aqueles gêmeos humanos malucos, Remo e Rômulo. Nos primórdios da história romana, ela foi imortalizada em bronze por um mestre escultor etrusco. Símbolo de ferocidade e inteligência, o lobo também era sagrado para Marte, Apolo e Silvano, e por isso foi cultuado. As lupercais, descritas noutro ponto deste livro, tinham no lobo seu totem. No exército romano, soldados especiais, chamados signíferos, usavam cabeças e peles de lobo como parte do uniforme, ao carregarem os estandartes de batalha de cada legião.

Os antigos gregos preferiam cachorros de estimação, os romanos babavam por enguias gigantes, e os egípcios eram loucos por gatinhos. Seu culto dos gatos teve inúmeros seguidores, humildes e de alta linhagem.

Embora os lagartos, papagaios, cobras e peixes tropicais tenham hoje seguidores ardorosos, poucos dos modernos amantes de animais compartilham o fetiche romano por enormes enguias das espécies lampreia e moreia. Apesar de algumas serem conservadas para consumo (a carne de enguia era uma iguaria altamente apreciada entre os frutos do mar), muitas eram tratadas como membros da família. Vivendo em sofisticados lagos feitos pelo homem ao longo da baía de Nápoles, alimentando-se de acepipes e, às vezes, usando joias de ouro, essas enguias eram improváveis objetos de amor. Quando morreu a lampreia de um senador romano chamado Lúcio Crasso, ele vestiu luto completo, sem perda de tempo. Nas palavras de um escritor, "chorou a perda dela como se fosse a de uma filha".

Entre romanos e gregos, cães de grande e pequeno porte eram criados para a caça e para guardar os rebanhos, especialmente sabujos cretenses, cães pastores da Lacônia e as raças úmbrias e etruscas. As pessoas também gostavam de cãezinhos de colo como bichos de estimação. Uma raça favorita era o maltês, de pelagem longa e sedosa; o imperador Cláudio tinha um. Os caninos de estimação eram paparicados e, ao morrer, sepultados com carinho, amiúde rememorados com lápides pungentes, cheias de poesia.

O gato, entretanto, nunca entrou na lista de animais domésticos populares no mundo greco-romano. Por isso, quando historiadores e/ou escritores gregos e romanos como Heródoto e Diodoro da Sicília visitaram o Egito, em diferentes ocasiões, ficaram estarrecidos ao descobrir a idolatria dos felinos.

Os faraós e membros da realeza não eram os únicos a adorar gatos. Em casas mais humildes, seus donos raspavam as sobrancelhas em sinal de luto quando morria o bichano da família. A deusa felina Bastet ou Bubástis representava um grande culto, com numerosos templos e incontáveis fiéis. Os arqueólogos encontraram cemitérios inteiros cheios de múmias de felinos, cuidadosamente embalsamadas em óleo de cedro e envoltas em linho.

Na nossa era, vez por outra os apreciadores fanáticos de gatos e os salvadores de animais perdidos chegam às manchetes, mas seria difícil superar a paixão dos egípcios por seus felinos. Mais ou menos em meados do século I A.C., um diplomata romano recém-lotado em Alexandria, no Egito, matou acidentalmente um gato. Naquele período delicado, as altas autoridades egípcias vinham tentando aplacar os romanos, para impedir uma guerra. Apesar de seus melhores esforços para acalmar o público, uma multidão de alexandrinos indignados fez picadinho do pobre infeliz.

ADORAÇÃO DE CETÁCEOS: Resgates quase divinos por golfinhos
Os gregos (e os romanos, em menor grau) eram tão melosamente apaixonados pelo membro mais bonitinho da família dos cetáceos quanto qualquer fã atual do Flipper. Os textos dos escritores, de Aulo Gélio a Opiano de Apameia, são repletos de histórias encantadas sobre golfinhos que salvaram seres humanos quando estes se afogavam, e de relacionamentos duradouros entre meninos e cetáceos de bom coração.

Os gregos eram navegadores e, como todos os antigos marinheiros, supersticiosos. Desde tempos minoicos primitivos, na grande ilha de Creta, os golfinhos ocupavam um lugar de honra na mitologia e na arte gregas, sendo associados com frequência a Dioniso, o deus do vinho.

Um dos mitos relata uma história de Dioniso, que embarcou num navio de piratas quando viajava disfarçado de homem. A tripulação, urgentemente necessitada de dinheiro para comprar bebida, resolveu vender como escravo aquele que lhes parecia ser um indivíduo comum, em vez de levá-lo a seu destino. Ao saber da trama, o deus do vinho enlouqueceu os marinheiros e lhes causou alucinações. Eles se atiraram ao mar e já iam se afogando quando Dioniso gritou: "Estão arrependidos do seu plano maléfico?"

Ao ouvi-los gritar “Sim!”, o deus os transformou em golfinhos.

Esse e muitos outros mitos impediam os gregos de fazer mal aos golfinhos, na convicção de que esses animais sociais, que cuidavam carinhosamente de seus filhotes, um dia tenham sido seres humanos (ainda que provavelmente bandidos e piratas). Matar um golfinho era considerado um crime grave na antiga Grécia.

Outra ótima história envolvia Árion, um famoso cantor e lirista de Corinto, na Grécia. Quando regressava ao lar, após uma lucrativa turnê pela Itália, a tripulação de seu navio o atraiçoou e exigiu todo o seu dinheiro, antes de lhe tirar a vida. Para ganhar tempo, Árion perguntou se poderia cantar uma última canção, e os tripulantes — grandes fãs de música e não inteiramente maus — disseram sim.

O mundo antigo adorava os golfinhos, considerando-os verdadeiros protetores dos seres humanos. Lendas sobre sua afabilidade e sobre os salvamentos feitos por eles enchiam as páginas de autores gregos e romanos.

O músico vestiu cuidadosamente seus trajes de palco e começou a cantar a cativante ode ao Apolo pítio. A peça musical que escolheu era longa, e a tripulação foi ficando impaciente. Quando Árion viu os homens sacarem as facas, pulou dentro d’água.

Ao afundar, foi arrebatado e carregado acima das ondas por um bando de golfinhos que tinham apreciado seu número musical mais do que a tripulação do navio. Os gregos também acreditavam que os golfinhos eram cativados pela música dos humanos. Nadando pela noite estrelada, os cetáceos inteligentes carregaram gentilmente o músico até a praia, onde alguns humanos admirados os viram cercar Árion e lhe dar um abraço grupal. Ao partirem, os golfinhos brincaram um pouco junto ao promontório, num adeus alegre e saltitante.

Árion voltou às pressas para Corinto, a fim de denunciar a tripulação amotinada. Quando esta finalmente chegou com o navio, recebeu o que muito merecia das mãos de Periandro, o tirano irritadiço de Corinto.

A criação de lendas sobre golfinhos cresceu em várias direções. Acreditava-se que esses mamíferos marinhos conduziam as almas humanas às Ilhas dos Abençoados — ou ao Hades, quando era este o seu destino final. O povo tinha a convicção de que os golfinhos, também tidos desde longa data como amistosos e prestativos para com os seres humanos, eram dotados do senso de honra. Tomando emprestada uma página dessa mitologia, a Igreja cristã primitiva ostentou quase meia dúzia de santos que diziam ter sido salvos por golfinhos.

Plutarco, historiador e escritor grego, escreveu certa vez algo que revela a intensidade da afeição que os gregos nutriam por esses animais. "Unicamente ao golfinho, mais do que a qualquer outro, a natureza concedeu o que buscam os melhores filósofos: a amizade desinteressada. Embora não necessite do homem, é amigo de todos os homens e lhes tem dado grande ajuda."

HIPÁTIA DE ALEXANDRIA: Ensinando a verdade, amando-a até a morte

Não existem muitas cartas de admiradores que datem de mil e seiscentos anos atrás, muito menos cartas enviadas por estudantes agradecidos a uma professora de filosofia esotérica.

E quem foi a destinatária, no caso? A excepcional Hipátia, filha de Téon, pensadora e mestra por excelência. Embora algumas concepções equivocadas confundam sua história e certas descrições dela sejam romanceadas, restaram provas substanciais de sua vida e obra, a começar pela correspondência de seus admiradores.

Nascida nos arredores de 355 D.C. em Alexandria, no Egito, Hipátia era a menina dos olhos do pai, além de sua protegida intelectual. Como principal professor do Grande Museu e Biblioteca de Alexandria, Téon lecionava para suas turmas — e sua filha — uma vasta gama de matérias, desde os mais recentes avanços da astronomia até as mais profundas investigações da filosofia grega, inclusive o neoplatonismo.

As palavras "museu e biblioteca" não descrevem plenamente o lugar em que Téon lecionava e Hipátia estudou, e no qual, mais tarde, ela lecionou profissionalmente. Financiados por gerações de Ptolomeus — os líderes macedônios que governaram o Egito desde a morte de Alexandre, o Grande, até o período de Cleópatra VII —, o edifício e seus recursos abrangiam a primeira universidade de ensino superior, bem como a maior biblioteca da época em todo o mundo. Além das escolas de estudos específicos no interior do museu, essa instituição bem financiada ainda oferecia instalações residenciais para estudiosos e cientistas visitantes, o que lhes permitia fazer fecundas pesquisas de longo prazo.

Nesse ambiente, alternadamente pressionada e incentivada pelo mentor paterno, Hipátia chegou à maturidade. Desde cedo, deu-se conta de que as exigências impostas a uma esposa e mãe inibiriam dolorosamente uma vida de estudos, e optou pelo celibato. Tempos depois, sua condição de mulher independente, numa Alexandria em que fervilhavam as controvérsias religiosas e políticas, teria grandes implicações.

No começo, porém, Hipátia viu o saber como seu parque de diversões pessoal. Sua sede de chegar aos sentidos mais profundos da lógica, da matemática, da astronomia e de outras ciências logo superou a capacidade de seu pai de lhe transmitir ensinamentos. Embora numerosos textos sejam comumente atribuídos apenas a Hipátia, parece provável que ela e o pai tenham colaborado em projetos como a edição do *Almagesto*, de Ptolomeu, e a redação de comentários doutos sobre *As cônicas* de Apolônio e a *Aritmética* de Diofanto, em treze volumes. Hipátia também acumulou crédito pela edição do comentário de seu pai aos *Elementos* de Euclides. Perita no mapeamento de corpos celestes, ela escreveu um cânone da astronomia cujo texto talvez tenha sido uma nova edição das *Tabelas Práticas* de Ptolomeu.

Também se atribui a ela o aperfeiçoamento dos protótipos do astrolábio e do hidrômetro, usado para determinar a densidade relativa dos líquidos.

Mas esses feitos empalidecem quando comparados a seu valor como professora. Com Téon ela havia aprendido os segredos da clareza como oradora e mestra. Os alunos adoravam suas aulas e, à medida que foi assumindo um papel de maior destaque no museu, ela ganhou um grupo entusiástico de seguidores. Pessoalmente, não era cristã nem pagã praticante, mas seus alunos vinham de todas as camadas e credos. Eram cristãos, futuros convertidos, simpatizantes dos pagãos e outros mais, os quais, como sua mestra, preferiam não declarar sua filiação.

A correspondência de seus admiradores ilustra os que se inspiravam nas lúcidas percepções dela e em seu estilo de ensino. Um aluno de muitos anos, Sócrates Escolástico, tinha-a na conta de uma amiga querida, além de professora. Numa de suas sete cartas preservadas, escreveu: "Teus alunos sentem a presença do teu espírito divino." Às vezes, suas cartas eram simplesmente endereçadas a "Hipátia, a filósofa". Sinésio, outro discípulo que se tornou bispo, correspondeu-se com ela durante a vida inteira. Sua coleção de 156 cartas, dirigidas a Hipátia e a outros membros de seu círculo filosófico, foi conservada, junto com outros escritos que incluem referências a ela.

Uma terceira fonte existente é seu aluno Damáscio, que contou sobre ela a seguinte história reveladora. Hipátia sempre usava o clássico manto longo dos eruditos masculinos. Apesar disso, era inevitável que alguns alunos se apaixonassem por ela, e, quando certo estudante se atreveu a declarar sua adoração, Hipátia não respondeu. Mais tarde, diante dos outros alunos, ela o presenteou com um embrulho. Dentro deste — para o chocado embaraço do rapaz — havia toalhas ensanguentadas pela menstruação da professora. "É isto que você ama realmente, meu jovem, porém não ama a beleza pela beleza." Não havia lugar para carnalidade na vida de Hipátia.

Esse estudante não fazia parte de seu círculo íntimo, um grupo de cerca de seis pessoas que começou a se juntar em torno dela quando Hipátia estava com vinte e poucos anos. Esse grupo, estreitamente unido, lembrava o círculo íntimo de Alexandre, o Grande, cujos membros se tratavam por *hetairoi*, "companheiros". Mas o círculo de Hipátia se concentrava na sabedoria e na vida filosófica — e somente a ele a mestra transmitia os mistérios secretos dessa disciplina.

Celebridade em Alexandria, Hipátia lecionava filosofia e ciências para alunos dedicados, desde pagãos até bispos cristãos. Seu franco amor à verdade a transformou em alvo de extremistas, quando mais velha.

O que a professora tinha a oferecer era mais do que conhecimento. Com sua abstinência sexual, sua coragem sensata e seu amor pela verdade sem retoques, Hipátia representava a autoridade moral. Vivia de acordo com o sábio conselho gravado no oráculo de Delfos: Nada em excesso, tudo com moderação.

Com o passar do tempo, infelizmente, os grupos religiosos de Alexandria se tornaram mais vociferantes, mais extremados. Quando Hipátia chegou à casa dos cinquenta anos, a religião cristã adolescente havia se fragmentado em diversas facções raivosas. A mestra não apoiava nem se opunha a nenhuma delas. Autoridades da cidade, como Orestes, governador de Alexandria, e Cirilo, a mais alta autoridade religiosa, tinham discussões acerbas. Periodicamente dilacerada pelos tumultos, a cidade inteira se polarizou, desenvolvendo uma mentalidade do tipo "de que lado você está".

Hipátia continuou a levar sua vida normal — lecionar, conduzir sua carruagem, externar suas opiniões, ser amiga de Orestes e lhe dar apoio político. Enquanto isso, Cirilo inflamava seus seguidores, insistindo em que ela ensinava "feitiçaria" e afirmando que "iludia muitos com suas astúcias satânicas". Essa filósofa fazia questão de ser prudente e discreta — qualidades que os gregos chamavam de sofrósina.

No entanto, como mulher independente, não cristã e intelectual, ela constituía um alvo tentador.

Em março de 415 D.C., essa mulher ainda vigorosa de sessenta e poucos anos foi atacada por uma turba de *parabalani* vestidos de preto, quando conduzia sua carruagem. Muitas vezes descritos como monges, os *parabalani* eram quase todos homens fanáticos a serviço de Cirilo, como uma força quase militar. Eles a arrastaram de seu veículo para a igreja que antes fora o Serapeum, o templo de Serápis. Depois de despi-la, torturaram Hipátia e, por fim, esquartejaram e queimaram o que restou de seu corpo destruído, num lugar chamado Cinaron.

Não houve investigação criminal, julgamento nem atribuição de responsabilidades, embora Cirilo, que mais tarde se tornaria bispo, tenha claramente tido participação nesse assassinato. Os companheiros do círculo íntimo de Hipátia se manifestaram; alguns escreveram relatos que existem até hoje, descrevendo a selvageria que tirou a vida dessa filósofa e amante da verdade.

PARTE VIII

Amantes demoníacos & deuses obscuros e luminosos

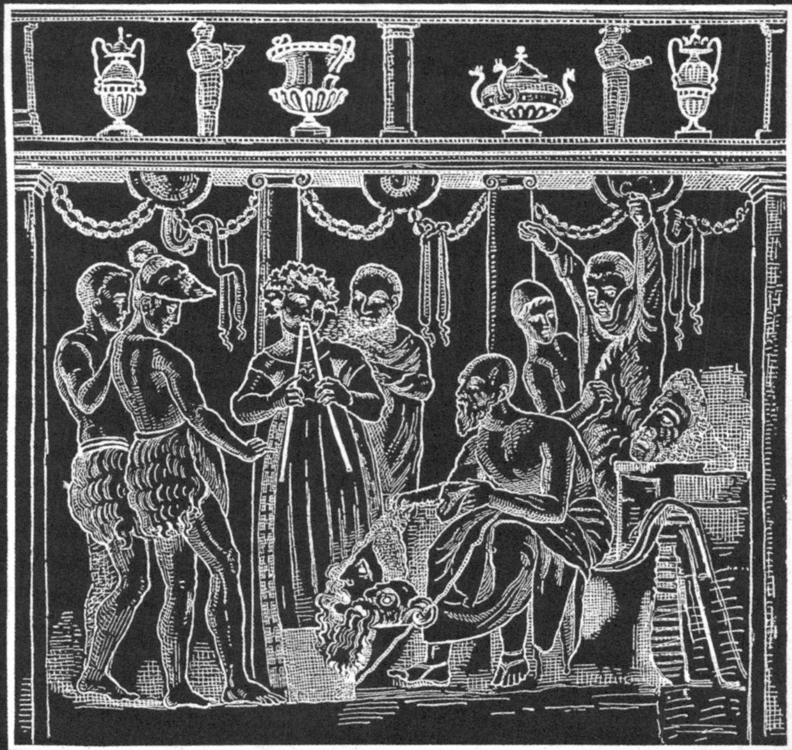

O GRANDE DEUS PÃ: Morto não, apenas mal traduzido

Deus doméstico, atarracado e chifrudo, que nunca entrou no rol das divindades do Olimpo, Pã é frequentemente confundido com sátiros e faunos gregos — quando não acusado de ser o demônio. (Por este último rótulo, podemos agradecer aos cristãos posteriores, que o transformaram no Satanás conhecido pela visão moderna.)

Pã era um híbrido, sem dúvida. Além dos chifres de carneiro e do cabelo horroroso, exibia os quartos traseiros e as patas fendidas do bode. Ganhou uma reputação ainda mais sórdida no mundo de hoje. É no que dá ser apanhado em pleno coito com um bode grande — e, depois, ter esse íntimo interlúdio bestial captado sob a forma de uma escultura de mármore proibida para menores, da qual os turistas riem no Museu Arqueológico Nacional de Nápoles. Quando essa escultura entrou em exposição em 2001, um padre italiano a chamou de tentação capaz de "corromper a moral dos mais castos". Foi quase tão ruim quanto ser imortalizado no YouTube.

Hoje os antropólogos acreditam que Pã, um deus da fertilidade, deus de festas da primavera e rústico senhor do mundo selvagem, era muito mais antigo que os deuses olímpicos. Na Grécia, Pã chamava a Arcádia de lar, pois ali era cultuado em cavernas e grutas por montanheses e pastores.

Embora ele tenha inventado e tocasse lindamente uma flauta, a aparência e conduta abrutalhadas de Pã nunca fizeram sucesso com as mulheres. Certa vez, ele conseguiu seduzir Selene, a deusa da lua, embrulhando-se numa pele de ovelha, mas tinha o mau hábito de transformar ninfas e outras garotas de que gostava em árvores, ou de picá-las em pedacinhos. Seu hábito de soltar gritos grosseiros e produzir outros efeitos sonoros sinistros causava medo entre os seres humanos — uma reação ainda chamada de "pânico", relembrando esse deus.

Ao contrário de outras divindades, que são imortais por definição, acreditava-se que Pã tinha morrido. Como escreveu o historiador grego Plutarco, a suposta morte de Pã teria ocorrido no reinado do imperador romano Tibério (14 D.C. – 37 D.C.). Diz a história que um marinheiro egípcio, chamado Thamus, estava navegando para a península itálica, quando uma voz descrita como divina o chamou de um ponto distante das águas, dizendo: "Thamus, o Grande Pã morreu!"

Quando o cristianismo começou a engrenar, os porta-vozes da nova religião se compraziam em passar adiante essa história, pois ela parecia indicar a morte certeira do paganismo e o advento da nova ordem. Eusébio de Cesareia foi o primeiro autor cristão a contá-la, acrescentando alguns detalhes saborosos de sua própria lavra.

O híbrido de homem e bode chamado Pã fazia cabriolas com seu grupo de admiradores, formado por faunos e sátiros, mas era um deus da fertilidade.

Curiosamente, os estudos posteriores da morte de Pã, feitos pelo escritor e mitologista Robert Graves e por gerações mais novas de mitologistas, revelaram um aspecto de toda essa história que "se perdeu na tradução". *Thamus Panmegas tethneke*, "O todo-poderoso Tamuz morreu!", é muito parecido com *Thamous Pan ho megas techneke*, "Thamus, o Grande Pã morreu!"

E quem ou o que era Tamuz, em contraste com o timoneiro Thamus? Conhecido como deus dos pastores já em 2500 A.C. pelos antigos sumérios, era o consorte de Inana ou Ishtar, a deusa do amor. Segundo o mito de Tamuz e Inana, ele passa todo ano por um ciclo de vida-morte-renascimento para salvar sua amada. Quando Tamuz vai passar seis meses na morada dos mortos, é profundamente pranteado pelos que o cultuam, especialmente as mulheres. Ezequiel, no Velho Testamento, também menciona as mulheres chorando por Tamuz.

Um século depois de Plutarco escrever sobre a suposta morte de Pã, um antigo autor de livros de viagens, chamado Pausânias, visitou inúmeros locais ao redor da Grécia em que os santuários do Grande

Deus Pã ainda atraíam multidões. Como diria Mark Twain, séculos depois, "As notícias da minha morte foram muito exageradas".

SÁTIRAS: Os satiristas faziam Atenas rir

Quando os dramaturgos gregos da era clássica — Ésquilo, Sófocles, Eurípides e outros que nos são menos conhecidos — competiam nos concursos anuais de teatro em Atenas, eram solicitados a escrever um ciclo de três tragédias e uma peça mais curta, chamada sátira.

A maioria de nós recebeu uma dose meio enfadonha de tragédias gregas no curso médio, mas quase nunca se dizia nada sobre as sátiras. É uma pena. Ocorre que essa forma teatral foi uma invenção brincalhona que remontou ao século VI A.C. e foi levada para Atenas por um escritor chamado Pratinas. Em Fleio, sua terra natal, a turma era muito boa em ditirambos — hinos poéticos desvairados em louvor ao deus do vinho, Dioniso, que incluíam um coro repleto de sátiros. Pratinas achou que as piadas impudentes, os gestos obscenos e a bufonaria dos sátiros irreprimíveis proporcionariam um contrapeso leve para as tragédias desenvolvidas por Téspis em Atenas.

As plateias atenienses tinham muita energia. Precisavam dela. Em suas competições dramáticas anuais, durante as dionisíacas e as festas de Lenaia, os frequentadores dos teatros passavam horas sentados nos assentos de pedra. Horas e horas. E mais horas, emocionando-se (e cochilando, talvez) com as tragédias de Ésquilo, Sófocles e Eurípides. As peças eram encenadas de dia, não à noite. Nos dias ensolarados e escaldantes de Atenas.

O que provavelmente ajudava a manter as plateias gregas acordadas e ocupando seus assentos, durante todo aquele longo período, era a sábia introdução das sátiras. Essas peças, com metade da extensão das tragédias e combinando piadas visuais, bufonaria, protagonistas bêbados e divertimentos rústicos, eram também uma espécie de drama. O cenário principal e o tema da peça vinham de uma epopeia ou um mito, e os atores vestiam trajes sérios e proferiam falas elevadas.

O contraponto barulhento era suprido pelo coro, composto de doze a quinze homens vestidos de sátiros, que usavam máscaras cabeludas assustadoras e peles de animais sobre o corpo nu. Na frente e atrás, portavam, respectivamente, um falo de couro ereto, de tamanho exagerado, e um rabo de cavalo preso a um calção peludo. Ao longo de toda a peça, eles cantavam e dançavam, numa dança assanhada e saltitante de estilo *hip-hop*, que roubava o espetáculo e era chamada de sicínio.

Em Esparta e outras cidades-Estado dóricas, os sátiros eram metade homem, metade bode, e usavam os chifres deste animal. Os sátiros posteriores seguiram a tradição mítica da Jônia, sendo divindades equinas. Os dois tipos eram companheiros tradicionais do deus Dioniso.

O teatro grego teve uma inovação descontraída no século VI A.C., quando foi introduzido um intervalo chamado sátira. Os artistas satíricos apresentavam números de canto e dança, vestindo calções peludos e usando falos eretos de couro.

Depois de se acostumarem com o acréscimo da sátira, os dramaturgos atenienses mergulharam no espírito da coisa. Uma sátira completa de Eurípides, intitulada *Os ciclopes*, chegou até nós, assim como trechos de outras, entre elas *Perseguindo sátiros*, de Sófocles. O material podia se tornar bastante obsceno, às vezes, embora seja possível que as rudes plateias gregas, masculinas e femininas, não o vissem dessa maneira. Ésquilo, que ajudou a desenvolver e a "refinar" as sátiras, escreveu uma em que a ação incluía Perseu bebê, confuso ou curioso, masturbando o órgão masculino de um sátiro.

Com seu destacado componente fálico e sua musicalidade, as sátiras sublinhavam o fato de serem celebrações do deus do vinho e do excesso, Dioniso. Como companheiras das tragédias, elas proporcionavam um alívio cômico, uma chacoalhada de surpresa e alegria nos dramas fatídicos e sombrios — e, de quebra, algumas esplêndidas gargalhadas catárticas, dessas que fazem bater com os pés no chão.

AS VIRGENS VESTAIS: Bodes expiatórios em apuros

Durante seus mil anos de predomínio, a Roma antiga teve mais de um punhado de governantes imperfeitos, sem falar nos loucos, despóticos e profundamente perturbados. A cidade também sofreu derrotas medonhas na guerra. Mas, ao longo desse milênio, foi espiritualmente protegida do mal graças aos préstimos de seis virgens vestais e de sua devoção a Vesta, a padroeira da cidade — ou assim acreditava a maioria dos romanos, ardorosamente. Houve, no entanto, alguns incidentes trágicos.

Um deles ocorreu em 216 A.C., quando o enorme exército romano foi duramente derrotado na Batalha de Canas pelo general cartaginês Aníbal. Os cidadãos de Roma ficaram em pânico e seus governantes recorreram à busca de bodes expiatórios. E quem melhor para culpar pelos males de Roma do que jovens cuja castidade devia ter sido comprometida? As vestais Opímia e Florônia foram acusadas de conduta licenciosa e enterradas vivas, enquanto o homem acusado de ser amante de Florônia acabou morto a pauladas. Seriam eles inocentes ou culpados? O historiador Lívio afirmou que eles haviam faltado para com a castidade, mas viveu dois séculos depois dessas pessoas.

Outro exemplo de busca de bodes expiatórios e de sacrifício humano aconteceu apenas dois anos depois, quando Roma sofreu outra derrota angustiante. Dessa vez, por causa do testemunho de uma escrava, três vestais foram levadas a julgamento por comportamento ilícito. Todas perderam a vida.

Pelo menos algumas das virgens vestais parecem ter sido falsamente incriminadas, por razões políticas. O reinado do imperador Domiciano, cujo punho de ferro no governo e cuja conduta pessoal bizarra serviram de material para a criação de lendas, forneceu vários

Embora as vestais de Roma tenham protegido a cidade durante um milênio, através de sua castidade, sucederam acidentes. Algumas vestais quebraram seus votos; outras serviram de bode expiatório, ou foram molestadas por imperadores inescrupulosos.

exemplos infames. Em 83 d.C., três vestais foram acusadas de *incestum*, que, em latim, significava especificamente um "ato que viola a pureza religiosa". Em vez de serem enterradas vivas, o que constituía o castigo habitual, as três se viram forçadas a se suicidar, enquanto seus supostos amantes foram meramente exilados.

Os anos de 213 d.C. a 220 d.C. também foram terríveis para a safra de virgens vestais da época, principalmente por causa de dois imperadores sórdidos: Caracala e Heliogábalo. O primeiro devastou a paz de espírito romana, ao acusar quatro jovens vestais de conduta sexual imprópria — acusação que ninguém se atreveu a questionar, dado o gênio violento do imperador. As acusadas vociferaram seu protesto, mas não chegaram a parte alguma. Entre as vestais condenadas, Aurélia Severa, Clódia Laeta e Pompônia Rufina foram sepultadas vivas, enquanto Canutia Crescentina conseguiu se suicidar antes que isso acontecesse, saltando do telhado da casa de sua família. Alguns anos depois, para alegria geral, o imperador Caracala foi liquidado por suas amantes e um gladiador.

Roma teve uma breve trégua, até que um adolescente espalhafatoso e travestido, chamado Heliogábalo, tornou-se o novo imperador romano. Em 219 d.C., ele escolheu uma vestal de nome Júlia Aquília Severa para ser sua nova mulher, a fim de que, como se gabou, "filhos divinos pudessem ser produzidos por nós dois". A sofrida Aquília suportou o marido por vários anos, durante os quais o imperador adolescente polissexual teve diversas aventuras com homens e mulheres.

Ela não foi a única virgem vestal a ser molestada por um imperador romano, é triste dizer. Uns dois séculos depois, entre suas muitas infâmias, Nero violentou brutalmente uma vestal chamada Rubria, crime este que foi acobertado às pressas por membros da família imperial.

NINFOMANIA E SATIRÍASE: Furor uterino & vício em sexo

Talvez você sinta alívio (ou decepção, quem sabe) ao saber que ninfomaníacas nunca circularam pelas ruas da Atenas ou da Corinto antigas, nem por qualquer lugar da Antiguidade grega. O termo foi cunhado há cerca de duzentos anos, quando um médico francês de sobrenome Bienville tentava descrever a hipersexualidade feminina. A palavra *mania* vinha, originalmente, do termo grego correspondente a fúria ou frenesi, e *ninfa* podia se referir a donzelas, noivas e/ou deusas menores da natureza.

Galeno, um médico e escritor hiperativo do século II D.C., discutiu o mal da ninfomania num de seus relatórios de um milhão de palavras. Ele apenas sabia que as mulheres, em especial as viúvas jovens, tinham um desejo insaciável de sêmen, e que a falta deste as levava à loucura. Ou então, no mínimo, ao que ele chamou de *furor uterinus* (o que soa mais digno em latim).

E qual a causa dessa fúria feminina? Segundo Galeno, que confiava muito em equilibrar os quatro humores corporais, e de acordo com vários outros autores médicos da Antiguidade, os humores do corpo feminino eram frios e úmidos. Por isso, as garotas sexualmente maduras precisavam de relações sexuais em grande quantidade, para aquecer o sangue e abrir o útero. Se frustrados, os úteros daquela época tendiam a criar um pandemônio, vagando pelo interior do corpo.

A coisa toda pode soar risível em nossos dias, mas as mulheres de séculos atrás que exibiam uma sexualidade escancarada eram comumente rotuladas de "anormais". A partir disso, podiam se descobrir trancafiadas em manicômios, banidas como bruxas ou prostitutas, ou deitadas na mesa de operações, para sofrer uma reforma cirúrgica indesejada de seus órgãos sexuais.

Ainda em 1951, o guia oficial da Associação Norte-americana de Psiquiatria sobre a loucura, intitulado *Manual de Diagnóstico e Estatística dos Distúrbios Mentais* (DSM),[1] relacionava a ninfomania como um "desvio sexual", o que foi alterado, anos depois, para "distúrbio psicossexual". Por sorte, em 1994, o DSM abandonou toda a rotulação especiosa do vício em sexo. Mas o termo ainda é motivo de tensão e tema frequente da programação diurna da TV.

No mundo de hoje, o equivalente masculino da ninfomania, chamado satiríase, desperta simpatia e risinhos irônicos em igual medida — além de contratos de publicação de livros. Parece haver uma verdadeira indústria esperando para cuidar dos atuais sofredores de satiríase, citada sobretudo como um vício em sexo em nossos dias. Não era assim na Antiguidade, época aliás em que seria difícil encontrar um homem disposto a admiti-la.

O termo vem do vocábulo grego correspondente a *sátiro*, que se refere a um espírito sensual da floresta, metade humano e metade animal (em geral, caprino), que era um seguidor ébrio e barulhento de Dioniso, o deus do vinho. Os sátiros eram feios de rosto, cheiravam mal, tinham o corpo cabeludo e órgãos genitais abrutalhados, considerados grotescamente grandes. Quase nunca ficavam com a garota, embora constantemente perseguissem mulheres, deusas e animais, e os violentassem quando isso era possível. Eram os cupinchas habituais de Pã, o antigo deus meio caprino, que tinha problemas similares para arranjar parceiras.

Talvez isto pareça ingênuo, mas os homens gregos e romanos tinham tantas alternativas sexuais para satisfazer suas necessidades, que é difícil imaginar que algum dia se frustrassem o bastante, nesse campo, para se portar como sátiros.

A SORDIDEZ DA CARREIRA DE NERO: Um noticiário penetrante

O imperador Nero, que reinou (se é que se pode usar este termo) de 54 D.C. até seu suicídio, em 68 D.C., cometeu um número chocante de crimes, desde o matricídio até a impetuosa perseguição de bodes expiatórios cristãos. Esses atos estarreciam e amedrontavam seus súditos.

Mas não eram nada, perto da sua vida sexual. Viciado em atos perversos, sentindo pavor de se entediar e usando a rédea solta conferida por sua condição de imperador, ele perseguia seus fetiches com um fervor obstinado.

Nada disso era mantido em segredo. Porém o que mais chocava a todos era sua franca admissão de que tanto gostava de ser penetrado quanto de fazer a penetração. Para os homens romanos e gregos da elite, essa era uma mensagem assombrosa. Para alguns, indicava que o imperador nada tinha de um homem normal, mas era o que os romanos chamavam de *cinaedus*, o homem efeminado que buscava o sexo anal. As línguas grega e latina tinham quase uma dúzia de sinônimos para *cinaedus*, todos pejorativos.

Hoje em dia, ficaríamos mais enojados com as outras propensões de Nero, inclusive uma forma de bestialidade. Escrevendo seis décadas após a morte desse imperador, o biógrafo Suetônio assim descreveu seus apetites sexuais: "Ele prostituiu a tal ponto sua própria castidade que, depois de degradar quase todas as partes do corpo, acabou inventando uma espécie de jogo em que, cobrindo-se com a pele de um animal selvagem, soltava-se de uma jaula e atacava as partes pudendas de homens e mulheres, que ficavam amarrados a estacas; e, depois que saciava sua volúpia insana, ele era despachado [isto é, chegava ao orgasmo mediante a penetração anal] por seu liberto Doríforo. Chegou até a se casar com esse homem, do mesmo modo que se havia casado com Sporus, e chegava a imitar os gritos e gemidos de uma donzela ao ser deflorada. Fiquei sabendo por alguns informantes que Nero tinha a inabalável convicção de que nenhum homem era casto ou puro em parte alguma do corpo, mas a maioria escondia seus vícios e os velava inteligentemente."

A julgar pelo testemunho de numerosos autores, Nero punha em prática todas as fantasias que lhe ocorriam. E não se importava com quem as visse, participasse delas ou lhes fizesse objeções.

Mais ou menos em 65 D.C., logo depois de, num acesso de fúria, matar a pontapés sua terceira mulher, Popeia Sabina (bem como o filho de ambos que ela carregava), o imperador ainda enlutado vislumbrou casualmente um belo jovem liberto chamado Sporus. O pobre rapaz tinha a infelicidade de ser parecido com a falecida esposa de Nero. Mais rápido do que você conseguiria dizer "falsete", o imperador mandou castrá-lo e o levou para a Grécia, onde se "casou" com o rapaz e onde o casal passou a lua de mel. Sporus tinha de usar um guarda-roupa de imperatriz e suportar frequentes acessos públicos de beijos do imperador obsceno.

Triste consequência: Sporus sobreviveu a Nero, porém a fama o seguiu como um perfume barato. Ele foi forçado a se tornar amante de um imperador subsequente, depois, de outro. Quando esse eunuco vilipendiado soube que ia fazer o papel de uma donzela sendo violentada, num espetáculo público vindouro, foi a gota d'água. Sporus se matou.

Mesmo durante os casamentos mais convencionais de Nero, ele procurava aventuras heterossexuais, quanto mais bizarras e de mau gosto, melhor. Como já mencionamos, a meio caminho de seu reinado, ele raptou e violentou uma das virgens vestais de Roma. Nem é preciso dizer que, no clima político acovardado da época, o imperador nunca foi acusado, muito menos punido por qualquer desses crimes.

Durante seu reinado, a Roma antiga viveu seus "loucos anos 1960". Nesse período, um número crescente de prostitutos passou a usar o nome de *niironas*, imitando as posições e atos sexuais favoritos de Nero.

Ele não foi o único imperador a praticar uma grande variedade de perversões sexuais, mas foi o único a proclamar que "vale tudo" e que qualquer um podia ser penetrado, inclusive ele mesmo. Quando Nero nasceu, seu execrável pai, um patrício chamado Cneu Domício Enobarbo, teceu um comentário que ficou famoso, diante dos que foram parabenizá-lo: "Qualquer filho nascido de Agripina e de mim será uma desgraça e uma abominação." Não ficou longe da verdade.

O IMPERADOR TIBÉRIO, VOYEUR:

A misteriosa lascívia de Tibério

A julgar por sua obra *A vida dos doze césares*, que felizmente sobreviveu quase intacta, Suetônio era um observador agudo e um ávido colecionador de idiossincrasias pessoais, ditos favoritos, esquisitices da personalidade e hábitos virtuosos e constrangedores dos governantes imperiais e seus familiares. Tinha também acesso aos arquivos imperiais e a documentos de fontes primárias, e incluía ainda o que se dizia sobre um dado imperador, entregando os podres com brevidade e eloquência, mas sem tomar partido. Resultado final: apesar da natureza fofoqueira e ofensiva de muitas histórias, Suetônio passa a impressão de ser estranhamente imparcial, sem nenhum interesse pessoal envolvido.

Eis um excerto embasbacante de seu verbete sobre o imperador Tibério: "Em seu refúgio em Capri, havia um cômodo de sua criação que era dedicado aos mais enigmáticos desejos. Ali ele reunia moças e pervertidos de toda parte, os quais chamava de *spintriae* (termo proveniente da palavra grega *sphinkter*) e que inventavam monstruosas proezas de lubricidade, e degradavam uns aos outros diante do imperador, entrelaçados em grupos de três, para inflamar o débil apetite dele. Tibério também possuía vários outros aposentos adaptados a seus apetites sexuais, decorados com pinturas e baixos-relevos que retratavam cenas do mais lascivo caráter, e abastecidos com os livros de Elefantis [pornógrafa que criou uma obra ilustrada sobre posições sexuais; ver o verbete sobre ela neste livro], para que a ninguém faltassem modelos para a execução de qualquer ato de luxúria que recebesse ordens de praticar."

E o que eram, exatamente, essas "monstruosas proezas de lubricidade"? Os *spintriae* eram jovens operários do sexo, mulheres e homens efeminados, que praticavam sexo grupal em cadeia, cada qual se submetendo a diferentes maneiras e locais de penetração. Aos sessenta e tantos anos, Tibério era muito mais *voyeur* do que participante ativo.

Tibério teve um azar miserável na maioria de seus casamentos, mas isso não justifica sua perversidade. Como imperador, ele instalou um refúgio execrável em Capri, onde passou anos abusando de jovens.

Seu outro fetiche, porém, era bem mais repugnante. Foi descrito por Suetônio num parágrafo posterior: "Ainda mais descarado e insolente era outro tipo de infâmia que ele praticava [...] Ele ensinava crianças da mais tenra idade, as quais chamava de seus "peixinhos", a brincar entre suas pernas enquanto ele estava no banho. As crianças que ainda não tinham sido desmamadas, mas eram fortes e cordiais, ele punha na prática da felação, que era o tipo de esporte mais bem adaptado à sua inclinação e sua idade."

Vez por outra, esse molestador de crianças de sessenta e oito anos tinha energia suficiente para perseguir jovenzinhos em terra. Como assinalou Suetônio, "um dia, durante um sacrifício [religioso], ele se apaixonou a tal ponto pela beleza de um garoto que balançava um incensório, que mal conseguiu esperar os ritos terminarem para puxá-lo de lado e abusar dele e de seu irmão, que era o tocador de flauta; e logo depois, mandou quebrar as pernas de ambos, por eles estarem censurando um ao outro por essa vergonha."

Houve uma consequência arrepiante das atividades de perversão infantil de Tibério. Um de seus *spintriae*, um rapazinho de Roma, passou a meninice e o começo da juventude em Capri, como um estudioso da depravação. Talvez tenha estado a serviço de Tibério dos onze aos dezoito anos, mais ou menos. De acordo com Suetônio, é possível até que ele tenha se tornado um joguete do velho, no intuito de promover a carreira de seu pai.

Décadas depois da morte de Tibério, aquele rapazinho — já agora na casa dos cinquenta — tornou-se imperador romano. Chamado Vitélio, foi um dos três que usaram muito brevemente a coroa de César, durante o ano de 68-69 A.C., o ano dos quatro imperadores.

EROS, O DEUS DA PAIXÃO SEXUAL: Sob a rosa vale tudo

Aqueles safados daqueles deuses gregos, de ambos os sexos, eram uma patota incestuosa e infiel, enlouquecida de amor. Pense na deusa Afrodite, por exemplo. Com Mercúrio, ou talvez Marte, ou possivelmente Hefesto, ou até com seu próprio pai, Zeus, ela teve um filho chamado Eros (Cupido, para os romanos), que se tornou o semideus da paixão sexual. Menino impulsivo, ele nunca entrou na elite do Olimpo, mas permaneceu como um delinquente, disparando flechas farpadas ao acaso e acendendo fogueiras não autorizadas em corações desprevenidos.

À medida que o filho amadureceu, Afrodite pediu a esse rebento bisbilhoteiro, a quem nada jamais escapava, que ficasse de bico calado sobre suas indiscrições.

Como lembrete, deu-lhe uma rosa, um símbolo grego do sigilo. Como é comum fazerem os adolescentes, Eros saiu na mesma hora à caça de outra pessoa que cuidasse do assunto e entregou a rosa a outra divindade, que os gregos chamavam de Harpócrates. Suposto deus do silêncio, Harpócrates era praticamente desconhecido. E por boas razões. Representava o deus egípcio Hórus quando criança, e era "criança" o significado do seu gesto de pôr o dedo sobre os lábios — nos hieróglifos egípcios, é claro.

Mas os gregos interpretaram esse gesto como "silêncio" ou "segredo". Toda essa história de tomar empréstimos foi ainda mais distorcida por outro erro, cometido por um historiador chamado Varrão. Graças a todos esses equívocos, a rosa e o gesto de tocar os lábios com o indicador, significando silêncio, tornaram-se símbolos muito difundidos entre os gregos.

Mais tarde, os romanos os retomaram. Em latim, chamaram-nos de *sub rosa*, "sob a rosa", o que significava sigilo, discrição e confidencialidade. Assim, os salões de banquetes romanos, os salões de jantar dos palácios e outros locais em que se reunia a elite festeira exibiam, com frequência, rosas pintadas no teto. Elas estavam ali para lembrar a todos que, *sub vino* — "sob o efeito do vinho" —, os farristas precisavam manter as coisas *sub rosa*. Poderíamos ver nisso uma versão antiga e mais poética do "O que acontece em Las Vegas fica em Las Vegas".

Havia momentos ocasionais de "lapsos". Nero, Heliogábalo e outros imperadores amantes da diversão realizavam farras orgiásticas em que grandes massas de pétalas de rosa de verdade ficavam suspensas em redes acima dos participantes. Às vezes (talvez de propósito), as redes se rompiam, literalmente asfixiando os seres humanos que estavam embaixo. Na Internet e em museus você pode obter uma representação maravilhosa de uma orgia do tipo "morte pelas rosas", obra do famoso pintor holandês Lawrence Alma-Tadema, que se especializou nesse assunto a partir do fim dos anos 1800.

Afrodite, que vinha da antiga tradição de deusas-mães de Ishtar e Astarte, talvez também tenha tido como progenitora a deusa marinha da Creta minoica. Depois que os romanos a acolheram no peito como Vênus, sua rainha do amor, a popularidade dela cresceu ainda mais.

Eros, por outro lado, revelava-se um emaranhado de contradições. Chamado de deus do amor por Hesíodo e pelos primeiros poetas gregos, era considerado uma das divindades mais antigas. Quando dele falavam místicos e filósofos, Eros e o poder de união do amor se tornavam uma das causas fundamentais da formação do mundo. Poetas posteriores, especialmente os que escreviam poemas eróticos e epigramáticos, descreviam-no como um deus menino, o mais jovem dos deuses.

Quando os romanos o popularizaram como Cupido, o deus se infantilizou ainda mais, tornando-se um menininho rosado, munido de asas, arco e flechas, e muitas vezes acompanhado por seu "bando do amor", os erotes, descritos no próximo verbete.

Num certo ponto dos primeiros séculos da era cristã, imagens de Cupido se tornaram corriqueiras em caixões, como símbolo da vida após a morte. Essa ideia foi avidamente adotada pelos primeiros cristãos, que preferiram dar às imagens o nome de querubins.

O deus do amor, Eros para os gregos e Cupido para os romanos, era a principal divindade da paixão sexual. Seus nomes sobrevivem em palavras como "erótico" — ou "cupidez", que originalmente significava "desejo intenso", mas hoje quer dizer "cobiça", "desejo de riqueza".

OS EROTES: Do bando do amor à deusa do sexo

O travesso menino Eros tinha seu séquito de deuses menores, chamados erotes. Os gregos, que sempre tinham espaço para mais uma divindade, identificaram-nos como a prole adicional de Ares e Afrodite, deuses da guerra e do amor, respectivamente. (Não tenho ideia de por que os filhos de um deus grego da guerra adotariam a filosofia do "faça amor, não faça guerra".)

Havia uma forte semelhança familiar entre Eros e seus irmãos. Todos tinham asas, corpo juvenil e sensual, e andavam nus. Como seu irmão mais velho, portavam o arco e a flecha como arma. Apareceram pela primeira vez em frisas esculpidas na época helênica, após a morte de Alexandre, o Grande. Originalmente, jovens donzelas apetitosas e aladas foram retratadas com os erotes, mas parece que não fizeram sucesso.

Por serem um colírio, de tão bonitinhos, os erotes se tornaram um tema muito popular entre escultores, oleiros, pintores de vasos e criadores de joias de bronze, lâmpadas e bugigangas domésticas.

Embora Eros parecesse haver cuidado bem das questões do amor, do desejo, da beleza e da relação sexual, foi depois sobrecarregado com outras tarefas. Tornou-se deus do atletismo e divindade auxiliar da fertilidade. E também arcou com o trabalho de proteger a sexualidade entre homens.

Ainda assim, alguma autoridade superior do Olimpo achou que certas áreas do amor romântico e da biologia não estavam sendo abordadas. Além disso, Eros tinha se queixado de solidão. Assim, um erote chamado Anteros se tornou o deus do amor retribuído, isto é, do amor correspondido. Sujeito cativante, usava cabelo comprido e suas asas se pareciam com as das borboletas. Também carregava um porrete de ouro, aparentemente para impor a ideia do "ame, senão..." — e para castigar os rebeldes que se recusassem a assumir compromissos.

Vênus ou Afrodite, a deusa do amor, tinha um séquito de deuses menores, chamados erotes. Geralmente retratados como bebês alados, buscava-se a ajuda deles em questões como a do desejo sexual.

Depois de Anteros, surgiu outro filho de Ares e Afrodite. Chamado Hímero, tornou-se o deus do amor não correspondido. Também ajudava Eros nos problemas do desejo sexual. Para se distinguir dos outros erotes, segurava uma elegante *tainia* ou faixa para o cabelo, semelhante às tiras coloridas usadas pelos atletas. Parecia mais pateta que sensual carregar a faixa, em vez de usá-la, mas esse era o fardo que Hímero tinha de carregar.

Dentre os erotes, o irmão que mais despertava atenção, entretanto, especialmente a da turma cujo amor deu errado, era Pothos, que representava o desejo ou ânsia sexual. De vez em quando, Ares e Afrodite o renegavam como filho, insistindo em que seus pais eram Zéfiro, o deus do vento, e Íris, a criadora dos arco-íris. Para os seres humanos que sofriam, não importava quem eram seus pais; eles apenas ficavam felizes por terem um deus com quem chorar sobre sua vida amorosa destruída.

Assim como Anteros e Hímero representavam os aspectos opostos do amor correspondido e não correspondido, outro par de erotes cuidava da sedução persuasiva *versus* a bajulação e a lisonja. Peitho era a deusa que personificava a arte da sedução romântica, enquanto Hedílogos era o deus a consultar em busca do melhor início de cantada e da lábia sedutora.

Os pintores greco-romanos adoravam ter os erotes por tema, pois eles davam vida aos murais e conferiam um ar travesso a pinturas que sem isso seriam insossas. Também se tornaram símbolos importantes na arte; quando apareciam num retrato de duas mulheres, por exemplo, os erotes de piscadelas maliciosas introduziam um subtexto sexual.

Talvez esses deuses menores pareçam ter sido um acréscimo encantador, um assunto banal, mas foram uma ideia esplêndida. Visto que as culturas de outrora não tinham terapeutas humanos com que se arranjar, muito menos letras chorosas de música sertaneja para cantar, os erotes emprestavam um ouvido atento à nossa obsessão mortal com o amor.

ALCIBÍADES DE ATENAS: O gostosão número um entre as mulheres — e os homens

Filho de uma família famosa e rica de aristocratas, possuidor do carisma e do intelecto agudo necessários para se tornar o discípulo favorito de Sócrates, bem como da coragem atlética para se converter num guerreiro grandemente admirado, o belo bissexual Alcibíades estava com tudo durante a era dourada de Atenas, mais ou menos entre 500 e 350 A.C.

Bem, quase tudo. Pelos escritos de Platão, ficamos sabendo que o jovem Alcibíades, para sua profunda tristeza, não conseguiu seduzir seu mentor, Sócrates. Vejamos um excerto: "Deixei-me ficar a sós com [Sócrates] e, naturalmente, supus que ele embarcaria na conversa que o amante costuma dirigir a seu amado. Nada disso; ele passou o dia comigo no tipo de conversa que lhe é habitual, e em seguida se foi. Depois, convidei-o a treinar comigo no ginásio e o acompanhei em suas idas lá, crendo que agora teria sucesso com ele. Pois ele se exercitava e praticava lutas comigo com frequência, sem a presença de mais ninguém, mas nem preciso dizer que não cheguei mais perto de minha meta [...] assim, convidei-o para jantar e me portei como o amante cheio de segundas intenções para com seu favorito [...] ao apagar-se a luz e se retirarem os servos [...] cutuquei-o e perguntei: "Estás dormindo, Sócrates?" "Longe disso", respondeu-me. "Creio", disse eu, "que és o único de meus amantes que é digno de mim, mas tens medo de mencionar a paixão que me devotas." (Alcibíades prossegue nessa linha autocomplacente, porém não chega a ir mais longe.)

O filósofo grego Platão escreveu com admiração (e talvez inveja) sobre Alcibíades, o brilhante menino malcomportado de Atenas, que era sexualmente assediado tanto por homens quando por mulheres.

Em seguida, diz: "Por fim, levantei-me e o cobri com minha roupa, pois era inverno, e me deitei sob sua capa surrada, e pus os braços em volta desse homem verdadeiramente sobre-humano e maravilhoso, e assim permaneci durante a noite inteira [...] mas, a despeito de todos os meus esforços [...] juro por todos os deuses que, tendo dormido com Sócrates, foi como se houvera dormido com meu pai ou meu irmão mais velho."

Esse relato é confirmado em outros textos, assim como o sincero espanto demonstrado por Alcibíades ao ser rejeitado.

Em matéria de amantes masculinos ou femininos, entretanto, é provável que Sócrates tenha sido o único a rejeitá-lo. Graças à extraordinária beleza física de Alcibíades, a seu talento de orador com as palavras e a sua sedutora impudência, ele teve uma longa sucessão de pretendentes masculinos.

Teve também alianças femininas. Encantou o homem mais rico de Atenas, que lhe deu em casamento sua filha, Hiparete. Alcibíades, porém, tratou-a de forma vergonhosa, levando cortesãs para casa e forçando-a a suportar outros abusos. Quando ela tentou entrar com uma petição de divórcio, Alcibíades arrancou-a da presença do magistrado e a aprisionou em casa. Hiparete morreu de parto em 417 A.C.

Além disso, esse aventureiro arrogante teve uma sucessão de ligações temerárias com mulheres supostamente intocáveis. Qual foi a mais famosa? Sua aventura com a rainha espartana Timeia, enquanto o marido dela, o rei Ágis II, achava-se ausente em combate. Esse interlúdio gerou aquele subproduto embaraçoso que é um filho natural. Mais tarde, o menino que fora fruto da colaboração de Timeia e Alcibíades foi preterido no trono de Esparta, mas os adúlteros saíram ilesos.

Outra escapada sexual envolveu seu camarada Axioco, também mulherengo. Os dois foram a Abidos, na Ásia Menor, e de algum modo praticaram o extraordinário feito de se casarem com a mesma mulher. Quando ela teve uma filha, nenhum dos dois admitiu saber de quem se tratava; quando a menina chegou à puberdade, ambos coabitaram com ela. Quando Alcibíades tinha intimidades com sua filha, dizia: "Ah, ela é filha de Axioco", e vice-versa.

Excepcionalmente hábil nas vitórias eróticas com ambos os sexos, esse homem também era perito em trocar de lado no plano político e em praticar atos criminosos sem pagar o preço.

Político atuante, além de general em parte do seu tempo, Alcibíades insistiu em várias medidas desastrosas. Liderou uma enorme armada ateniense na tentativa de conquistar as ricas cidades gregas da Sicília, e sua derrota causou a perda de milhares de homens e da frota inteira, enfraquecendo sua cidade-Estado natal. Após o fiasco na Sicília e com os atenienses clamando por seu sangue, ele fugiu e foi morar em Esparta (inimiga acirrada de sua terra natal). Apesar de seus atos desprezíveis, Alcibíades reconquistou facilmente a estima e o amor dos atenienses ao desertar de Esparta e voltar para eles, em 412 A.C.

Em poucos anos, quando ficou claro que não conseguia cumprir sua leva de falsas promessas do momento, Alcibíades tornou a dar nos calos. Foi morto pouco depois de Atenas se render aos persas, em 404 A.C.

Como disse certa vez o dramaturgo cômico Aristófanes a propósito de Alcibíades, o filho mais insolente de Atenas, "eles o amam e odeiam, e não conseguem prescindir dele".

AS AMAZONAS: Guerreiras que amavam sua liberdade — e seus seios

É surpreendente saber quantos lugares do mundo afirmam ter sido fundados pelas amazonas de outrora. Eis alguns: Éfeso, Sinope, Cyme, Amásia, Temiscira, Mitilene, Esmirna, Priene, Pitana e Tiatira. Dá um arrepio vicário e atávico de prazer pensar em guerreiras fortes e espertas o bastante para abrir caminho batalhando desde o mar Negro até a acrópole de Atenas. Ou para lutar mano a mano com guerreiros de Troia.

Heródoto, um dos poucos historiadores de outrora a fazer vastas pesquisas de campo, passou algum tempo na Cítia, em torno do mar Negro. Seu relato detalhado descreve um tempo lendário em que forças gregas (em retaliação por um ataque atrevido das amazonas a Atenas) foram até as praias meridionais do mar Negro e travaram combate com as amazonas no rio Termodonte. Os gregos venceram e encheram de prisioneiras os seus três navios. No meio da correnteza, as garotas intrépidas conseguiram se libertar e massacraram seus captores. E agora?, perguntaram umas às outras, pois nenhuma sabia navegar. Por sorte, o navio à deriva foi dar à margem na terra dos citas, onde as mulheres pegaram as armas dos mortos, desembarcaram e se apressaram a roubar cavalos.

Num prazo encantadoramente curto, seguiu-se uma batalha com os citas, e esta correu tão mal para os habitantes locais, que eles depuseram as armas e abriram os braços para as amazonas. Unindo forças da maneira mais íntima, os citas e suas novas companheiras produziram um lote de crianças, das quais os homens passaram a cuidar. Mas as amazonas cuidavam da amamentação — e possuíam o equipamento feminino para amamentar gêmeos, se necessário. Como mostra claramente a antiga arte grega, o mito das amazonas "de um seio só" é papo furado da Antiguidade, como o é a etimologia da palavra.[2]

Dizendo-se sauromatas, elas percorreram uma área imensa da Rússia, Ucrânia e Cazaquistão atuais. E, de acordo com Heródoto, as gerações mais novas de amazonas mantiveram suas antigas tradições de caçar, saquear e não se casar antes de matar um inimigo. Essa descrição de Heródoto soava verdadeira, mas ainda se incluía no âmbito da lenda, segundo se pensou até recentemente.

Entretanto, no livro de Adrienne Mayor intitulado *The Poison King* [O rei dos venenos], a autora descreveu o ano de 66-65 A.C., no qual um soberano muito real, Mitrídates VI, passou meses brincando com o general romano Pompeu, e em seguida o atraiu diretamente para uma emboscada, armada por seus aliados tribais do Cáucaso. E Mayor escreveu:

Enquanto os romanos celebravam as saturnais, um alegre festejo de inverno com inversões de papéis e muita bebida, os iberos, albanos e bandos aliados emboscaram o acampamento. As escaramuças foram descritas por Ápio, Plutarco, Estrabão e Dião Cássio. Os bárbaros somavam 60 mil homens a pé e 12 mil montados. Para os romanos, essas pessoas altas e bonitas surgiam "miseravelmente armadas, vestindo peles de animais selvagens". Eram guerrilheiros assombrosos, que atacavam e depois se escondiam na floresta.

Pompeu incendiou metodicamente a floresta, para fazê-los saírem. Depois da batalha, ao despirem os quase nove mil cadáveres, os romanos descobriram muitas guerreiras, com armas e trajes típicos das amazonas, exatamente como retratadas em pinturas de vasos gregos. Seus ferimentos mostravam que elas eram de bravura equiparável à dos homens. Também se encontraram guerreiras entre os milhares de cativos. Segundo Estrabão, as amazonas habitavam essas montanhas e as estepes mais distantes. Ao detalhar o estilo de vida dessas mulheres, Estrabão declarou que suas informações vinham dos escritos (hoje perdidos) de um velho amigo de Mitrídates, o filósofo Metrodoro, e de alguém chamado Hipsícrates, que era "muito familiarizado" com essa região.

É bem possível que "Hipsícrates" fosse Hipsicrateia, a guerreira e última amante de Mitrídates, que lutou ao lado dele durante os seis últimos anos de vida do soberano — e era perfeitamente capaz de assumir uma imagem masculina.

Ainda no ano 350 da era cristã, um historiador romano de nome Amiano Marcelino afirmou que continuava a haver amazonas vivendo entre o rio Don e o mar Cáspio. Depois disso, fez-se mais de um milênio de silêncio.

E então, na década de 1950, arqueólogos russos encontraram o primeiro de muitos cemitérios dos sauromatas nessa região de vastas estepes e terrenos montanhosos. Grande percentagem dessas sepulturas continha cadáveres femininos, enterrados com objetos tumulares indicativos de posição elevada, inclusive pontas de flechas, couraças, arreios de cavalos e armas, datados do século VI ao século IV A.C.

Outras descobertas arqueológicas posteriores mostraram que os sauromatas deram lugar a outro povo, chamado sármata, que viveu do século IV ao século II A.C. Seus sepulcrários também continham muitas mulheres, com artefatos mais ricos e de maior variedade que os dos homens. Embora o conteúdo de algumas sepulturas incluísse objetos mais femininos, como fusos e espelhos de bronze, uma parcela significativa das mulheres sármatas claramente era também composta por guerreiras. Além das espadas de ferro, facas e pedras de amolar de suas sepulturas, os pesquisadores também encontraram esqueletos de pernas arqueadas (indicativas de uma vida ativa a cavalo), troféus de caça, como uma presa de javali, e indícios de morte em combate.

Alguns historiadores afirmaram que os gregos inventaram as amazonas como um modo de explicar a luta entre as culturas matriarcais primitivas e os vitoriosos invasores dórios. Mas não havia necessidade de fantasia. Grupos ou clãs de amazonas — ferozes, independentes e capazes de exercer com desenvoltura papéis masculinos e femininos — espalharam-se por uma imensa faixa de terras selvagens eurasianas e ali vicejaram durante séculos.

A arqueologia moderna continua a reunir mais provas de que as antes míticas amazonas vicejaram por séculos, como guerreiras, nas terras incultas da Eurásia.

NOTAS DE TRADUÇÃO:

1. Sigla do título norte-americano, *Diagnostic and Statistical Manual of Mental Disorders*.

2. A controvertida etimologia do termo afirma, entre outras hipóteses, que ele vem do grego *amazón* (guerreira), este formado pelo prefixo *a-* (não, sem) e por *mazós* (seio), donde "sem seio".

PARTE IX

Dilemas de amor & luxúria na encruzilhada

ASSUNTOS DE FAMÍLIA: Três formas de incesto

Havia mais de um tipo de incesto no mundo antigo.

Um deles era o conhecido cenário de Édipo Rei, que hoje alguns historiadores consideram representar uma tradição antiquíssima de soberania sagrada, na qual o rei era morto por seu sucessor, que se tornava o novo consorte da rainha. Ele foi minuciosamente discutido por *Sir* James George Frazer em *O ramo de ouro*.[1]

Outro era religioso: o *incestum*, que significava perda da castidade religiosa. Em geral, referia-se a sacerdotisas ou às virgens vestais de Roma.

Mas a forma de incesto mais conhecida dos gregos e romanos era a dinástica, na qual irmãos e irmãs, tios e sobrinhas, mães e filhos varões, pais e filhas mantinham relações intimas e/ou se casavam abertamente, a fim de conservar na família os laços consanguíneos e o direito de governar.

A décima oitava dinastia do Egito, com nomes famosos como Nefertite, é o exemplo mais espetacular e famoso, e será examinada no verbete seguinte a este.

Igualmente famosos são a dinastia dos Ptolomeus e sua estrela, Cleópatra VII, a última de sua linhagem. Fiel aos costumes, ela se casou por um breve período com seus dois irmãos mais novos e, algum tempo depois, providenciou friamente a execução de ambos.

O primeiro Ptolomeu, um grego macedônio que nada tinha de egípcio, tomou o Egito como seu "prêmio" na disputa pela apropriação de terras que se seguiu à morte de Alexandre, o Grande. Em 332 A.C., Ptolomeu havia sequestrado o cadáver de seu ex-comandante, embalsamado em mel, e o levara ao Egito para ser exibido e cultuado. (Durante sua breve visita ao Egito, Alexandre fora declarado faraó e, portanto, deus.)

Para tornar mais seguro o seu reinado como faraó, Ptolomeu I se casou com a filha do último faraó egípcio. Em cerca de um ano, largou-a de lado e se casou com a filha macedônia de Antípater, um de seus ex-inimigos, já então transformado em camarada. A troca de parentas para fins matrimoniais logo se tornou uma prática costumeira entre os generais do círculo íntimo de Alexandre, o Grande.

Só no reinado de Ptolomeu III é que os governantes do sexo masculino foram obrigados a contrair matrimônios incestuosos na família. (Os estudiosos da história ptolemaica vivem sujeitos a enxaquecas, uma vez que era rotina essa dinastia dar às mulheres de sua elite apenas um de três nomes: Arsínoe, Berenice ou Cleópatra.)

A rainha Nefertite, o rosto mais reconhecido da décima oitava dinastia do Egito, não tinha sangue real. Não obstante, seu casamento com Aquenaton desencadeou uma onda de incestos dinásticos.

E, sim, para responder à sua pergunta insistente: as uniões incestuosas durante os três séculos dos Ptolomeus parecem ter levado a um número desproporcional de varões governantes com obesidade mórbida. As mulheres da dinastia, entretanto, destacavam-se por serem magras, más, sagazes e, muitas vezes, homicidas.

Na Ásia Menor, na costa leste do Mediterrâneo, os casamentos da realeza entre irmãos e irmãs se tornaram comuns na dinastia hecatomnida. Esses gregos governaram a Cária e tentaram mantê-la fora das mãos dos persas durante os séculos IV e III A.C. O fundador, Hecatomno, tinha duas filhas, Ada e Artemísia, que desposaram alegremente seus irmãos Idrieu e Mausolo. Artemísia, em particular, angustiou-se com a morte prematura do irmão e marido, Mausolo, e tratou de concluir a construção de um complexo gigantesco de templo e túmulo, que se tornou uma das sete maravilhas da Antiguidade. Essa maravilha já não existe, mas ainda usamos o termo mausoléu, derivado do nome desse rei incestuoso de outrora.

Na Grécia continental, os espartanos também praticavam o incesto dinástico; o rei Leônidas I, que comandou o heroico batalhão espartano na Batalha das Termópilas, tomou por esposa sua sobrinha Gorgo.

Os romanos viam o incesto com maus olhos, considerando-o inaceitável e contrário às leis dos deuses e dos humanos, porém só em 295 D.C. vieram a aprovar um par de leis que o tornou ilegal, uma aplicável aos cidadãos romanos, outra para os não romanos do império. (No verbete sobre o imperador Tito e Berenice, você também poderá saber mais sobre o incesto no clã herodiano da Judeia.)

Nesse ínterim, é possível que vários membros das famílias imperiais tenham feito incursões (alguns diriam "chafurdado") na atividade incestuosa. Já foram mencionadas noutro ponto deste livro as relações de Calígula com suas irmãs. Nero também foi acusado de intimidade com a mãe, Agripina, principal força por trás do trono durante grande parte do seu reinado. Agripina ainda se casou com seu tio Cláudio — ato que exigiu do senado romano a aprovação de uma lei que o permitisse.

A lei não foi apenas para a moçada das altas rodas. A partir dessa ocasião, qualquer romano passou a poder se casar legalmente com as filhas de irmãos varões (como era o caso de Agripina). Mas continuou a ser crime os romanos se casarem com filhas das irmãs.

ANQUESENAMON DO EGITO: Ela amava a família, mas não tinha certeza quanto ao vovô

Não é muito comum reconhecer o heroísmo silencioso de uma mulher, quando ela é ofuscada por seus parentes famosíssimos. Isto é ainda menos provável quando a pessoa em questão viveu há aproximadamente 3.359 anos.

Se é que você já ouviu falar de Anquesenamon, deve ter sido como a mulher de um faraó muito conhecido, Tutancâmon, ou como a filha do único faraó iconoclasta do Egito, Aquenaton, e de sua deslumbrante rainha de turbante azul, Nefertite.

Ela era a irmã do meio numa família de seis filhas — circunstância que não tardaria a levar a um desgosto. Ao nascer, por volta de 1348 a.C., ela foi chamada de Anquesenpaton, "A que vive para Aton". Aton era o deus Sol, a divindade que os pais da princesa haviam decidido cultuar, depois de jogarem fora o resto do panteão de deuses egípcios.

Quando pequena, ela teve uma infância ensolarada, crescendo na cidade nova e reluzente que seus pais haviam construído às margens do Nilo. Existem em baixos-relevos retratos vibrantes e quase informais de sua família unida, muito diferentes das apresentações rígidas e solenes de outros faraós e seus familiares.

Ser uma princesa egípcia, entretanto, significava ser genitora de membros da casa real, especialmente quando não havia príncipes. O direito de governo passava pela linhagem sanguínea feminina, e Anquesenpaton aprendeu muito cedo o sentido de "manter as coisas na família". Quando tinha mais ou menos doze anos, sua mãe desapareceu e ela foi obrigada a se casar com o próprio pai; um ou dois anos depois, quando o pai faleceu, casou-se com um tio, Semencaré. Esses casamentos foram claramente reais: a princesa deu à luz uma Anquesenpaton filha, cuja paternidade ainda é desconhecida, mas que foi provavelmente filha de seu pai Aquenaton.

Quando adolescente, ainda lutando com as perdas do pai, da mãe, do tio e de pelo menos uma irmã, Anquesenpaton se casou com seu meio-irmão Tutancaton, que fora elevado ao trono como faraó. Ele era uns três anos mais jovem, porém ao menos a princesa teve um cônjuge da sua geração. Como casal, os dois se mudaram de volta para Tebas e, diligentemente, restabeleceram a antiga religião que seus pais tinham posto de lado. Como parte desse processo, mudaram de nome, eliminando a referência ao culto de Aton. Tut se tornou Tutancâmon e ela se tornou Anquesenamon, "A que vive para Amon".

Ela dispôs de quase dez anos para amar seu marido adolescente. E então, mais uma vez, a morte chegou ao palácio real. Pode ser que Anquesenamon fosse privilegiada, mas já tinha visto mortes demais em seus vinte e um anos. Tutancâmon, seu marido/irmão, morreu de repente, mal atingidos os dezoito ou dezenove anos. Juntos, os dois já tinham vivido o desgosto de perder duas filhas, ambas natimortas.

Os casamentos e mortes que Anquesenamon tivera de suportar a perseguiam, mas a viúva enlutada sentia ainda mais medo do futuro. Não restava mais ninguém, nenhum varão da linhagem real de Amarna que pudesse ocupar o trono. Mas alguém o queria muito: Aye, o avô materno da princesa. Em mais de uma ocasião, passou pela cabeça dela que talvez a mão do avô houvesse participado da morte de Tutancâmon. Figura sinistra, ele havia ocupado o cargo de principal ministro da família real durante anos. E tinha uma esposa. No entanto, para legitimar sua pretensão ao trono, precisaria do sangue real de Anquesenamon.

Em desespero, a jovem rainha deixou a tristeza de lado. Disse a si mesma: "Faça alguma coisa! Você só tem setenta dias!" Esse era o tempo que levaria o embalsamamento de seu falecido marido e a preparação dele para a vida eterna. Na tentativa de romper o grilhão da consanguinidade, do incesto familiar, ela fez algo absolutamente espantoso e valente. À sua maneira, foi tão iconoclasta quanto o pai, Aquenaton.

Com rapidez e em sigilo, redigiu uma carta e a enviou por um servo pessoal em quem podia confiar. O mensageiro a entregou a um dos antigos inimigos do Egito, o rei hitita Supiluliuma I, que leu com assombro as linhas do texto: "Meu marido morreu e filhos varões eu não

Anquesenamon suportou o incesto dinástico egípcio em sucessivos matrimônios, com o pai, o tio e o meio-irmão. Por fim, rebelou-se heroicamente contra o casamento, desta vez com o próprio avô!

tenho. Mas vossos filhos, dizem, são numerosos. Se me mandásseis um desses filhos, ele se tornaria meu marido. Não quero ser forçada a me casar com um servo. Tenho medo."

O rei Supiluliuma ficou pasmo com a oferta; sua segunda reação foi a desconfiança. Seria ela, de fato, a Grande Esposa Real? O que estariam os egípcios tentando armar? Em vez de responder de imediato, ele mandou um embaixador sondar a verdade; o homem voltou do Egito e disse que a oferta e Anquesenamon eram realmente autênticas. Trouxe consigo uma tabuleta com outra carta da rainha, que dizia: "Se existisse para mim um filho varão, acaso eu teria escrito para envergonhar a mim mesma e a minha terra perante outra terra? Não confiastes em mim. Aquele que era meu marido faleceu. Não escrevi a nenhuma outra terra, escrevi para vós! Dai-me um de vossos filhos! Para mim ele será marido, mas nas terras do Egito será rei!"

Os cintilantes objetos do túmulo de Tutancâmon tornaram famoso o nome "Rei Tut", embora, ao morrer, ele ainda fosse um adolescente, casado com sua meia-irmã.

Àquela altura, Anquesenamon estava desesperada.

Finalmente convencido, o rei hitita tratou de agir com rapidez, escolhendo seu filho Zanaza e reunindo às pressas presentes de casamento e um séquito rebuscado para a partida.

Tarde demais: a areia na ampulheta do tempo da jovem rainha havia acabado de escoar. Talvez tenham sido os homens de Aye que assassinaram o jovem príncipe hitita no trajeto, ou talvez ele tenha encontrado a morte nas mãos de soldados do comandante Horemheb, outro aspirante ao trono do faraó.

Quando terminou a mumificação apropriada de Tutancâmon, Anquesenamon já fora obrigada a se casar a contragosto com o avô. Ele lhe deu um anel com os nomes dos dois e oficiou a cerimônia fúnebre de Tutancâmon.

Aye viria a governar o Egito por quatro anos, mas Anquesenamon logo desapareceu do registro histórico. Quando Aye morreu de velho,

Horemheb, o comandante do exército que não vinha da realeza, prontamente se declarou rei (não faraó), em 1321 A.C.

E o rei Supiluliuma? Indignado com o assassinato do filho, o soberano hitita enviou seus exércitos contra vários territórios egípcios. Capturou muitos prisioneiros, portadores de uma arma mortal: a peste. Ela varreu o território hitita e acabou matando Supiluliuma e seu sucessor.

Os detalhes da assombrosa história de Anquesenamon estão hoje confirmados, por meio de documentos e artefatos desencavados em sítios arqueológicos. As cartas que ela enviou ao rei hitita foram preservadas nos Feitos de Supiluliuma, um compêndio de documentos de fontes primárias. O anel que Aye lhe deu no casamento foi descoberto. Um mural bem preservado num túmulo egípcio mostra o arrivista Aye fazendo a cerimônia da "Abertura da Boca" para Tutancâmon, a qual era necessária para garantir sua felicidade após a morte.

Ainda há muitas dúvidas na história de Anquesenamon; nem seu túmulo nem sua múmia foram confirmados até hoje, embora haja vários candidatos cuja identidade exata ainda está sendo averiguada.

E, por falar em coisas que voltam para nos assombrar, a questão da consanguinidade, antes vista como uma antiga estratégia mediante a qual os governantes do Egito e de regimes mais recentes procuravam reter seus tronos, transformou-se num dilema moral moderno. Hoje em dia, as crianças nascidas de doadores de esperma e de óvulos constituem uma percentagem significativa da população. Todos os anos, só nos Estados Unidos, 30 mil a 60 mil crianças nascem de doadores de esperma. À medida que a primeira leva dessas crianças vai chegando à idade adulta, as chances de que venham a se conhecer e a acasalar se tornam cada vez maiores. Não houve até hoje uma completa transparência ou fornecimento de informações por parte dos bancos de esperma, dos doadores ou dos beneficiários.

E, como observou uma reportagem de 2011 no *Wall Street Journal*, "o custo das mentirinhas sobre a fertilidade está aumentando. Quando a ciência não é franca, as pessoas têm que sê-lo."

ADORAÇÃO DE SERPENTES: Curandeiras, profetisas e companheiras de quarto

Década após década, a fobia de serpentes (junto com o medo de aranhas) tem figurado entre os cinco maiores temores e aversões dos norte-americanos. Isto é digno de nota, uma vez que modificamos nosso meio ambiente a tal ponto que são excepcionalmente raras as probabilidades de cruzarmos com uma cobra de verdade — a não ser esborrachada nas estradas.

Os gregos e romanos, por outro lado, tinham as serpentes em alta conta. Sua atitude era mais relaxada a respeito de animais selvagens com escamas, e também dos modos de cuidar da casa. Naquela época, os templos, os prédios públicos e as residências de todos, inclusive dos mais cheios de firulas, davam fácil acesso aos membros da família reptiliana.

Toda vez que sucedia a uma cobra rastejar para a cozinha de uma dona de casa grega, esta ficava satisfeita com a visita "que dava sorte" e lhe oferecia um pires com leite. Às vezes, convidava a cobra a entrar; as cobras eram e ainda são excelentes predadoras de animais daninhos, de modo que havia sensatez nessa atitude positiva.

Os romanos eram ainda mais efusivos, e pintavam uma grande cobra como guardiã do fogo do *lararium* ou altar de cada família. A cobra era uma substituta da cabeça masculina do "gênio" da família, que, naqueles tempos, não definia o Q.I. do papai, mas apenas seus poderes de procriação.

Além de seus papéis como predadoras de ratos, símbolos da potência paterna e substitutas não tão fofinhas dos pés de coelho, as cobras tinham um significado adicional: possuíam qualidades proféticas e poderes curativos. Por exemplo, numa época em que Roma foi atormentada por uma peste, em 293 A.C., a ajuda chegou depressa à cidade, quando um espécimen de bom tamanho da *Elaphe longissima longissima* rastejou de um navio para uma ilha do rio Tibre. A prestimosa equipe do santuário curativo de Epidauro, na Grécia, tinha mandado a serpente de quase dois metros como uma auxiliar médica de seu deus da cura, Esculápio.[2] Num piscar de olhos, a cobra se ambientou, a peste foi contida e os operários se puseram a trabalhar na construção de um novo templo herpetiforme para o deus Esculápio.

A cidade de Atenas tinha histórias comoventes similares sobre uma cobra guardiã da Acrópole, que era alimentada com bolos de mel e teve a sensatez de cair fora quando todos deram no pé, durante a invasão persa.

Outros cultos curativos da Itália copiaram o sucesso de Esculápio; no templo de Bona Dea Subsaxana, por exemplo, as fiéis mal conseguiam se mexer sem pisar numa das cobras inofensivas.

Mais ou menos em 150 D.C., o deus Esculápio, claramente cansado de toda a atenção esbanjada em suas substitutas reptilianas, deixou sua forma humana e se transformou numa cobra grande, de cabeleira desgrenhada e orelhas de primata. A única pessoa a assistir a essa transformação foi Alexandre, um profeta conversador, bem-apessoado e sem emprego da cidade de Abonuteicos, no litoral do mar Negro. Em pouco tempo, Alexandre fundou um oráculo, conquistou o público e fez umas almas crédulas se cotizarem para arranjar um santuário e um divã para o deus-serpente, que queria ser conhecido como Glycon.

Alexandre e Glycon exerceram sua atividade oracular por trinta anos, obtendo vários sucessos proféticos importantes. Embora o culto tivesse detratores, Alexandre tinha talento para desempenhar o papel.

Ao "canalizar" as mensagens de Glycon, era comum ele ter ataques e babar, porque a saliva em excesso era um sinal certeiro de divindade. Décadas após a morte da cobra e de Alexandre, o oráculo ainda funcionava. Tanto que até o imperador Marco Aurélio buscou respostas oraculares no culto de Glycon.

Dois mil anos atrás, quase todo homem, mulher e criança sabia distinguir as serpentes venenosas das inofensivas — chamadas dragos [do grego *drákōn*, latim *draco*] —, que frequentemente funcionavam como bichos caseiros de estimação. Uma serpente de idade avançada era a favorita do imperador Tibério, que a alimentava com as próprias mãos, até sua amiga coleante e idosa ficar tão fraca que foi destruída pelas formigas. Era comum se usarem dragos para animar os banquetes requintados, rastejando em meio aos divãs das damas elegantes.

Dada a sua notável aceitação na sociedade greco-romana, é fácil entender por que as cobras de outrora desempenhavam um papel de destaque nos sonhos, nos presságios, na construção de lendas e nos mexericos lascivos das celebridades. A biografia de Olímpia, a fogosa mãe de Alexandre, o Grande, é um bom exemplo. Ela e seu futuro marido, Filipe da Macedônia, conheceram-se numa orgia de mistérios religiosos na ilha grega de Samotrácia. Sacerdotisa do culto, Olímpia manipulava serpentes e as usou enroscadas no corpo ao dançar à luz de tochas. Apesar da ânsia involuntária de vômito que isso inspirou em Filipe, ele se apaixonou pela moça. Os dois fizeram amor, casaram-se e geraram um filho.

Uma noite, ao dar uma espiada amorosa em sua nova esposa, Filipe viu uma cobra imensa deitada ao lado da jovem adormecida. Para ele, deu-se uma perda instantânea do tesão. Como governante macedônio, com múltiplas opções de visitas a esposas, ele ficou de bico calado, mas cortou Olímpia de sua lista de visitas noturnas.

No devido tempo, a rainha Olímpia deu à luz Alexandre, que, desde o começo, foi claramente um menino superior. O casamento se tornou mais tempestuoso. Olímpia deu para beber demais nos banquetes e exibia uma tendência lamentável a contestar o papel paterno de Filipe, contando a todos sobre a noite em que Zeus tinha assumido a forma de uma serpente e a havia engravidado.

Entrementes, Filipe foi se aconselhar com a pitonisa do oráculo de Delfos. O oráculo lhe avisou que um dia ele perderia o olho com que havia espiado sua mulher, quando ela vadiava com um grande deus em forma de serpente. E, é claro, foi o que se deu: numa de suas batalhas intermináveis, Filipe levou uma flechada no rosto.

A reverência dos gregos e romanos pelas serpentes talvez tenha sido a razão de um de seus símbolos mais poderosos do infinito ser o uróboro, uma cobra que segura na boca a própria cauda. As serpentes também representavam a cura e a sabedoria para os antigos, e vemos um vestígio disso até hoje no caduceu, o conhecido símbolo da medicina.

As culturas antigas não tinham fobia de cobras. Para elas, alguns répteis tinham poderes curativos, e por isso Esculápio, o deus da cura, tinha por companheira uma serpente.

O VIDENTE TIRÉSIAS: Andrógino & perito em orgasmos

Os gregos tinham ideias inusitadas sobre sexualidade masculina e feminina, às vezes parecendo indiferentes ao orgasmo feminino — ou, pelo menos, evitando discuti-lo. Uma narrativa orgástica aparece nas histórias encantadoras e intrigantes sobre Tirésias, o vidente de outrora que mudou de forma.

O poeta grego Hesíodo foi um dos muitos que contaram e recontaram as histórias interligadas desse profeta clarividente de Arcádia, uma região arborizada e bucólica da Grécia. Ao que dizia uma das histórias, sucedeu ao jovem Tirésias ver umas cobras copulando, e ele não conseguiu resistir a importuná-las. Depois de ferir uma delas com seu cajado, descobriu-se transformado em mulher. (Isso foi obra da deusa Hera, insatisfeita por ele espionar o sexo das serpentes.)

Ora, que interessante, pensou Tirésias. Não tardou a começar a sair com homens e, por fim, a fazer amor com um deles. Logo, logo, tornou-se sacerdotisa, casou-se e teve filhos. Um destes, sua filha Manto, prometeu ser uma ótima profetisa, como o próprio Tirésias.

Depois que ele se transformou em mulher, passaram-se sete anos. E então, Tirésias ouviu do próprio Apolo: "Sabes, se quiseres voltar ao teu sexo original, basta observares outras cobras copulando. Fere uma delas, como antes, e te prometo que voltarás a ser homem, filho."

Tirésias seguiu esse conselho e, dito e feito, a transformação ocorreu, exatamente como dissera Apolo. Ele estava matutando sobre que diabos dizer a seu marido e seus filhos (que decerto ficariam perplexos com sua nova virilidade), quando irrompeu uma briga. Era aquele casal disfuncional formado por Zeus e Hera, que iniciava uma de suas discussões ferozes.

Segundo uma das histórias sobre Tirésias, ao ver cobras copulando, ele não conseguiu resistir a mexer com elas e feri-las. Isso irritou a deusa Hera, que o transformou em mulher.

Zeus afirmava que as mulheres tinham uma parcela maior de prazer do que os homens na relação sexual, enquanto Hera defendia a ideia oposta. Como não conseguissem concordar, voltaram-se para o vidente, já que ele havia experimentado os dois lados do divisor homem/mulher.

— E então, Tirésias, o que dizes? — indagou Hera, que parecia estar com um bocado da autoestima em jogo.

Tirésias achou que ela ficaria satisfeita com sua resposta:

— As mulheres desfrutam de nove décimos do prazer, e os homens mortais têm que se contentar com um décimo.

A rainha dos deuses investiu contra ele e lhe arrancou os dois olhos. Depois, deu-lhe as costas e se afastou.

Zeus baixou a cabeça:

— Sinto-me péssimo — comentou.

Com uma careta, Tirésias respondeu:

— Sente-se péssimo? Pois experimente ter os olhos arrancados, depois venha conversar comigo.

— Vou dar-lhe o dom da profecia — retrucou Zeus. — É o mínimo que posso fazer. Ah, e, em vez de uma vida, você poderá ter sete.

— E a minha visão? — perguntou Tirésias.

— Isso eu não posso desfazer — respondeu Zeus, olhando nervosamente para trás, à procura de Hera.

— Diga-me: por que Hera ficou tão irritada com a minha resposta?

Zeus encolheu os ombros:

— Você é mortal, e acabou de revelar um dos segredos exclusivos dos deuses. Não podemos deixar qualquer um saber de todo esse prazer sexual que as mulheres obtêm, não é? Anime-se! Você é um vidente que enxerga o interior da alma de homens e mulheres.

Esta é apenas uma versão da história; outra diz que o vidente foi cegado ao deparar com Atena nua, banhando-se numa fonte.

Comumente, os mitos gregos mais suscitam perguntas do que as respondem. (Talvez seja essa a sua finalidade.) Mas o que eu me pergunto, pessoalmente, é isto: por que Tirésias não pediu para voltar a ser mulher, se é realmente ela quem fica com a maior parte do bolo no prazer sexual?

Jamais saberemos. Tirésias, porém, ganhou tamanha popularidade nos tempos antigos, que acabou tendo seu próprio seriado, como personagem recorrente nas tragédias gregas de Eurípides e Sófocles, bem como na *Odisseia* de Homero. E não se saiu mal nos tempos modernos, sendo incluído no elenco de tudo, desde o *Inferno* de Dante até um dos romances da série *Duna*, de Frank Herbert.[3]

DIRETO DA FONTE: Quando o amor dá errado

Alguns dos remédios empregados pelos antigos para as dores de amor ainda estão em uso: o esquecimento através do álcool, as aventuras sexuais do tipo "ele(a) vai ver só", as drogas, o trabalho em excesso, comer demais, dormir demais, e a única estratégia confiável: deixar o tempo passar.

Mas nossos antecessores apaixonados, aqueles homens e mulheres de outrora, também tinham outras maneiras de lidar com os desgostos, muitas envolvendo algum tipo de ritual ou feitiço. Na época, não havia psicoterapeutas nem pílulas para os doentes de amor, mas uma rica rede de superstições, mitos e pensamentos mágicos permeava a vida cotidiana. Recorrer a esse mundo catártico, às vezes sombrio, podia trazer de volta o objeto de amor — ou fazê-lo arrepender-se. Quando o amor se transformava em ódio, o ritual podia até ferir ou matar o indivíduo antes adorado.

No ritual malevolente mais comum, a pessoa que recorria ao feitiço escrevia sua praga ou maldição numa folha fina de chumbo (ou de bronze, para a turma que não poupava despesas). Chamada *defixio*, a maldição era dobrada ou bem enrolada, e então escondida em túmulos ou poços, ou afixada a árvores. Outro ritual exigia que o participante espetasse agulhas em bonecos de cera ou de barro — feitiço ainda visto, hoje em dia, nos círculos voduístas.

Havia também distinções, hoje nem sempre claras para nós, entre os feitiços de *eros*, que induziam à paixão, e a magia da *philia*, que induzia à afeição. As pessoas também encomendavam pedras preciosas e anéis com imagens de Afrodite e Eros; neles eram escondidos encantamentos e palavras mágicas.

Eis um trecho de um complicado feitiço erótico feito por uma mulher chamada Sofia, que queria atrair outra mulher, chamada Gorgônia. Sua tabuinha oval, escrita de ambos os lados, contém sessenta e seis linhas de texto:

> Fundo das trevas sombrias, cão dos dentes pontudos, coberto de cobras enroscadas que viram três cabeças, viajante dos recônditos do mundo dos mortos, guia dos espíritos, com as Eríneas [as Fúrias] selvagens com seus chicotes cortantes, serpentes sagradas, mênades, virgens assustadoras, vinde a minhas encantações iradas. Para que eu convença à força este indivíduo e vós, transformai-o prontamente num demônio cuspidor de fogo. Ouvi e fazei tudo depressa, sem vos opordes a mim na execução deste ato, pois sois os governantes da terra. [Seguem-se três linhas de uma baboseira mágica.] Por meio do demônio-cadáver, inflamai o coração, o fígado e o espírito de Gorgônia, nascida de Nilogênia, com amor por Sofia, nascida de Isara. Obrigai Gorgônia a ir às termas pelo bem de Sofia; e vós, transformai-vos numa casa de banhos. Queimai, incendiai, inflamai a alma, o coração, o fígado e o espírito dela com amor por Sofia.

Vejamos agora um feitiço grego, escrito num papiro da baixa Antiguidade, no qual um homem chamado Apalo queria atrair uma mulher chamada Karosa para a intimidade sexual. A referência à tortura do amor é típica:

> Sim, senhor demônio, atrai, inflama, destrói, faz arder, faz com que ela desmaie de amor ao ser queimada, inflamada. Espicaça a alma torturada, o coração de Karosa, nascida de Thelo, até que ela corra para Apalo, nascido de Teonila, e o faça por paixão e amor, neste exato momento, depressa, depressa [...] não deixes Karosa, nascida de Thelo, pensar em seu marido, em seu filho, na bebida ou na comida, mas faze-a derreter-se pela paixão e pelo amor e pelo coito, e ansiar especialmente por ter relações com Apalo, nascido de Teonila, neste exato momento, depressa, depressa.

Outra tabuinha de maldição encontrada no território etrusco da Itália oferece um exemplo vívido do amor transformado em ódio:

> Espíritos do mundo das trevas, a vós consagro e entrego, se tiverdes algum poder, Ticene de Carísio. Faça ela o que fizer, que tudo lhe corra mal. Espíritos do mundo das trevas, a vós consagro os membros dela, sua tez, seu tronco, sua cabeça, seu cabelo, sua sombra, seu cérebro, sua testa, sua respiração, seu fígado, seus ombros, seu coração, seus pulmões, seus intestinos, seus dedos, suas mãos, seu umbigo, suas coxas, suas panturrilhas, suas solas e dedos dos pés. Espíritos do mundo das trevas, se eu a vir definhando, juro que terei prazer em vos oferecer um sacrifício todos os anos.

Tanto na Mesopotâmia quanto na Grécia, homens e mulheres faziam feitiços usando anéis especiais, não tanto nos casos de amor, mas para conquistar a admiração e a afeição de superiores, como reis e senhores. Além disso, assírios e gregos preferiam pedras especiais, preciosas e semipreciosas, que prometiam um efeito semelhante, substituindo a raiva pela amizade. Eis um exemplo desses feitiços de aproximação: "Segurando um anel de cobre, entoa o encantamento três vezes. Coloca o anel no dedo e, quando entrares na presença do príncipe, ele te dará boas-vindas. Um anelzinho para o sucesso, o encanto e a vitória [...] quando o tiveres contigo, sempre obterás o que pedires a qualquer pessoa. Além disso, ele acalma as raivas de reis e senhores. Ao usá-lo, não importa o que digas aos outros, acreditarão em ti e serás agradável a todos."

OVÍDIO, O POETA DO AMOR: A vida no âmbito dos *Fastos*

No ano 2 A.C., um apaixonado poeta do amor, chamado Públio Ovídio Nasão, acabara de sobreviver por um triz a um desentendimento político com o homem que havia governado Roma durante o quarto de século anterior, Otávio Augusto — a infeliz coincidência que envolvia o novo livro erótico de Ovídio sobre a arte de amar e o escândalo de adultério da única filha do imperador, Júlia. A vadia fora prontamente banida pelo pai para uma ilhota rochosa na costa de Nápoles.

Nem Ovídio nem seu livro tinham enfrentado o mesmo destino. Ainda.

É sorte você não ter feito parte da lista de leituras dela, nem da sua lista de indiscrições amorosas publicamente divulgadas, disse ele a si mesmo. Trate de ficar com sua mulher e suas namoradas, todas sem parentesco com a família imperial, felizmente.

Essa era a terceira tentativa literária de Ovídio. Seu livro *Amores*, em cinco volumes, havia conquistado elogios entusiásticos em 15 A.C., mas as críticas laudatórias não pagavam as contas. Se sua recém-publicada *Arte de amar*[4] e seu companheiro erótico, *Remédios de amor*, não fossem um grande sucesso, ele seria forçado a se humilhar aos pés de seu pai avarento, para pedir uma ajuda de custo maior.

Concentre-se, disse Ovídio a si mesmo. Concentre-se em obter a forma certa de atenção de Otávio, esse velho dissoluto e hipócrita, com seus clamores constantes pela moral e pelos valores familiares. Procure conquistar a aprovação dele em algum tipo de encomenda imbuída de altos princípios morais.

Após anos de bajulação e promoção de seus interesses, os esforços do poeta foram recompensados. O imperador lhe encomendou a redação de um livro novo e maravilhoso. Aparentemente, Otávio ansiava por um longo poema em verso sobre o calendário romano, seus signos zodiacais e suas festas veneráveis, consagradas pelo tempo.

Ovídio ainda estava batalhando com sua epopeia inacabada, *Metamorfoses*, mas ela teria de esperar. Sua carreira poética tinha voltado aos trilhos. Imagine só, o imperador como seu patrono literário!

Ovídio amava as mulheres e sabia o quanto elas gostavam de ser excitadas. Em sua poesia e vida, honrou-as com carícias preliminares.

Sete meses depois, Ovídio tinha escrito cinco mil linhas de poesia, mas concluíra apenas seis dos doze meses do seu livro sobre o calendário. O tema o fascinava: os signos do Zodíaco que determinavam o destino dos seres humanos; os dias *nefasti*, nos quais não eram permitidas atividades de negócios e assembleias; os *dies feriae*, nos quais se realizavam feiras e festas; os dias *fasti*, nos quais os tribunais e as lojas se abriam para as atividades legais e os negócios privados; e os dias desfavoráveis do calendário. Seu livro seria uma celebração: uma mescla de mito e história, lenda e rito sagrado, passado ligado ao presente.

Bem no meio desse período de intensa criatividade e no terceiro casamento, desta vez com uma mulher de quem Ovídio realmente gostava, ocorreu o dia mais nefasto de sua vida. Um delator profissional procurou Otávio Augusto com uma denúncia e, imediatamente, o poeta foi detido por traição contra o imperador.

O poeta de cinquenta anos sabia ter sido falsamente incriminado, mas, apesar de seus protestos, veio a condenação. Num dia frio de dezembro do ano 8 da era cristã, Ovídio foi banido para o distante e miserável lugarejo de Tomis (atual Constança, na Romênia), no litoral do mar Negro.

Visto que sua obra anterior, por mais sensual e ultrajante que fosse, tinha sido publicada fazia muitos anos, a denúncia contra Ovídio, nessa data tardia, pareceu fora de propósito. Intrigados, colegas poetas e outros amigos seus, bem como namoradas e esposas do passado e do presente, angustiaram-se com essa decisão.

No mesmo ano, entretanto, o imperador Augusto também exilou sua neta, igualmente chamada Júlia, acusando-a de adultério, como tinha feito com a mãe dela. E a exilou em outra ilhota miserável ao largo da Itália continental.

Teria havido alguma ligação, pelo menos na cabeça do imperador, entre os atos das duas Júlias e os escritos do poeta Ovídio? Nas cartas do exílio, ele se queixou e insinuou muitas coisas, porém nunca revelou detalhe algum. Apesar de seu talento, nunca mais voltou a ver sua amada Roma nem sua querida mulher, e morreu em Tomis com uns sessenta anos de idade.

Os historiadores passaram séculos remoendo esse mistério. Hoje em dia, acredita-se que os espalhafatosos escândalos sexuais da filha e da neta do imperador tenham sido maneiras de encobrir conspirações e golpes de Estado abortados contra Otávio. Em ambos os casos, os principais homens envolvidos foram executados ou mandados para o exílio.

Se essas foram tentativas de derrubar o imperador, é provável que o crime de Ovídio tenha sido por omissão. O grupo com que ele se relacionava incluía aristocratas cheios de ambições políticas. Se ele entreouvisse rumores de uma trama e nada fizesse a esse respeito, o direito romano taxaria sua postura de traição.

O pobre Ovídio nunca chegou a concluir os *Fastos*, seu poema-calendário. Mas o manuscrito inacabado sobreviveu, sendo hoje mais precioso do que o autor poderia ter sonhado, como única obra existente sobre os modos esplendidamente esmerados pelos quais os romanos mantinham o controle dos seus dias de sorte e azar.

O EXÍLIO DE SAFO: **Relembrando a odiosa Dórica**

Se os espíritos dos poetas gregos de dois mil e seiscentos anos pudessem torcer as mãos, aposto que o fantasma da famosa Safo de Lesbos ainda estaria fazendo exatamente isso. Por quê? Três palavras: sua cunhada Dórica. Ela foi a sensual nota dissonante na felicidade de Safo.

Tudo começou com o irmão de Safo, Caraxo. No século VI A.C., a ilha de Lesbos, terra natal de ambos, era muito próspera, graças aos estreitos laços comerciais com o Egito e com uma de suas principais cidades portuárias, Náucrates. Entre outros produtos do cultivo comercial, Lesbos produzia um vinho tinto doce que era muito vendido em toda a Grécia e nas terras vizinhas.

Igualmente abastada era a família esnobe e possivelmente aristocrática de Safo, que tinha três irmãos, dos quais o favorito era Caraxo.

Safo ficou meio consternada quando o irmão se tornou mercador de vinho, um vendedor itinerante dos esplêndidos vinhedos de Lesbos, em vez de seguir uma profissão mais chique. Entretanto, a consternação se transformou em horror quando, numa visita comercial a Náucrates, Caraxo se apaixonou loucamente por uma mulher que vendia um tipo mais impudente de mercadoria.

Quando Caraxo conheceu Dórica, ela já havia atingido o ápice do *status* das cortesãs. Nascida nas terras agrestes da Trácia, no norte da Grécia, depois vendida como escrava, diziam os boatos que ela teria trabalhado na casa da família da qual Esopo, o fabulista, também fora escravo. Mal adaptada ao enfadonho trabalho doméstico, a jovem finalmente fora notada por seu senhor, que a pusera para trabalhar vendendo o corpo, em Náucrates.

Já então, Safo era reconhecida como poeta e letrista do mais alto nível. Recebera elogios públicos até mesmo de Sólon, o grande estadista de Atenas na época. Quando um sobrinho de Sólon cantou uma das músicas de Safo, o tio pediu que ele lhe ensinasse a canção. Havendo o sobrinho indagado para quê, Sólon respondeu: "Para que eu possa aprendê-la e morrer."

Em 598 A.C., Safo e sua família foram desterradas na Sicília, por razões políticas que nos são desconhecidas. Quando o clima político se modificou, ela regressou a Lesbos e retomou sua dedicação à poesia, à música e à dança. Outras poetisas se juntaram a ela. Algumas vinham da Ásia Menor, do Egito e de outras ilhas gregas. Algumas se tornaram parte do círculo de amigos íntimos de Safo. As rivais criaram grupos de poesia, tentando competir com ela. A vida corria bem.

Mas Safo constatou que não podia se regozijar plenamente, por causa daquele infeliz do seu irmão, ele e o seu caso indecoroso. Isso já começava a interferir seriamente na criatividade dela, que tinha de se obrigar a pegar a lira e fabricar os versos da sua última encomenda — outro deslumbrante *hymenaios* ou hino nupcial.

E veio então outro golpe. Já fora suficientemente terrível seu irmão manter tal amante — e agora, a última gracinha dele tinha sido pagar uma soma absurda para libertar Dórica! Esse cruel desdobramento quase a matou:

Tratada como celebridade e com fama mundial já em sua própria época, Safo, a poeta do amor, tinha tudo. Ou será que não? Eis que chega sua afrontosa cunhada.

— Casado? Você se casou com aquela meretriz, aquela cujo corpo qualquer um pode comprar? — disse a Caraxo, aos gritos.

— Ei, maninha, eu adoro essa mulher. E não queria dividi-la com ninguém.

Inflamada de ódio, Safo buscou uma terapia da única maneira que sabia fazer. Sentou-se e escreveu. As palavras de ouro voaram de sua ponteira para o papiro. Palavras apaixonadas, no seu estilo eólio característico, pura poesia e angústia.

Como sua vida criativa se estendeu por uns quarenta anos, é provável que Safo tenha produzido um enorme corpo de obra poética. Escrevia quase sempre sobre seus sentimentos, suas amizades eróticas com pessoas do mesmo sexo, seus erros e acertos no amor e seu prazer sensual com a vida. Quando ela e o irmão se separaram, Safo, em sua tristeza, imortalizou sem querer a mulher que ele amava e que ela desprezava. Hoje restam apenas alguns fragmentos preciosos de sua obra e, ironicamente, há entre eles poemas maravilhosos, parcialmente restaurados, sobre seu irmão Caraxo e Dórica.

HIPSICRÁCIA: Amazona transformada em historiadora? Uma história de amor

Contornando o mar Negro como uma pulseira cravejada de amuletos, houve um dia duas dúzias de prósperas cidades, fundadas por colonizadores gregos no século VII A.C. No litoral nordeste ficava Fanagória, uma antiga metrópole costeira cuja linha litorânea tinha se modificado ao longo dos séculos. As estruturas da cidade haviam sofrido danos terríveis num incêndio maciço, em 63 A.C., e por isso os arqueólogos encontraram pouca coisa digna de nota em terra.

Entretanto, durante escavações submarinas feitas em Fanagória em 2010, uma equipe arqueológica russa, chefiada por Vladimir

Kuznetsov, encontrou o que ele chamou de admirável marco tumular. De quem esse marco preservava a memória? De Hipsicrácia, a amazona mais desconsiderada da história.

Seu carinhoso amante preferia chamá-la pela versão masculina de seu nome, como que num elogio à força, à resistência e à coragem dela. De fato, a inscrição na lápide de mármore diz: "Hipsícrates, esposa de Mitrídates VI" (rei cujo nome significa "enviado por Mitra", o deus Sol).

O homem que chamava a si mesmo de marido de Hipsicrácia, o rei Mitrídates VI, do Ponto, era o inimigo mais ferrenho e mais antigo de Roma, havendo travado três guerras sucessivas contra ela. Houve época em que se pensou que a história de sua última esposa e amante, Hipsicrácia, era um caso de "amor ilícito" enfeitado pelo velho e romântico Boccacio, escritor italiano do século XIV da era cristã.

O rei Mitrídates VI, do Ponto, gostava de ser retratado em suas moedas no estilo rebelde heroico. Mas é possível que o verdadeiro herói tenha sido uma heroína, sua companheira de guerra e sua última amada, Hipsicrácia.

Embora ela mal tenha sido mencionada pelos antigos escritores Plutarco, Estrabão e Ápio, os breves detalhes que eles forneceram sobre Hipsicrácia se revelaram predominantemente verdadeiros. Acresce que essa mulher fez muito mais do que as ações pelas quais lhe deram crédito — proezas meticulosamente documentadas em *The Poison King* [O rei dos venenos], a biografia de 2010 escrita pela estimada pesquisadora histórica e escritora Adrienne Mayor.

Em 69 A.C., junto com milhares de outras pessoas, Hipsicrácia foi recrutada pelo rei para integrar suas forças nômades. Ela pertencia a uma das tribos ferozes cujas mulheres lutavam e viviam a cavalo, exatamente como os homens. Circulavam pelas estepes e não viam nada de excepcional em transpor o Cáucaso — a cadeia de montanhas quase intransponíveis, de cumes nevados, que liga o mar Negro ao mar Cáspio.

Hipsicrácia foi selecionada como um dos cavalariços do rei, mas suas habilidades de guerreira não tardaram a chamar a atenção pessoal de Mitrídates. (Homem viril, que mantinha um harém, além de se casar com uma sucessão de mulheres, Mitrídates também se ligou fisicamente a ela.) Atlética e musculosa, de cabelos longos e esvoaçantes, Hipsicrácia contava trinta e poucos anos quando conheceu o rei. Embora ele estivesse perto dos sessenta e cinco, ainda era um comandante militar vigoroso e astuto, que já impusera derrotas fragorosas a generais romanos, em várias ocasiões.

Hipsicrácia e Mitrídates viveram juntos por seis anos, durante os quais ela combateu ao lado dele, a cavalo e a pé, em campos de batalha que iam do Ponto à Armênia. Esteve presente quando o rei impôs uma derrota humilhante ao general romano Lúculo. Com seu profundo conhecimento do traiçoeiro terreno vertical e das táticas de guerrilha que havia aprendido durante uma vida inteira de ataques nômades, Hipsicrácia protegeu o soberano em diversas ocasiões. Não foi fácil. Mitrídates não apenas combateu os romanos e um grande número de outros, como também travou batalhas com seus cinco filhos varões e algumas de suas filhas, a maioria dos quais queria vê-lo morto.

Em 64 a.C., já doente, o soberano reconheceu que sua última batalha militar se aproximava, embora o seu "Hipsícrates" se recusasse a admitir tal coisa. Mesmo assim, Mitrídates lhe entregou um frasco de veneno, para que ela o tomasse, na eventualidade de ser capturada, e fez o mesmo com seus oficiais de alta patente. Pessoalmente, ele não poderia se suicidar ingerindo veneno, visto que tinha tomado uma variedade de toxinas, inclusive arsênico, durante toda a sua vida.

O exército romano, agora comandado pelo general Pompeu, foi apertando o cerco em torno de Mitrídates, Hipsicrácia e seu exército em Fanagória — auxiliado pelo traiçoeiro quinto filho do rei.

Após a morte do companheiro, Hipsicrácia desapareceu. Embora o tal monumento de mármore traga inscrito o nome dela, é possível que seus restos nunca tenham sido enterrados ali. A escritora Adrienne Mayor sugeriu uma alternativa possível: dado o nome masculino pelo qual Hipsicrácia era rotineiramente chamada pelo rei Mitrídates, em público, é possível que essa lutadora vibrante e ainda jovem tenha sobrevivido, fazendo-se passar por homem.

Mayor apontou uma série de coincidências intrigantes: em seus livros, o autor e geógrafo Estrabão, ele próprio oriundo do Ponto, no mar Morto, mencionou como uma de suas fontes valiosas um certo Hipsícrates — depois da suposta morte de Hipsicrácia.

Igualmente fascinantes são os outros fatos reunidos por Mayor. Dezesseis anos após a morte de Mitrídates, Júlio César foi à região do mar Negro. Na cidade costeira de Amisus, no Ponto, ele teria libertado um prisioneiro de guerra chamado Hipsícrates, que, segundo diz o *Oxford Classical Dictionary*, "talvez tenha servido a César [...] como Teófanes serviu a Pompeu". Em outras palavras, como historiador.

Esse homem, Hipsícrates, teria escrito várias obras sobre o Ponto e o reino do Bósforo. Até hoje, esses trabalhos não apareceram, mas Hipsícrates é citado por vários historiadores, inclusive Estrabão, Josefo e Luciano de Samósata.

Como um *post scriptum* picante, num texto atribuído a Luciano, intitulado *Macróbios*, há uma frase que diz: "Hipsícrates de Amisenum, o historiador que dominava muitas ciências, viveu até os noventa e dois anos."

A IMPERATRIZ MESSALINA: **Perdendo a cabeça por excesso de maridos**

Em ambos os lados de sua árvore genealógica havia um Juliano — foi essa a afirmação de sangue azul que acabou conquistando para Valéria Messalina o título de imperatriz romana, no primeiro século da era cristã. Em nada a prejudicou o fato de ela possuir um bumbum sensual e um jeito de se mostrar alternadamente sedutora e adoradora. A fértil Valéria também teve sorte em suas gestações, primeiro dando à luz uma menina e, um ano depois, a um menino saudável — um resultado avidamente desejado nos círculos da realeza.

Em 39 D.C., Messalina, então com uns catorze ou quinze anos, casou-se com um homem quase universalmente visto como um tolo gaguejante e babão, inclusive na opinião de seus parentes mais próximos: Cláudio, que era da dinastia Júlio-Claudiana e neto de Lívia, a primeira imperatriz de Roma.

Messalina, cuja ambição e impulso sexual equiparavam-se a sua beleza, tornou-se mãe e, tempos depois, imperatriz, ao se casar com Cláudio.

Poucos meses antes de Messalina dar à luz seu filho, houve outro golpe de sorte: Calígula, o sobrinho de Cláudio, foi sangrentamente assassinado. Em seguida, a guarda pretoriana encontrou o tio Cláudio escondido atrás das cortinas do palácio e o aclamou seu imperador. Todos ficaram estarrecidos — mas não deixaram de concordar, inclusive Messalina.

A então exultante terceira mulher de Cláudio, homem grisalho de uns quarenta e cinco anos, teve de admitir a existência de momentos em que ele realmente parecia brilhante. Dois anos após sua ascensão ao trono, Cláudio e seu exército invadiram e conquistaram a Britânia — coisa que o santificado Júlio César fora incapaz de fazer, apesar de seus esforços exaustivos. Considerando-se que as expectativas em relação a Cláudio tinham sido muito pequenas, seus feitos como imperador foram ainda mais enaltecidos.

Para Messalina, era sumamente agradável que Cláudio passasse tanto tempo em encontros com senadores ou reuniões com seus assessores, que eram quase todos libertos e eunucos, ou se inquietando ao extremo com a redação de sua história aflitivamente longa dos etruscos. Isso dava a Messalina amplo tempo para se expressar. Ela adorava o sexo e a exploração da verdade nua e crua de seus desejos. Cláudio dormia cedo, permitindo-lhe muita folga para escolher uma de suas perucas douradas, enfeitar os mamilos e vestir uma roupa sensual para baixar nos bordéis de Roma como "a loba".

Ela se insinuava até entre os libertos que eram confidentes do marido e, vez por outra, usava-os para que lhe arranjassem encontros. Numa noite, ordenava que organizassem uma orgia, noutra, que lhe trouxessem um ou dois atores para aquecer sua cama. Certa vez, ordenou que eles identificassem a prostituta mais imoral de Roma e a desafiou para uma competição de atos sexuais. Qual das devassas poderia se deitar com mais homens num período de vinte e quatro horas? Messalina derrotou a profissional, transando com vinte e cinco homens.

E então, deu-se um acontecimento adverso: ela se apaixonou sinceramente por alguém. Tratava-se de Caio Sílio, um aristocrata que estava na linha sucessória para ser o cônsul seguinte de Roma.

No outono de 48 D.C., a imperatriz fez a coisa mais escandalosa que já se atrevera a fazer: obrigou o amante a se divorciar da mulher e se casou publicamente com ele, quando Cláudio estava fora da cidade. Enquanto Messalina e seu grupo de convidados do casamento dançavam num frenesi de bacantes, os atentos libertos, que até então haviam ocultado as indiscrições lascivas da imperatriz, resolveram traí-la. Informaram o imperador sobre seus atos — e forneceram uma lista dos seus parceiros sexuais.

Cláudio, mais temeroso de conspirações do que enfurecido com sua bela e jovem esposa, perguntou de imediato: "Ainda sou imperador?"

Messalina achou que seria brincadeira de criança reconquistar Cláudio, como já fizera inúmeras vezes. Mas os principais libertos do imperador não quiseram saber do assunto. Mantiveram-na longe de Cláudio e lhe mandaram carrascos, que na mesma noite deceparam sua cabeça encantadora em seus belos jardins.

O nome dessa rainha das orgias imperiais recebeu do senado romano uma *damnatio memoriae* — um decreto oficial que significava que as palavras "Valéria Messalina" seriam imediatamente raspadas de todas as estátuas e inscrições da imperatriz no reino.

A promiscuidade dela já era bastante ruim, mas o que causou sua queda foi o casamento ilícito, bem como o golpe político que ele poderia ter representado. A conduta infiel de Messalina significou uma falta de controle por parte de Cláudio. Um imperador que não conseguisse manter a própria casa em ordem certamente não conseguiria manter em ordem o seu império.

Pobre e azarado Cláudio! A despeito de sua estatura como governante e como um ser humano bastante honrado, ele viria a ter quatro esposas na vida, nenhuma delas lhe oferecendo consolo e alegria.

O imperador Cláudio se casou bravamente com quatro mulheres, em uniões que foram todas infaustas. No camafeu, à esquerda, estão retratados Cláudio e Agripina, a Jovem, a esposa que providenciaria sua morte.

ORGASMO: O clímax do jogo do acasalamento — e da vida

A mitologia greco-romana pode ser desalentadora. Que modelos terríveis foram quase todas as antigas divindades! Fossem elas deusas ou mortais, as mulheres daquelas novelas primitivas eram comumente submetidas à bestialidade, ao estupro, à infidelidade e ao incesto, tendo pouca autoridade sobre seu próprio corpo.

Mas, por outro lado, encontramos Tirésias, o adivinho grego, que se transformou em mulher e em homem no decorrer de sua mítica vida. Nessas condições, aprendeu em primeira mão que as mulheres mortais foram agraciadas com uma dádiva extraordinária: a maior parte do bolo no gozo sexual, tão potente que chega a ser nove vezes a que sentem os homens mortais.

Como sabemos atualmente, essa história encantadora não é um mito. Cientistas do século XXI descobriram que o orgasmo feminino tem assombrosos poderes olímpicos. Além da possibilidade de atingir o clímax múltiplas vezes, a mulher com o parceiro certo pode experimentar o chamado orgasmo contínuo, no qual seu corpo se contrai em gozo por vários segundos.

Apesar do exemplo animador de Tirésias, parece, à primeira vista, que nem os mortais gregos nem os romanos entenderam a mensagem relativa a dar pleno prazer a suas mulheres. Como revelam os verbetes deste livro, a maioria das mulheres tinha a liberdade cerceada, nenhuma iniciação sexual e casamentos arranjados e sem romance. Outros verbetes revelam o estarrecedor desconhecimento masculino da biologia feminina — e a insistência masculina na penetração do coito como a única via para uma prática sexual satisfatória.

Essa tendência bruta era exacerbada por um sem-número de autores gregos e romanos que se especializavam em invectivas e agressões sexuais para reter seus leitores, numa grosseria gratuita que reduzia os órgãos genitais de homens e mulheres a atos de degradação.

Mas há pistas sobre o lado amoroso e mais satisfatório da vida greco-romana, se examinarmos com a devida atenção.

Ao fazer pesquisas para este livro, encontrei indícios de adoração duradoura em inúmeros casamentos. Tropecei na fidelidade ferrenha e na paixão que alimentaram muitos relacionamentos entre homens, e conheci casais de lésbicas que se uniram e se amaram por longos períodos, tal como fazem hoje.

A sorte nos deixou provas escritas do que alguns homens sentiam por suas mulheres, desde inscrições comoventes em túmulos de casais com matrimônios duradouros até as palavras de outros cruelmente separados pela morte prematura da parceira.

Exemplo disso são as palavras de Plínio, o Moço, um orador e escritor da aristocracia, numa carta a sua mulher, Cornélia: "Sinto-me tomado por uma incrível saudade de ti. A razão principal é meu amor, mas é, secundariamente, o fato de não termos o hábito de ficar afastados."

Outro exemplo é o texto humilde de um grafito numa parede de Pompeia: "Methe de Atela, escravo de Comínia, está apaixonado por Cresto. Que a Vênus de Pompeia [deusa padroeira da cidade] lhe seja propícia, de todo o coração, e que eles vivam em harmonia."

Os homens das culturas mediterrâneas tinham (e ainda têm) um modo sensual de apreciar a vida. Às vezes, admiravam eroticamente a juventude masculina, epítome do que eles tinham sido. Possuíam também um brilho especial nos olhos por essa gloriosa criatura que é a fêmea da espécie.

Assim, o amor e a realização orgástica podiam ser encontrados em outras relações que não o casamento. Tomemos o exemplo de Ovídio, amiúde chamado de último e maior poeta romano a cantar o amor. Ele buscava a afinidade erótica com a mesma dedicação com que buscava a poesia. E escreveu sobre o feliz resultado. Casado três vezes, enquanto se divertia com a rapaziada romana dos encontros de uma noite, dava a mais alta prioridade ao direito feminino de extrair prazer dos atos de intimidade.

Os romanos tinham uma palavra em latim para o orgasmo: *delecto*, o prazer alcançado pela mulher quando o amante lhe dava seu doce gozo.

Sabia, como os antigos egípcios, que o orgasmo era a fonte da vida, um ato sagrado que também permitia a homens e mulheres experimentar a vida e o amor da maneira mais esplêndida e completa. Em suas palavras, "Que a mulher sinta a urgência sexual, liberada das profundezas de sua medula, e que isso seja igualmente prazeroso para ambos".

Outra pista com que deparei, no tocante às crenças de outrora na consumação sexual, vem da própria língua latina. Em vez de uma palavra, os romanos tinham dois belos termos para designar o orgasmo. Chamavam-no de *delecto*, em referência ao prazer experimentado pela mulher quando o amante lhe oferecia essa dádiva. E usavam a palavra *voluptas* (da qual provém nossa palavra *voluptuoso*) para descrever a explosão de gozo sentida pelo homem em seu clímax.

Ovídio também teve relacionamentos bissexuais, mas era evidente a sua preferência pelas mulheres, como mostram seus textos preservados. Seu conselho amoroso sobre partilhar o prazer do orgasmo, entretanto, poderia igualmente se aplicar a casais do mesmo sexo. Como homem de sua época — ou seja, frequentador habitual da pista de corridas do circo e das competições atléticas —, ele se expressou em metáforas desportivas: "Mas não a deixes para trás, ao navegares a todo pano, nem permitas que ela te ultrapasse na corrida. Entrai juntos no porto. O auge do prazer se goza quando o homem e a mulher sucumbem ao mesmo tempo, igualmente prostrados."

NOTAS DE TRADUÇÃO:

1. James George Frazer, *O ramo de ouro* (ed. resumida), trad. Waltensir Dutra, ed. do texto: Mary Douglas; resumido e ilustrado por Sabine MacCormack, Rio de Janeiro: Zahar Editores, 1982.
2. Daí a serpente ter o nome popular de cobra de Esculápio.
3. Vários deles foram lançados no Brasil, como *Os filhos de Duna, Os hereges de Duna, O Messias de Duna*, todos em tradução de Jorge Luiz Calife, e *As herdeiras de Duna*, trad. Marta Rodolfo Schmidt (Rio de Janeiro: Nova Fronteira, 1990-1991), ou ainda *Duna*, trad. Maria do Carmo Zanini (São Paulo: Aleph, 2010).
4. Ver Ovídio, *Amores & Arte de amar*, tradução, introduções e notas de Carlos Ascenso André, prefácio e apêndices de Peter Green, São Paulo: Penguin & Companhia das Letras, 2011.

AGRADECIMENTOS E DEDICATÓRIA

ESTE LIVRO É DEDICADO A MINHA QUERIDA IRMÃ, MARY DAVIS, a minha preciosa filha, Valerie Conroy, e a minha mãe, Carol, a cujo humor picante e espírito de Zorba eu rendo homenagens todos os dias.

Um agradecimento especial ao meu agente, David Forrer, à Ink-Well Management e a meu editor, George Gibson, bem como à Walker/Bloomsbury, pela paciência e apoio de todos ao me ajudarem a dar forma a este livro.

Minha gratidão vai também para os amigos e colegas escritores que me mantiveram motivada e saciada até a linha de chegada, entre eles o *hortator* [exortador] Bill Morem, William Henry Crew III, Jeri Remley, Jim Hayes, Maria Lorca, Wilma Smith, Elizabeth Spurr e Sherry Shahan; vai ainda para Irene Hahn e o grupo de leitura de livros de história romana, e para os talentosos membros do meu próprio seminário de escritores, o Cambria Writers Workshop.

Entre estes se incluem a excelente escritora/pesquisadora Adrienne Mayor, cujo livro inovador, *The Poison King* [O rei dos venenos], foi uma inspiração, e Caroline Lawrence, cujos livros detalhadamente pesquisados e cuja produção literária são igualmente inspiradores.

Sou grata ainda pelo incentivo e pela generosa hospitalidade que me foram oferecidos, durante a minha pesquisa, pelos colegas escritores Judith Harris, David Willey, Joyce Wyels e Kate Hovey.

Obrigada também a Alan Hirshfeld, Dan Krieger e Alex Comfort, cujas contribuições foram a centelha para o título *O Prazer do Sexo*.

E, por último, um obrigada apaixonado a Paul Ogren, cujo amoroso interesse, senso de humor e ânsia de aprender mais sobre a essência e o prazer do amor e da sexualidade nos tempos antigos me convenceram, finalmente, a voltar da terra do nunca do êxtase com as pesquisas e levar este livro à fruição.

BIBLIOGRAFIA & RECURSOS ON-LINE

AOS ENTUSIASTAS CURIOSOS DA HISTÓRIA, EIS UMA ADVERTÊNCIA: um imenso palheiro de material proveniente da Antiguidade foi preservado, e há mais vindo periodicamente à luz. O simples tamanho e a desorganização geográfica desse palheiro histórico são intimidantes. O estudo necessário para compreender o contexto daquilo que se lê, bem como para obter uma ideia geral da confiabilidade dos textos, é igualmente desafiador. Ainda assim, a busca vale o cansaço visual.

Entre as fontes primárias deste livro encontram-se Aristófanes; Arriano; Ateneu; Aulo Gélio; Cícero, especialmente suas cartas; as *Vidas e doutrinas dos filósofos ilustres*, de Diógenes Laércio; Dião Cássio; Diodoro da Sicília; Eurípides; Galeno; Herodiano; Heródoto; Hesíodo; Flávio Josefo; Juvenal; Lívio; Luciano; Lucrécio; Marcial; Ovídio; a *Descrição da Grécia*, de Pausânias; Petrônio; o *Livro das maravilhas*, de Flégon de Trales; Platão; os livros e cartas de Plínio, o Velho, e de Plínio, o Moço; as *Vidas paralelas* e a *Moralia*, de Plutarco; Sêneca; a *Geografia* de Estrabão; *A vida dos doze césares*, de Suetônio; Tácito; Xenofonte; os dramaturgos e poetas Esopo, Alceu, Anacreonte, Apuleio, Catulo, Hesíodo, Horacio, Menandro, Píndaro, Plauto, Safo e Sófocles. Essas obras e outras mais podem ser encontradas na coleção Loeb Classical Library, publicada pela Harvard University Press. Nos últimos anos, a Pantheon Books começou a publicar suas edições Landmark de Heródoto, Xenofonte e Tucídides, com outras já em andamento. Altamente recomendáveis.

Outro material de valor inestimável provém de moedas antigas, obras de arte da época e uma cornucópia de fontes arqueológicas; de fontes primárias e secundárias *on-line*, como foi assinalado noutro ponto desta seção; e de cartas, inscrições e compilações de fontes primárias, encontradas em livros como *As the Romans Did* [Como faziam os romanos] e *Pompeii's Erotic Songbook* [Cancioneiro erótico de

Pompeia], de Shelton, e o conjunto de dois volumes da Loeb Library intitulado *Select Papyri* [Papiros seletos], traduzido por Hunt e Edgar.

As fontes que se seguem (secundárias, em sua maioria) oferecem uma variedade de fatos, teorias, perspectivas e visões sobre o amor, o desejo e os anseios, bem como sobre a história de homens e mulheres do passado remoto que vivenciaram essas emoções. Como o material sexual costuma ser um tema de alta voltagem, o que é apresentado como fato, num dado livro, pode estar repleto de preconceitos e opiniões pessoais. Ao se examinarem fontes primárias ou secundárias, convém ter em mente o que disse o destacado e eminente historiador Michael Grant em seu livro de 1995, *Greek & Roman Historians, Information and Misinformation* [Historiadores gregos e romanos: informação e desinformação]: "A única coisa certa a respeito da história é que aquilo que nos dizem nem sempre é verdade, de modo algum."

Ackerman, Diane, *A Natural History of Love*, Random House, 1994 [Uma História Natural do Amor, trad. Terezinha Batista dos Santos, São Paulo: Bertrand Brasil, 1997].

Adams, Cecil, *The Straight Dope* (e meia dúzia de continuações), Ballantine Books, 1988-1999.

Adams, J. N., *The Latin Sexual Vocabulary*, Johns Hopkins University Press, 1993.

Adkins, Lesley & Roy, *Dictionary of Roman Religion*, Oxford University Press, 1996.

____, *Handbook to Life in Ancient Greece*, Facts on File, 1997.

____, Handbook to Life in Ancient Rome, Facts on File, 1994.

Barrett, Anthony, *Livia, First Lady of Imperial Rome*, Yale University Press, 2002.

____, *Caligula, the Corruption of Power*, Yale University Press, 1990.

———, *Agrippina, Sex, Power and Politics in the Early Empire*, Yale University Press, 1996.

Brooten, Bernadette J., *Love Between Women*, University of Chicago Press, 1996.

Cantarella, Eva, *Bisexuality in the Ancient World*, Yale University Press, 1992.

Cawthorne, Nigel, *Sex Lives of the Roman Emperors*, Metro/Prion Books, 2006.

Clarke, John R., *Looking at Lovemaking*, University of California Press, 2001.

Cruse, Audrey, *Roman Medicine*, Tempus Ltd., 2004.

Davidson, James, *Courtesans and Fishcakes*, St. Martin's Press, 1997.

———, *The Greeks and Greek Love*, Random House, 2007.

Dover, K. J., *Greek Homosexuality*, Harvard University Press, 1989 [*A homossexualidade na Grécia Antiga*, trad. Luis S. Krausz, São Paulo: Nova Alexandria, 1994].

Dress, Ludwig. *Olympia: Gods, Artists, and Athletes*, Praeger, 1968.

Dupont, Florence, *Daily Life in Ancient Rome*, Blackwell Ltd., 1992.

Edelstein, Ludwig, *Ancient Medicine*, Johns Hopkins Press, 1967.

Faraone, Christopher, *Ancient Greek Love Magic*, Harvard University Press, 2001..

Feinberg, Leslie, Transgender Warriors, Beacon Press, 1996.

Flaceliere, Robert, *Love in Ancient Greece*, Crown Publishers, 1962.

Griffin, Miriam, *Nero, the End of a Dynasty*, Yale University Press, 1985.

Grant, Michael, *Cleopatra, a Biography*, Barnes & Noble, 1972.

Grmek, Mirko, *Diseases in the Ancient Greek World*, Johns Hopkins Press, 1989.

Groneman, Carol, *Nymphomania*, W. W. Norton, 2000 [*Ninfomania: história*, trad. A. B. Pinheiro de Lemos, Rio de Janeiro: Imago, 2001].

Himes, Norman, *Medical History of Contraception*, Schocken Books, 1970.

James, Peter, e Nick Thorpe, *Ancient Inventions*, Ballantine Books, 1994.

Johnson, Marguerite, e Terry Ryan, *Sexuality in Greek and Roman Society and Literature*, Routledge, 2005.
Kiefer, Otto, *Sexual Life in Ancient Rome*, Dorset Press, 1993.
Keuls, Eva, *The Reign of the Phallus*, Harper & Row, 1985.
Kraemer, Ross (org.), *Maenads, Martyrs, Matrons, Monastics*, Fottress Press, 1988.
Lewis, Naphtali, *The Interpretation of Dreams & Portents in Antiquity*, Bolchazy-Carducci Publishing, reed. 1996.
Licht, Hans, *Sexual Life in Ancient Greece*, Covici Friede Publishers, 1932.
Longrigg, James, *Greek Medicine from the Heroic to the Hellenistic Age: A Source Book*, Routledge, 1998.)
Luck, Georg, *Arcana Mundi*, Johns Hopkins University Press, 2006.
Maines, Rachel, *The Technology of Orgasm*, Johns Hopkins University Press, 1999.
Majno, Guido, *The Healing Hand: Man and Wound in the Ancient World*, Harvard University Press, 1975.
Matyszak, Philip, *Gladiator, the Roman Fighters' (Unofficial) Guide*, Thames & Hudson, 2011.
____, *Ancient Rome on Five Denarii a Day*, Thames & Hudson, 2008.
____, *Ancient Athens on Five Drachmas a Day*, Thames & Hudson, 2008.
Mayor, Adrienne, *The Poison King*, Princeton University Press, 2010.
____, *Greek Fire, Poison Arrows, and Scorpion Bombs*, Overlook Duckworth London, 2004.
Percy, William A., *Pederasty and Pedagogy in Archaic Greece*, University of Illinois Press, 1996.
Richlin, Amy, *The Garden of Priapus*, Oxford University Press, 1992.
Richlin, Amy (org.), *Pornography and Representation in Greece and Rome*, Oxford University Press, 1992.
Riddle, John, *Contraception and Abortion from the Ancient World to the Renaissance*, Harvard University Press, 1992.

Roach, Mary, *Bonk: The Curious Coupling of Science and Sex*, W. W. Norton, 2008.

Salmonson, Jessica A., *The Encyclopedia of Amazons*, Anchor/Doubleday, 1991.

Scholz, Piotr, *Eunuchs and Castrati*, Markus Weiner Publishers, 2001.

Shelton, Joanne, *As the Romans Did: a Sourcebook in Roman Social History*, Oxford University Press, 1988.

Smith, William, *Dictionary of Greek and Roman Antiquities*, Little, Brown, 2ª ed., 1859.) Quase todos os verbetes romanos também estão disponíveis, podem ser pesquisados e têm anotações de cáustica espirituosidade no *website* de Bill Thayer, LacusCurtius. Outro livro de Smith, também recomendado, é *A New Classical Dictionary of Greek and Roman Biography, Mythology, and Geography*, Harper & Brothers, 1888.

Speller, Elizabeth, *Following Hadrian*, Oxford University Press, 2003.

Stengers, Jean, e Anne Van Neck, *Masturbation: The History of a Great Terror*, Palgrave Macmillan, 2001.

Tannahill, Reay, *Sex in History*, Stein and Day, 1980 [*O sexo na história*, trad. Luisa Ibanez, Rio de Janeiro: Francisco Alves, 1983].

Vivolo, F. Paolo, *Pompeii's Erotic Songbook*, Plurigraf, 2001.

Walker, Barbara G., *The Woman's Encyclopedia of Myths and Secrets*, Castle Books, 1996.

Zanker, P., *The Power of Images in the Age of Augustus*, University of Michigan Press, 2001.

Por último, arranje um guia superlativo de topônimos do mundo antigo, desde os nomes que os locais receberam originalmente até suas designações atuais: o *Webster's New Geographical Dictionary* (novo ou usado).

RECURSOS NA INTERNET

OS FÃS DO MUNDO ANTIGO, DESDE OS INICIANTES FANÁTICOS até os viciados de longa data, têm sorte quando entram na Internet. Seguem abaixo alguns de meus endereços favoritos, e convém dizer que esses *sites* gloriosamente abrangentes e bem pesquisados, a propósito das antigas culturas romana, grega e outras, à margem ou nas imediações do mar Mediterrâneo, merecem de verdade o batidíssimo adjetivo "geniais".

O imenso *site* de William Thayer, o LacusCurtius: além de excelentes traduções *on-line* de mais de quarenta autores romanos e gregos, Thayer inclui notas detalhadas e índices remissivos. Outros achados felizes: uma gazeta romana, um tesouro de artigos de domínio público escritos por especialistas em séculos anteriores, dados topográficos minuciosos e grande parte do *Dictionary of Roman and Greek Antiquities*, de Smith.

O *site* também enorme de Jona Lendering, o *livius.org*: esse veio riquíssimo, acessível e bem escrito (quase todo por Lendering), tem mais de 3.600 páginas e inúmeros artigos sobre figuras, eventos, lugares e monumentos do mundo antigo, e muito mais. Lindamente organizado em subtítulos geográficos e temáticos, desde Anatólia até o Dilúvio.

Thayer e Lendering também escrevem o *rambambashi.wordpress.com*, um valioso blogue com atualizações de *websites*, além de criticas destemidas de tudo, desde o "museu" do Vaticano até mitos de guias turísticos desgastados pelo tempo.

O *site attalus.org*, de Andrew Smith, é uma perspectiva animadora do mundo antigo, com uma preciosa visão histórica geral, grandes seções sobre papiros e inscrições, 25 mil elos com temas relevantes e algo que deve ter sido um trabalho de amor: uma cronologia pormenorizada, desde o século IV A.C. até o século I da era cristã.

Para os que buscam fontes visuais do mundo antigo, Steven Saylor, autor de ficções históricas de sucesso, tem uma seção fascinante no seu *website*, *www.stevensaylor.com*, que é um guia detalhado de todos os filmes, programas de televisão e seriados de TV, passados e atuais, sobre temas greco-romanos e da Antiguidade. O material é extremamente útil, visto que Saylor fornece *links* diretos para chegarmos a esses prazeres visuais. Sua lista de livros recomendados também é uma maravilha.

O *romanmysteries.com* é outro sucesso, criação de mais uma escritora prolífica: Caroline Lawrence, autora da série *Mistérios Romanos* para leitores mais jovens. Nesse *site* ela oferece um leque impressionante de ligações com o mundo antigo. O que me agrada particularmente são seus *links* com a antiga Óstia, a rival quase sempre esquecida de Pompeia, em termos do interesse *in loco*.

Se você gostou dos meus verbetes sobre as antigas crenças referentes aos úteros andarilhos e à histeria, certifique-se de assistir a um filme da Sony datado de 2012 e intitulado *Histeria*. Com minúcias cômicas, ele mostra a que ponto as mulheres chegavam para atingir o orgasmo — e por quanto tempo persistiram esses mitos sobre a biologia feminina.

Mediterrâneo Central: Grécia, Macedônia, Ilhas Gregas e Ásia Menor

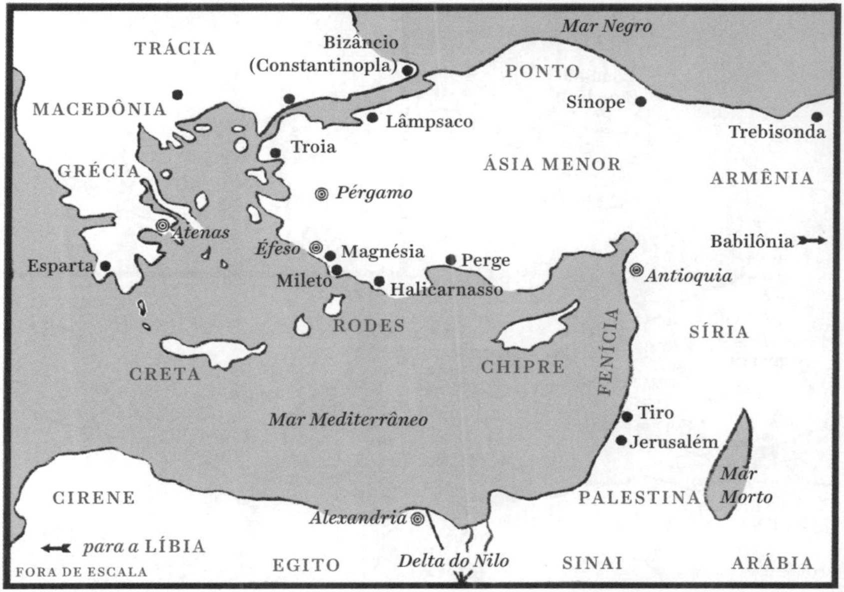

Mediterrâneo: Ásia Menor, Oriente Médio e Terra Santa

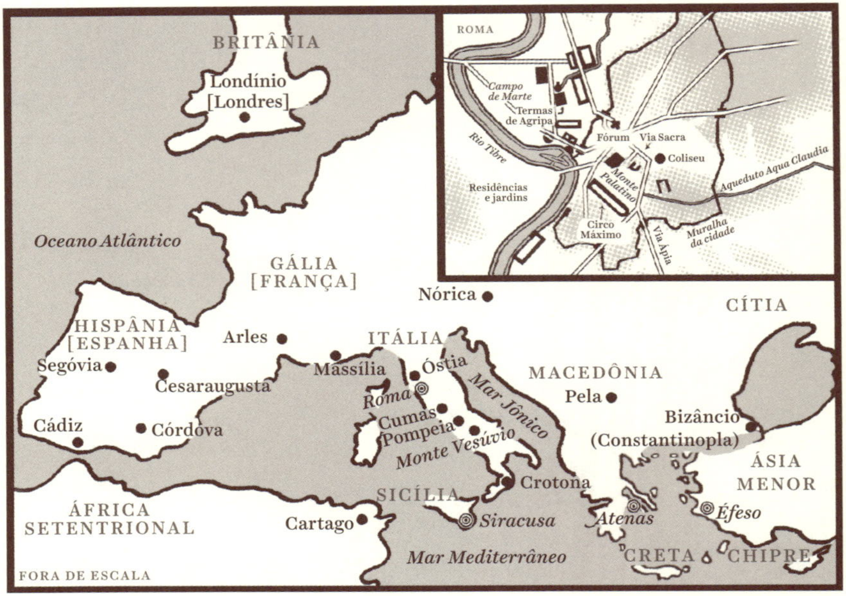

Mediterrâneo ocidental: Itália, Cartago e províncias do Império Romano

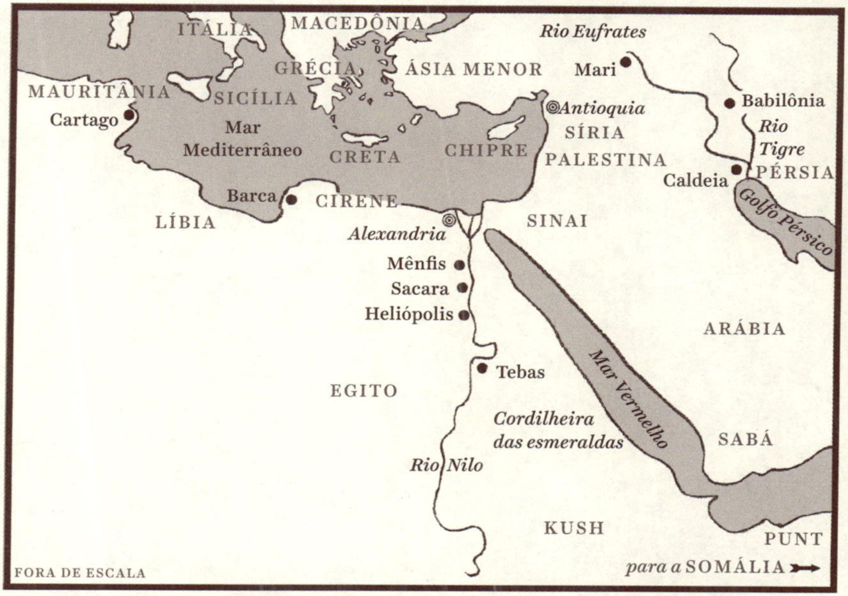

Mediterrâneo meridional:
Egito, África Setentrional,
Arábia e Mesopotâmia

ÍNDICE REMISSIVO

NESTE ÍNDICE, PARA FACILITAR O USO, APARECEM TODOS OS verbetes principais do livro, com seus respectivos números de páginas. Além disso, você encontrará aqui as muitas referências cruzadas que se encontram no texto (identificadas por *ver também*). Em terceiro lugar, quase todos os homens e mulheres citados neste livro são identificados por sua cidade natal ou localização geográfica. Usando os mapas do livro, que mostram as diversas regiões em volta do Mediterrâneo, você poderá assinalar sem dificuldade onde todos eles viveram e trabalharam.

A

D

E

S